城市最低生活保障制度研究

Study on China's Urban Minimum Living-hood Guarantee System

韩克庆等　著

中国社会科学出版社

图书在版编目（CIP）数据

城市最低生活保障制度研究／韩克庆等著 . —北京：中国
社会科学出版社，2015.4
ISBN 978-7-5161-5658-2

Ⅰ.①城… Ⅱ.①韩… Ⅲ.①社会保障制度—研究—
中国 Ⅳ.①D632.1

中国版本图书馆 CIP 数据核字（2015）第 041712 号

出 版 人 赵剑英
责任编辑 王 茵
特约编辑 王福仓
责任校对 英岁香
责任印制 王 超

出 版 中国社会科学出版社
社 址 北京鼓楼西大街甲 158 号（邮编100720）
网 址 http://www.csspw.cn
中文域名：中国社科网 010-64070619
发 行 部 010-84083685
门 市 部 010-84029450
经 销 新华书店及其他书店

印 刷 北京君升印刷有限公司
装 订 廊坊市广阳区广增装订厂
版 次 2015 年 4 月第 1 版
印 次 2015 年 4 月第 1 次印刷

开 本 710×1000 1/16
印 张 21.25
插 页 2
字 数 361 千字
定 价 69.00 元

前 言

　　本书的写作源于 2007 年我承担的民政部委托项目"城市最低生活保障绩效评估研究"。在课题研究的推动下，我组织了中国人民大学劳动人事学院社会保障专业的 20 余位研究生，参加了课题组在北京、重庆、长沙、中山、天水、朝阳六个城市进行的入户调查工作。此后，我与多位合作者发表了课题研究成果，我的研究生刘景也撰写了与课题有关的硕士学位论文。2012 年，我对入户调查的个案访谈资料进行了筛选整理，并承蒙山东人民出版社总编室主任王海玲女士的信任和支持，很快出版发行了《中国城市低保访谈录》一书。

　　毋庸置疑的是，在中国经济快速发展和社会急剧转型的过程中，社会救助制度的改革和发展，无论对国家还是民众，都具有重要意义。城市最低生活保障制度的建立，不仅直接发挥了对城市下岗失业工人等贫困群体的生活救助和心灵慰藉功能，而且弥补了市场经济改革初期社会政策的缺位和社会保险制度的某些不足，因而成为中国改革以来最为重要的基础性制度。可喜的是，在课题研究进行之初，居民最低生活保障制度便迅速从城市扩展到农村。在随后的时间里，这项制度越来越成为全社会人所共知的重要制度设计，"低保"也成为我们这个时代的一个热词。更可喜的是，在最低生活保障制度成功建立和健康运行的基础上，国家的各项社会救助制度陆续出台。2014 年，国务院颁布实施了《社会救助暂行办法》，提出更多新的政策措施，进一步解除了城乡贫困群体的生存危机，提高了贫困家庭的生活质量，保证了社会安全和社会稳定，促进了社会和谐与公平正义。

从 2011 年下半年开始，我组织研究团队继续投入到对课题资料的整理挖掘中。目前呈现给读者的这本《城市最低生活保障制度研究》，便是我们集体智慧的结晶。其中，我除了拟定写作框架和写作体例外，还利用每周的课题讨论时间，对每一章的主要内容和基本观点提出意见，并在阅读初稿的基础上，对全书文字进行了逻辑调整和语句修改。本书各章初稿写作分工如下：

第一章　韩克庆　刘喜堂

第二章　刘　景

第三章　韩克庆

第四章　郭　瑜　韩克庆

第五章　付媛媛　张　璐

第六章　吕翔涛　付媛媛

第七章　林欣蔚　杨　兰

第八章　林辰乐　吕翔涛

第九章　郭俊显　苏　璐

第十章　张　璐　林辰乐

第十一章　韩克庆　郭　瑜

第十二章　韩克庆

感谢民政部社会救助司刘喜堂副司长、北京师范大学社会发展与公共政策学院徐月宾教授对课题研究提供的大力支持。时任民政部最低生活保障司米勇生司长、王治坤副司长，北京市原宣武区民政局戚军同志，重庆市渝中区民政局匡红同志，湖南省长沙市天心区民政局肖平局长，广东省中山市民政局易泳钦处长，甘肃省天水市秦州区民政局于和平副局长，辽宁省朝阳市双塔区民政局张朝林副局长等地方领导，重庆城市管理职业学院民政学院副院长乐明于老师以及贾维周、雷雨老师，长沙民政职业技术学院民政系主任刘志红老师，电子科技大学中山学院人文社会科学系李芳老师，天水师范学院经管学院樊卫宾老师等学界同仁，在课题调研过程中提供了大量人力、物力和交通支持，在此深表谢忱。中国人民大学劳动人事学院社会保障专业研究生刘景、陈前江、马军凯、朱慧、师隽、孙金成、李智远、李瑾、刘宝臣、王源、陈恩慧、陈勇、刘坤、谷巧珍、林翔、王帅、郭颖、李理、杨静、房珊等同学参加了入户调查工作，并对个案访谈资料进行了整理，刘景还协助我做了大量的组织沟通工作，侯胜东对问卷数据进行了清理和初步分析，在此一并表示感谢。

感谢中国社会科学出版社重大项目出版中心主任王茵博士的信任和支持，感谢编辑和校对老师的辛勤工作。当然，书中观点由本人负责。书中错误和不当之处，敬请读者批评指正。

韩克庆

2015 年 2 月

于中国人民大学求是楼

目　录

第一章　城市低保制度的研究现状 ………………………………（1）

第二章　城市低保制度的对象选择 ………………………………（14）

第三章　城市低保制度的总体状况 ………………………………（63）

第四章　城市低保对象的需求满足 ………………………………（101）

第五章　城市低保家庭的教育救助 ………………………………（118）

第六章　城市低保家庭的医疗救助 ………………………………（143）

第七章　城市低保家庭的住房救助 ………………………………（166）

第八章　城市低保家庭的就业救助 ………………………………（186）

第九章　城市低保人群的养老服务 ………………………………（208）

第十章　城市低保人群的心理健康 ………………………………（227）

第十一章　城市低保人群的福利依赖 ……………………………（247）

第十二章　社会救助制度的未来发展 ……………………………（267）

附录1　城市居民最低生活保障条例 ……………………………（287）

附录2　社会救助暂行办法 ………………………………………（291）

附录3　调查问卷 …………………………………………………（301）

参考文献 …………………………………………………………（315）

第一章

城市低保制度的研究现状[*]

一　制度背景介绍

贫困问题是一个世界性的难题，中国也不例外。自从实行改革开放政策以来，中国的经济获得了迅速的发展，人民群众的生活水平和生活质量都有了很大的提高。但在城市面貌持续改善的同时，城市贫困问题也相当突出地摆在中国政府面前。造成城市贫困的原因是多方面的，既有身体残疾、年老体弱、缺乏工作能力等个人原因；也有就业岗位不足、社会排斥、结构性失业等社会原因。

中国政府对解决城市贫困问题高度重视，20 世纪 90 年代以来，一直在努力建立并逐步完善社会救助制度，试图通过制度化的政策安排，履行政府责任，保障城市贫困人口的基本生活。城市居民最低生活保障制度就是中国政府所构筑的社会救助体系中专门针对城市贫困问题的一项基础性制度。为了加快这项制度的实施力度，国家于 1999 年颁布了《城市居民最低生活保障条例》。目前，中国所有城市都建立了城市居民最低生活保障制度。凡持有城市户口的居民，如果其家庭成员的平均收入低于当地城市居民最低生活保障标准，就可以向当地政府申请救助。民政部门代表当地政府对其家庭收入进行核查属实后，以现金方式按最低生活保障标准进行差额补贴。近些年的实践证明，城市居民最低生活保障制度在维护居民的生活权益、保障其基本生活安全、遏制城市贫困规模的继续扩大等

---

　　* 本章执笔人：韩克庆、刘喜堂。原文《城市低保制度的研究现状、问题与对策》，《社会科学》2008 年第 11 期。

方面发挥了重要作用。目前，城市居民最低生活保障制度已经成为中国政府最为重要的社会保障制度之一。

二　目前研究的主要论点

总体来看，学术界关于城市低保制度的研究有如下几个特点：一是研究的热点问题比较集中，主要是对制度运行过程中存在的问题的探讨；二是除了少数研究者外，总体上政府的政策导向指引着研究方向；三是多学科交叉的特点，研究者散布于社会学、管理学（社会保障）、法学、经济学、统计学、财政学、心理学、会计学、档案学等多个学科，其中尤以社会学研究者居多；四是研究队伍中很大一部分是从事低保工作的民政干部，体现了很强的制度实践和政策研究的特点。

具体来看，研究焦点集中在以下几个方面。

（一）建立城市低保制度的意义

唐钧认为，建立最低生活保障制度的意义在于：①符合建立和完善社会主义市场经济的需要；②符合建立和完善社会保障制度的需要；③符合维护社会稳定的需要；④符合社会全面发展的需要。[①]

（二）保障标准

最低生活保障标准，又称保障线，是最低生活保障制度实施的核心问题。低保制度实施以来，低保标准一直是学术界和政策界关注的重要问题。在 2006 年召开的"中国城市低保标准国际研讨会"上，与会专家学者一致认为，有必要对城市低保标准的制定程序和方法做出规定，城市低保标准的制定应以市场菜篮法和恩格尔系数法为基本方法，分类救助是未来城市低保制度的发展方向，城市低

---

① 唐钧：《最后的安全网——中国城市居民最低生活保障制度的框架》，《中国社会科学》1998 年第 1 期。

保制度发展中的诸多社会政策问题需要从理论和实践两个层面综合考虑。[①]

洪大用认为，目前城市居民最低生活保障标准方面存在的主要问题是：公布标准制定比较随意并且偏低，定期调整缺乏统一规范；公布标准没有考虑到家庭规模与结构的影响，缺乏弹性；在计算补差标准方面，各地对于家庭收入的计算缺乏统一规范；纯粹收入标准在执行过程中面临困难；部分地区还有不能按时足额发放低保金的现象；由于各地优惠政策的差异，导致实际福利标准相差悬殊。[②] 在另外的研究中，作者提出从基本食物需求、非食物需求、家庭状况、经济发展状况四个层次确定指标体系，遵循 8 个基本步骤测算各地城市居民最低生活保障标准：第一步，选择中国营养学会所推荐的低等或中等能量摄入标准（每人每天 1800 千卡或 2400 千卡）；第二步，在目标城市实施科学的抽样调查，掌握中低收入人口的实际食物消费结构与数量，制定达到低能量或中等能量摄入标准的平均食物清单；第三步，利用调查中所获得的相关食物平均价格，计算达到低能量或中等能量摄入标准的食物费用，这个费用就是食物贫困线；第四步，结合上述第二步的调查数据，采用"马丁法"计算非食物支出的合理标准，即非食物贫困线；第五步，将食物贫困线与非食物贫困线相加，得出居民最低生活保障标准，这实际上是一个标准人的最低生活保障标准；第六步，在具体实施保障时，根据保障对象的家庭人口规模，调整具体的保障标准；第七步，在具体实施保障时，根据保障对象的家庭类型，对保障标准再次微调，以确定实施的保障标准；第八步，根据物价和人民生活水平变化的实际情况，定期对保障标准进行调整。[③] 林志伟认为，在

不少学者也探讨了低保标准如何调整的问题。林志伟认为，在

---

①　刘喜堂等：《关于城市低保标准的几个问题——中国城市低保标准国际研讨会综述》，《中国民政》2006 年第 9 期。

②　洪大用：《中国城市居民最低生活保障标准的相关分析》，《北京行政学院学报》2003 年第 3 期。

③　洪大用：《如何规范城市居民最低生活保障标准的测算》，《学海》2003 年第 2 期。

调整城市居民最低生活保障标准时，应考虑的主要因素是人均消费支出、职工平均工资和最低工资标准。通过应用 2004 年全国 35 个城市截面数据进行回归分析，当人均消费支出（职工平均工资、最低工资标准）提高 100 元时，低保标准应提高 7.61 元（4.68 元、13.50 元），也就是说，各地在调整低保标准时，应当主要参考人均消费支出、职工平均工资和最低工资标准。作者认为，现行城市居民最低生活保障标准仅能满足低保户的生存需要，保障范围过于狭窄；与职工平均工资的比例相对偏低，反映了我国劳动者较大的贫富差距；与最低工资标准差距不大，不利于激励低保户的再就业。[1]

汪泓等人则用线性规划模型计算上海市民在食品上的最低消费支出，用人工神经网络模型计算上海市民除食品外的其他各项消费支出。两个模型计算后得出结果相加预测的最低生活保障线金额，具有很强的直观性。采用人工神经网络模型，对非线性变化的因素进行组合、学习、预测，有着较强的前瞻性，依此提出了适合上海的最低生活保障线的计算方法。[2]

（三）政策执行情况

城市低保制度实施以来，实施效果如何也是人们普遍关心的一个问题。程胜利选择了山东省济南市作为调查点，调查低保家庭 804 户，得出以下结论：城镇居民最低生活保障制度作为城镇贫困家庭最后的安全网在保障城镇居民的基本生活方面发挥了重要作用，最低生活保障金平均占低保家庭收入的 33.5%，使低保家庭的收入平均提高 50.3%，这不仅极大地提高了低保家庭的生活水平，改善了低保家庭成员的基本生活，而且在维护社会稳定，以及为社会经济的发展创造良好的环境方面发挥了强有力的作用。[3]

---

① 林志伟：《我国城市居民最低生活保障标准实证研究》，《人口与经济》2006 年第 6 期。

② 汪泓、张波生：《上海市城镇居民最低生活保障线的研究》，《东华大学学报（自然科学版）》2001 年第 6 期。

③ 程胜利：《中国城市低保家庭的资产状况及其社会政策意涵》，《山东大学学报（哲学社会科学版）》2005 年第 1 期。

　　王有捐利用国家统计局 2004 年大样本调查资料，对我国 35 个城市低保制度执行情况评价是：（1）按保障线估算的应保率和贫困程度。把每一调查户的人均收入与当地最低保障线进行比较，筛选收入低于当地最低保障线的人口，这些人属于保障对象，称为应保人口。应保人口占调查总人口比例，称为应保率。经测算，35 个大中城市应保率为 8.13％。从分地区看，东北、西南地区应保率较高，而华北、华东、西北、华南地区应保率则较低。（2）低保对象识别瞄准率和低保金发放瞄准率。按照调查收入指标衡量，2004 年 35 个大中城市中，有 8.13％的人收入低于最低保障线，其中，得到救济的人有 2.65％，另外 5.48％未得到救济。这说明，2004 年最低保障政策覆盖面仅占应保人群的约 1/3，而其余 2/3 被遗漏。这一结论未考虑调查收入偏差以及保障线偏低所造成的影响。实际得到低保救济的人员比例为 3.91％，其中，有 2.65％的人员收入低于保障线，属于救济范围，是有效的瞄准对象；而另外 1.26％的人员收入高于保障线，不应予以保障，属于无效的瞄准对象。由此估计，低保对象识别瞄准率为 67.6％。经测算，在 35 个大中城市已发放的低保金中，有 76.22％给了收入低于保障线的人员，其余 23.78％则发给了收入高于保障线的人员。由此看出，低保资金发放瞄准率为 76.22％。资金瞄准率高于人口瞄准率。[①]

（四）存在的问题

　　低保制度实施以来，学者们从不同角度对制度本身和运行过程中存在的问题进行了检视。尽管在不同的制度实施阶段问题不同，但归纳起来，有些问题则是共性的，主要涉及低保标准的制定、工作人员配置、低保对象审核等方面。

　　唐钧等人认为，城市低保制度存在的主要问题是制度的实际覆盖范围仍然有限，传统救济思想影响仍然强大，各级财政分担比例极不合理，最低生活保障对象生活仍有困难。[②]

---

　　①　王有捐：《对城市居民最低生活保障政策执行情况的评价》，《统计研究》2006 年第 10 期。

　　②　唐钧：《城市"低保"存在的问题与对策》，《中国民政》2000 年第 4 期。

　　洪大用、刘仲翔认为，从制度实施的具体情况看，突出的问题体现为以下几个方面：一是一些地区对于最低生活保障制度的理解不够，以为只是传统社会救济制度的延续，不能正确理解此项制度在新形势下所具有的重要创新意义，没有意识到实施最低生活保障制度是改革我国社会保障体系的重要努力。二是一些地区的民政部门缺乏大局意识，单纯强调自身的困难，不能积极争取和推动低保工作的落实。三是很多地区的低保资金不能保证，限制着"扩面"工作的开展。四是现有低保对象的医疗需求非常突出。五是对于最低生活保障制度的宣传不够，特别是对于与之相应的公民权利强调不够。① 刘文继认为，当前城市低保工作存在几个主要问题：一是编制、人员、经费和办公场所、办公设施的问题；二是对申请者的从业情况、家庭收入、家庭经济基础等综合情况的评定缺乏科学的依据；三是保障资金没有形成有效的运作机制；四是退出机制反应慢；五是对被保者的经济收入动态情况缺乏有效的监督机制。②

　　汪承武认为，当前低保工作存在的主要问题是：对象的审核难以确定，救济金额难以核定，定期随访及资格再确认难以开展，低保管理与劳动就业的衔接难，人力资源缺乏、工作效率难以保障。③

　　葛道顺通过对大连市低保制度的调研，发现低保制度在执行和效果上存在三个主要问题：一是相当一批富裕者享受了最低生活保障，如有人拿着手机、骑着摩托车去领保障金。二是真正的低保对象闲困在屋，普遍精神退缩，张榜公示也给低保对象贴上了"吃救济"的标签，给他们的心理带来了一定的负面影响。三是基层干部和低保申请者在保障资格认定上的纠纷屡有发生，干群关系趋于紧张。④

　　程胜利在济南市的调查显示，城镇居民最低生活保障制度在运行

---

　　①　洪大用、刘仲翔：《我国城市居民最低生活保障制度的实践与反思》，《社会科学研究》2002 年第 2 期。

　　②　刘文继：《城市低保工作应当注意的几个问题》，《社会福利》2003 年第 7 期。

　　③　汪承武：《当前城市低保工作中存在的问题与对策》，《中国民政》2006 年第 11 期。

　　④　葛道顺：《建立并完善最低生活保障制度的治理机制——大连市社区公共服务社的经验及启示》，《中国党政干部论坛》2004 年第 7 期。

过程中还存在以下问题：一是即使有最低生活保障金的支持，仍然有高达 66.3% 的低保家庭收不抵支，平均每个家庭每月的收支缺口达到 144 元，这样他们不仅不能有效地积累家庭资产，反而会坐吃山空，进一步滑进贫困的深渊而不能自拔。二是不包括住房，低保家庭的资产拥有量很低，80.1% 的家庭资产不足 5000 元。加上住房，低保家庭的资产水平虽有所提高，但仍有 65.9% 的家庭资产不足 50000 元。三是低保家庭在资产拥有量上，在住房的面积、类型和条件上都表现出了较大的差异，加上家庭成员的不同的年龄、性别和健康状况，低保家庭在生活水平上也表现出了较大的分化程度。①

李成着重分析了低保制度中的信息不对称问题。他认为，低保工作中与民政业务直接相关的一些主要信息的不对称主要表现在：①中央政府和地方政府。中央政府需要确定地方政府上报的低保人数是否与其实际掌握的低保人数相同，即是否存在故意多报的现象。②地方政府与代理机构。代理机构处于重要的地位，他们的工作直接影响着数据的真实可靠。这要求对代理机构的选择要贯彻效率优先的原则，按照委托—代理的一些基本原则来处理好这一关系，委托方要向代理方提供工作经费等必要的工作条件，以确保这种委托是建立在受托方自愿的基础上，需要双方明确界定相互的权利、义务，要制定科学合理的工作规程和责任机制，并使它们得到认真的执行。②

（五）对策研究

针对城市低保制度中存在的问题，专家学者提出了不少解决对策。

洪大用、刘仲翔认为，应当顺应我国社会改革的大方向，以"政事分离"为指导思想，建立一家或多家独立的低保工作事业机构，雇佣受过专业训练的社会工作者从事低保工作，政府则转而充当政策制定者、出资者和监督、管理者的角色。这样一种模式，不仅可以避免政府机构膨胀，减轻财政负担，而且可以鼓励竞争，直

---

① 程胜利：《中国城市低保家庭的资产状况及其社会政策意涵》，《山东大学学报（哲学社会科学版）》2005 年第 1 期。

② 李成：《最低生活保障工作中的信息不对称问题》，《中国民政》2002 年第 3 期。

接地促进低保工作的效率。此外，一旦模式转型完成并固定下来，会产生对于专业社会工作者的需求，有利于我国社会工作教育的发展以及社工教育与实践的结合。[①]

唐钧提出，解决城市低保制度存在的问题，一是应考虑由中央、省、市和区四级财政分担最低生活保障费用，似可以中央、省、市各负担30%作为全国的平均数，对一些贫困的省和市还可以适当调整，中央应该让各省落实省、市和区的分担比例，上报中央批准。二是在中央和省级财政做出负担承诺之后，应该责成有关部门对最低生活保障救助标准的上限和下限提出指导性意见，最低生活保障标准应根据人民生活水平的逐年提高和物价不断上涨等因素进行调整。三是健全最低生活保障管理体制，在民政系统中应该参照劳动与社会保障部设立事业单位性质二级局的方式，建立城市居民最低生活保障管理局，同时，把管理的"重心下移"，重点放在更为直接与群众打交道的街道一级，整个救助工作网络的建立以街道低保管理事务所为依托，每个事务所配备2—3人；在居委会也配备社会救助工作员，受街道事务所领导；市和区两级事业机构的任务主要是档案管理，并承担一些疑难个案的调查。四是调整最低生活保障制度的框架，具体做法是：第一，参照国外社会救助的制度结构，最低生活保障制度可分为"基本生活救助金"、"特别需要救助金"和"酌情发放的救助金"三个部分；第二，根据1人户、2人户、3人户、4人户、4人以上多人户的实际需求，对补贴标准做出调整；第三，对有劳动能力的最低生活保障对象，按照国际惯例，还可考虑适当减少其补贴标准。五是注重社区建设。六是实行城市扶贫。七是开展慈善活动。[②]

葛道顺提出建立社区公益服务组织，通过组织规范来甄别低保对象，因为隐性就业者和家庭收入较高者不可能长期遵守组织纪律，最终真正需要帮助的对象会留在社区公益服务组织内，而其他能够不依靠低保救济的人群会自动脱离该组织，从而建立起低保制

---

① 洪大用、刘仲翔：《我国城市居民最低生活保障制度的实践与反思》，《社会科学研究》2002年第2期。

② 唐钧：《完善最低生活保障制度的政策建议》，《中国经贸导刊》2002年第11期。

度的甄别和治理机制。用组织规范和组织活动的方式实现对隐性就
业和隐性收入者的甄别，并达到精神保障和辅助创业等其他方面的
社会效果。①

（六）未来走向

洪大用认为，目前城市低保制度在研究方向上大体上正在呈现
以下几个趋势：第一，现行低保制度由地方人民政府负责这一原则
可能要突破。第二，现行低保制度有从单一的收入救助制度向综合
性的社会救助制度发展的趋势。第三，现行低保制度实践中的不公
平现象将会逐步改变，"分类施助"有望推广。第四，现行低保制
度的单纯生活救助色彩有望逐步淡化，而生活保障与促进就业相结
合的色彩有望逐步强化。第五，现行低保制度采取的单纯现金救助
方式有可能发生改变，而走向现金救助与生活服务相结合，努力促
进低保对象的社会参与和社会融合，避免其自我疏离主流社会。第
六，现行低保制度有可能在其他制度的支持下，为那些家庭人均收
入稍微高出低保标准的一些低收入者提供必要的支持，从而避免由
于低保制度实施对于这些人造成的相对剥夺，特别是一些专项救助
制度的覆盖范围应该大于低保制度的覆盖范围，实行按需施助。第
七，现行低保制度将在制度实践以及制度自身演进规律的推动下，
不断走向复杂化。第八，低保制度的实践有可能催生和培育出专业
的社会救助机构和人员。②

唐钧认为，从社会政策理论看，没有一项社会政策是"万能
的"。当一项政策的潜能被挖掘到相当程度时，可能就要考虑其未
来发展的走势，也有可能要适时地向其他更加合适的方向转型。就
城市低保制度来讨论其未来发展和转型的问题，也将从单纯的社会
救助扩展到包括"可持续生计"和"资产建设"在内的整个反贫困

---

① 葛道顺：《建立并完善最低生活保障制度的治理机制——大连市社区公共服务社
的经验及启示》，《中国党政干部论坛》2004 年第 7 期。
② 洪大用：《试论中国城市低保制度实践的延伸效果及其演进方向》，《社会》
2005 年第 3 期。

的社会政策。①

三　有待进一步研究的问题

综上所述，在低保制度快速发展的同时，学术界的研究也取得了丰硕的成果，为制度的未来发展指明了方向。总体来看，当前城市低保制度在对象选择、需求满足、低保家庭的教育救助、医疗救助、住房救助、就业救助、养老服务、心理健康等方面，仍有较大的研究空间。具体来讲，有待进一步研究的问题包括：

（一）低保对象的选择机制

目前的低保制度以家庭为单位进行救助，以家庭人均收入低于救助标准确定救助对象。但在制度运行过程中，人均收入核实缺乏统一标准。《城市居民最低生活保障条例》规定，管理审批机关可以通过入户调查、邻里访问以及信函索证等方式对申请人的家庭经济状况和实际生活水平进行调查核实。在实际操作中，主要是采取低保申请人出示收入证明、民政部门工作人员入户调查和邻居取证的方式来展开。这种方式从现实中来说比较符合中国国情，也有一定的客观性和全面性，但在制度执行过程中瞒报、少报个人及家庭收入的情况难以甄别。由于现行低保制度采取的补差形式，为了多享受补贴，部分人群故意少报家庭收入。也有一部分并不贫困的群体为了享受到低保政策故意隐瞒家庭财产和收入，强行挤入低保行列。

申请对象的家庭经济情况难以准确审查，一方面不能将现有的资源合理优化分配，给予真正需要救助的人以救助；另一方面，让一部分人获得了与其自身实际状况不匹配的"低保"待遇，损伤了低保制度应有的功能，也从总体上损害了社会救助制度的公平性。

---

① 唐钧：《城市低保制度、可持续生计与资产建设》，《商洛师范专科学校学报》2005 年第 1 期。

（二）低保家庭的医疗和教育问题

目前，城镇低保制度覆盖贫困人口2000多万人，基本实现了"应保尽保"。尽管低保对象对制度赞誉有加，但是低保家庭的医疗和子女教育问题比较突出。除了个别受助者希望多拿多占的心理影响外，很多低保户处在"上有老、下有小"的年纪，老人需要医药费、孩子需要学费，许多人本身也疾病缠身。虽然政府建立低保制度的初衷是为了解决贫困居民柴米油盐等基本生活问题，但是钱发到低保户手里，必然是用到了最急切的地方——可能是家人住院看病，可能是给孩子交学费。因此，低保制度在实际中还代替着医疗救助和教育救助的作用。

（三）与促进就业相关联的动态调整机制

我国现行的最低生活保障制度有一个重要原则就是动态管理原则，即当家庭收入低于当地最低生活保障线时，将其纳入低保群体，提供相应的低保待遇；当家庭收入变化时，相应地调整收入补贴额；当家庭收入高于当地最低生活保障线时，应让其退出低保群体。从实际情况来看，前者尚能保证，但收入增加后，不符低保标准的对象退出低保制度却很难实现。特别是对于隐性就业者来说，由于现在的就业形式极为灵活，上班时间也很有弹性，对其隐性收入无法获取有力证据，甚至当低保工作人员到低保对象的工作单位查证时，用人单位甚至帮助其应付低保工作人员，否认低保对象的就业事实；有的低保对象在家里炒股或者进行其他投资行为。另外，对于达到退休年龄后开始领取退休金的人，由于目前低保户、劳动保障部门、民政部门之间信息不对称，只要低保户不如实上报家庭收入的变化情况，低保部门就很难掌握对方真实的收入情况。当低保工作无法有效实现动态调整的时候，整个制度的公平与效率也会大大降低。

（四）低保家庭的心理健康问题

现行的最低生活保障制度已经上升到法律规范层面，接受救助是社会成员在遭遇生活困境时应当享受的法定权利。因而最低生活保障制度一个重要的基本原则就是维护受助者的尊严。可是，现行的低保制度在提高贫困者的生活境遇、缓解家庭成员的生存危机方面成效显著，但却难以维护其尊严和自由。例如，有的低保户逢年过节不串亲戚，不敢邀请别人来自己家里做客；有的低保户享受低保后就好像戴上了"金箍"，感觉随时都被别人监控，人身自由受到严格限制；等等。

城市最低生活保障制度的保障标准是城市居民的最低生活水平，依据国际通行的说法，这一标准应该是最低限度的不失尊严的生活，而不应仅仅是延续生命的最低需求。我国现行的低保制度距离这个标准还有一定的差距，低保对象的心理健康应当引起足够重视。

（五）工作人员队伍建设问题

《城市居民最低生活保障条例》规定，基层街道办事处和居民委员会是最低生活保障的具体审批实施和日常管理服务机构，因此，基层社区的低保工作人员工作量非常巨大。城市居民最低生活保障实行的是动态化管理，要进行家庭收入核查、对享受低保的人进行身份识别、定期入户走访，甚至包括低保金的发放等，基层低保工作人员工作量大，数量严重不足，大多身兼数职。另外，基层低保工作人员多数是招聘录用的，缺乏专门的工作经验和技能，整体素质较低，低保政策不易准确传达，解决矛盾的方式方法也有待提高，而且队伍极不稳定。此外，个别基层工作人员的人身安全缺乏有效保障。

（六）社会救助体系的全面建设

现在的问题是，低保制度正在演变成一种综合性的救助制度，承载了过多的救助功能。我们倾向于认为，要在低保制度之外健全配套制度，如住房救助、教育救助、医疗救助、就业促进等。最低生活保障制度的基本目标是解除贫困家庭的生活困境，不可能指望所有的社会救助问题都靠一个低保制度一揽子解决，其他的问题要靠整个社会保障制度安排甚或其他经济政策、社会政策来解决。社会保障制度要形成真正的"安全网络"，靠单一的制度设计不仅不能实现，还会带来一些负面作用，例如，形成贫困陷阱，固化社会阶层，妨碍个体自由和社会流动，等等。

从整体的社会保障制度建设来看，我们不赞成在低保制度内进行分类施保。归纳起来，分类施保主要包括了两层含义：一是低保对象的类别化，亦即将低保人群主要可以划分为不同的类别，例如传统的民政救济对象，即"三无"人员，主要是指无劳动能力，无生活来源，无法定赡养人、抚养人或扶养人的城市孤老和孤儿；有特殊困难的低保对象，包括享受低保待遇的高龄老人，重残、重病人员等；或者是有劳动能力的低保对象。二是低保标准的层次化，亦即在将低保对象区分为不同类别的基础上，实施不同的低保标准。比如，将特殊对象低保金按月上调一定比例；或者对一些特殊对象给予定额的生活补助，如对残疾人和高龄低保人员增加定额的补助；或者是对有特殊困难者给予相应的配套救助，如对高龄低保人员实行医疗救助、对有精神病人的低保户实行基本医药发放救助等。在实际操作中，分类施保存在着分类粗疏、标准不一、人群界定难等问题。分类施保是对贫困者的进一步细化，而目前的制度设计还没有达到如此精细化的程度。低保救助的唯一标准就是最低标准线，亦即受助者的贫困程度。分类施保遵循的分类原则应当是经济标准而非人群特征，目前主张分类施保，是对经济状况无法核实、动态调整机制无法有效进行的一种替代思路。这种替代思路会妨碍其他社会保障制度的设计，造成制度设计的"以小吞大"，不利于老年人福利制度、残疾人福利制度等制度建设，甚至会与失业保险、就业促进制度相冲突。

第二章

城市低保制度的对象选择[*]

一 选题背景与概念界定

（一）选题背景

"关注民生"这一提法已是家喻户晓。关注则要改善。截至目前，该制度运行已近 20 年，在救助困难群体方面发挥了重要作用。然而，低保制度仍然存在着对象选择难的问题，并且伴随着农村低保制度的实施，这些问题愈发凸显，制约着低保制度应有功能的正常发挥。本研究正是在这样的一个背景下，将目光聚焦于低保制度对象选择中的经济情况调查。

经济情况调查^①（Means Testing）源于社会救助的选择性（Selectivity），是指社会救助虽然是面向全体社会成员的，但其救助对象是要通过一定机制来确定的。各国一般是通过家庭财力（包括收入状况与资产状况）审查和就业（有劳动能力的人）审查，来确认申请者领取社会救助金的资格。在我国城市居民最低生活保障制度中，经济情况审查也是一个非常重要的资格审查环节，其作用体现在：一方面是直接意义上的确定低保对象，保证需要帮助的社会成员获得救助；另一方面即是确保国家资源得到有效利用。简言之，也就是将有限的资源用在最需要的社会成员身上。从某种意义上讲，

---

* 本章执笔人：刘景。

① 确定此译法前的一个主要干扰项就是"家计调查"。国内许多学者都将 Means-Test 译为"家计调查"，但是，笔者在对一些资料进行研读后，认为此译法稍有不妥，后文中将会对二者的区别进行简单阐述。

这也是对公平原则的遵从——只有保证救助资源确实用在了需要帮助的社会成员身上，才能说此救助是公平的，不论对于获得救助者或是未获得救助者。此外，系统地对经济情况调查进行研究也是规范低保程序、完善低保制度的重要方面。

（二）概念界定

1. 经济情况审查

根据《布莱克韦尔社会政策辞典》（The Blackwell Dictionary of Social Policy）的定义，经济情况审查在社会政策领域是指对申请者的经济情况（means）进行审查，由此确定是否给予其享受津贴的资格。① 此审查是"在家庭或个人的层次上进行的"，那些"希望自己符合社会救助资格的人必须证明他们的收入和财产不足以支付最低水平的衣食住行和通讯支出"。② 所以，经济情况审查型支付（Means-tested Benefit）仅是支付给那些收入（income）或资产（capital）或二者之和低于某一确定水平的公民。③ 此类支付也可以称之为收入相关型支付（Income-related Benefits），但如果严格来讲，二者还是有一定区别——经济情况审查的对象包括收入（income）与资产（assets），而收入相关型支付则忽略了对资产（assets）的审查。

经济情况审查与家计调查也是有区别的。家计调查是以居民家庭收入和支出为主要调查内容的综合性的专门调查，亦称居民家庭收支调查。这是世界上绝大多数国家采取的一项十分重要的社会调查，是国家掌握民情民意、满足国民经济核算要求，为制订计划和政策提供不可或缺的资料来源的渠道。调查户是在排除了调查者主观意愿的条件下，按照随机原则采用多阶段抽样方式抽取的，不可随意调换，否则就会削弱样本单位的代表性。仅就此来讲，二者就有

---

① Pete Alcock, Angus Erskine, Margaret May, *The Blackwell Dictionary of Social Policy*, Blackwell Publishers, 2002, p. 145.

② 国际劳工局：《2000 年世界劳动报告》，中国劳动社会保障出版社 2001 年版，第 117 页。

③ Pete Alcock, Angus Erskine, Margaret May, *The Blackwell Dictionary of Social Policy*, Blackwell Publishers, 2002, p. 145.

着天壤之别。经济情况调查的对象都是在其本人提出申请后才确定的，并且，在调查内容的侧重点上也存在着差别。

2. 经济情况审查的三种方式

经济情况审查是社会救助体系中一种主要的资格认定方式，具体可细化为三类：①评估收入和财产状况。为较发达国家所广泛地采用，申请者如果想要获得社会救助资格，必须证明他们的收入和财产不能支付最低水平的基本生活支出，包括衣食住行、通信等。这一方法要求具有运转良好的、能准确证明个人或家庭财产状况的统计工具，如全国范围的所得税系统。②指数化方法。在发展中国家，通常无法对个人或家庭的收入和财产状况做出准确评估，因此便使用指数化目标，这是一种分类化的经济情况审查。此类指数被用来作为收入的代用数码，并依此确认贫困人口。典型例子是：没有土地的佃农、妇女、残疾人、没有家庭帮助的老年人、家庭中孩子的数量等。而在一些国家，又是通过对各种指数进行计算机化处理来实现的。① ③个人自我选择。主要适用于低收入群体，通过排队得到现金或实物津贴的办法实现，而高收入的人是不愿意去排队的。也就是对个人机会成本的考虑，通常只有机会成本很低的人才会自愿去申请。其优点在于可以免去中间性费用和避免可能出现的申请过程中的资格认定错误，其缺点是津贴水平和质量可能不是很理想，且很多人可能由于身体原因不能排队领取实物。

二　文献综述

（一）国内部分

1. 经济状况调查之是非

经济状况调查从其产生至今，一直以来都是各国社会救助中的

---

① 如墨西哥的 Progresa 计划，通过使用把若干种社会和经济变量汇总起来而形成的计量经济学模型来确定贫困的村庄和家庭。亚美尼亚的 Paros 系统，该系统建立在自愿登记的基础上，登记时要求人们提供一些关于家庭成员构成、工资、养老金和资产（个人所有的土地、汽车、家畜、设备）的证明，然后用一个公式来计算反映其家庭状况的分数。

焦点、难题，其本身存在的问题以及所引发的讨论也是相当多的，而在我国的最低生活保障制度中亦不例外。景天魁认为，"搞好科学的家庭经济情况调查"是判断低保这项为民政策是否恰当的标准之一，① 然而基层工作者反映问题最多的就是在此环节上。葛道顺认为，家庭经济调查的不易进行与该制度在初创时期所具有的一定"消极性"有关。② 所谓"消极性"是指"目前的制度在实践中表现出的'政府只管发钱，保障对象只管收钱'的消极特征。从经济理性出发，低收入群体、甚至一部分比较富裕的群体都可能设计出符合低保标准的收入报告并提出申请，争取这份不需要付出任何成本的福利补贴"。造成的后果是"在客观上直接增加了低保对象甄别的难度，而且由于受惠对象的不纯净，既增加了资金需求量，又降低了制度的公正性，从而对低保金的足额准时发放造成潜在的负面影响"。同时，这种"消极性"也带来了更深层次的问题，"真正的低保对象在得到'金钱'补偿一段时间之后，相当部分的劳动者逐渐放弃了重新参与社会的愿望和能力，与社会相排斥"。"家庭经济调查是依据一系列由法规规定的行政程序来作为保证的"③。从我国目前的情况来看，条例的规定具有一定模糊性，缺乏细化的规定，各地在具体执行中出现了各类分支，这也是导致家庭经济状况调查问题频频的重要因素之一。

2. 经济状况调查之内容

市场经济的发展带给我们的不仅是机遇也是挑战。就业形式多样化，收入来源多样化，经济得以发展、居民生活水平得以提高的同时却给低保制度中的经济状况调查带来了难度。临时工、小买卖、出租房屋、股票、债券分红、银行存款本息、证券投资及红利、奖金、津贴等，收入类型众多，并且，占申请者比重较大的下

---

① 景天魁：《最低生活保障制度——特点和意义》，《中国社会科学院研究生院学报》2004 年第 4 期。

② 葛道顺：《建立并完善最低生活保障制度的治理机制——大连市社区公共服务社的经验及启示》，《中国党政干部论坛》2004 年第 7 期。

③ 中国城市居民最低生活保障政策研究课题组：《中国城市低保政策评析——以辽宁省的个案研究为例》，《东岳论丛》2005 年第 5 期。

岗职工、失业者、无固定职业者等人的就业状况变动也很大，再加之我国在多数情况下，劳动报酬都是以现金的方式支付的，因而实际上又带有"私密性"①，这都给调查增加了不少难度。

鉴于个人收入透明度不高、收入核实难等，一些地方民政部门"缺乏大局意识"②，在具体操作中采取了变通标准的做法，包括：将劳动年龄段内有劳动能力者排除在外，或是"视同"为其有当地的最低工资收入，将生活方式、消费方式等引入评判标准。这样一些规定似乎是在声明——申请救助者就不应该分享现代文明和社会进步的成果，就不应该有生活情趣，就不应该有选择自己生活方式的权利。况且，一些申请者都是最近才致贫的，怎能简单得根据一些家里的摆设等去做出判断？这显然是"无视救济对象权利的表现，违背了平等原则"，"不能因为核定低保资格有困难，就可以侵犯救济对象的权利"③。洪大用亦认为变通标准的做法是地方政府为了"避免承受过大的压力，使自身的利益最大化"。④

当然也有学者发出了不同的呼声。张全红、张建华认为，"在收入难以直接度量的条件下，不妨对代表收入的某些'信号'进行间接衡量，如消费支出和家庭资产，因为消费取决于收入，家庭资产是剩余收入的积累"。据此，就可以"将拥有或消费某些非生活必需品或奢侈品的家庭排除在低保范围之外，即将消费品和资产设置一个上限，超过这个上限则可认为是非贫困家庭"。还强调"这个上限要随着时间和地区进行动态的调整"。"结合收入、消费和资产标准来界定低保对象，可以使有限的资金集中用于真正的贫困家庭，达到有的放矢的效果"。⑤

---

① 中国城市居民最低生活保障政策研究课题组：《中国城市低保政策评析——以辽宁省的个案研究为例》，《东岳论丛》2005年第5期。

② 洪大用、刘仲翔：《我国城市居民最低生活保障制度的实践与反思》，《社会科学研究》2002年第2期。

③ 吴玲、施国庆：《我国最低生活保障制度的伦理缺陷》，《南京师大学报（社会科学版）》2005年第2期。

④ 洪大用：《当道义变成制度之后——试论城市低保制度实践的延伸效果及其演进方向》，《经济社会体制比较》2005年第3期。

⑤ 张全红、张建华：《社会进步与城市居民最低生活保障制度的完善》，《经济论坛》2006年第2期，第37页。

还有学者通过问卷调查的形式，就中国城市低保家庭的资产状况做了实证分析，弥补了理论上的一些不足。调查研究显示：不包括住房，低保家庭的资产拥有量很低，80.1%的家庭资产不足5000元，并且在资产拥有量上，在住房的面积、类型和条件上各个低保家庭都表现出了较大的差异，加上家庭成员不同的年龄、性别和健康状况，低保家庭在生活水平上也表现出了较大的分化程度。所以，"对资产状况不同、居住条件不同的低保家庭采用相同的支付标准看起来是公平的，其实质是不公平的"。为了保证低保制度的公平性——即不该保的一律不保，该保的一个不漏，"需要考虑使用收入之外的其它标准来界定享受低保的资格"，"可考虑将住房或家庭资产达到某个标准的家庭、去掉教育和医疗支出之外支出超过当地家庭平均消费支出水平的家庭、拥有并消费非生活必需品（被一般家庭认为是奢侈品）的家庭排除在低保范围之外"。[1]

3. 经济状况调查之程序与方法

迄今为止，我国尚未建立起与社会主义市场经济体制相适应的金融信用体制和居民个人收入申报制度，个人所得税制度也不完善，缺乏有效的收入监控手段和相关的调查统计手段，具体工作都要靠手工方式进行，同时，也没有建立科学测定贫困者的系统指标，从而使得"最低生活保障制度的实施包含了更多的人为和非理性因素"，调查缺乏客观性与准确性，最终导致"家庭经济调查结果的可信度和有效性大大降低"。[2] 惩罚机制的不完善也是制度设计的一个漏洞，"条例中的监督条款形同虚设"[3]。另外，由于家庭经济状况调查涉及税务部门、金融部门、劳动部门等，所以部门间的政策不配套、工作不协调、资源不共享等问题都给调查的准确性带来了负面影响。也有学者从社会成员道德风险的角度提出了看法。

---

① 程胜利：《中国城市低保家庭的资产状况及其社会政策意涵》，《山东大学学报（哲学社会科学版）》2005年第1期。

② 张春梅：《对完善包头市城市居民最低生活保障制度的系统思考》，《阴山学刊》2004年第6期。

③ 李春燕：《武汉市低保管理中存在的问题与改进对策分析——以武昌区为例》，《长江论坛》2006年第1期。

刘华锋认为，由于"低保申请和审批的根据都是感觉上的、或定性上的贫困"，所以就"为一些社会成员虚报收入、骗保提供了可能性，从而出现了较为普遍的道德风险现象"。此骗保道德风险的存在"势必伤害应保对象的利益，浪费国家和社会的有限资源"。①

　　我国现阶段普遍采取多级审核的办法：本人申请后，社区居委会初审，街道办事处和县（市、区）民政部门批准，市地级民政部门审核——"从表面上看，似乎层层审批、把关很严"②，但其实工作重点还是在最基层的社区——主要是由社区组成评议小组，进行入户调查，听取申请人的自我情况介绍，察看申请人的住房、家庭物品，同时走访居委会组长、邻居进行核实，了解申请人的就业、生活及家庭情况，然后将所了解的情况进行综合分析，并与申请人提供的材料和证明相比较，最后经过民主评定，认定其领取低保金的资格。这些方法虽然能在一定程度上了解申请者的家庭收入情况，但因为目前社区居委会没有一套科学规范的标准来衡量，调查缺少科学性与准确性。然而，唐钧则认为，我国目前在家庭经济状况调查这一环节的程序已经相当严密了，如果继续在"严格要求"上做文章就难免有"强迫症"之嫌。中国有句成语叫"物极必反"，所以，对制度的效用也好，对制度实施时必要的限制条件也好，似乎没有必要追求"极致"。③

　　（1）个人申报收入。

　　我国目前尚未建立信用经济体制，"仅依靠申请者自己据实申报则不现实"④。申请者通常不会主动地申报，而且个别申请者为了获得低保金，不择手段隐瞒收入的真实情况，不报或少报，所以很难确定到底有没有收入或收入多少，尤其是对于那些有劳动能力的

---

① 刘华锋：《经济调查在完善最低生活保障制度中的作用》，《社会》2003年第11期。

② 张东升：《对城市低保工作中存在问题的思考》，《西北农林科技大学学报（社会科学版）》2006年第5期。

③ 唐钧：《城市低保制度、可持续生计与资产建设》，《商洛师范专科学校学报》2005年第1期。

④ 刘华锋：《经济调查在完善最低生活保障制度中的作用》，《社会》2003年第11期。

申请者。有学者提出，在当前的中国社会中流行着一种普遍的看法，只有像以前在计划经济体制下那样由政府部门或企业单位安排一个固定的或有保障的工作岗位，才算是就业；下岗、失业后即使找到了一份有收入的工作，但不"稳定"，不但自己不认为算是就业，就连社会舆论大多也倾向于不算就业。① 所以，这种情况下个人选择不申报似乎也就理所当然了。艾德华则对此进行了博弈分析，指出低收入者与民政局之间的博弈主要表现在：低收入者应诚实地向民政局申报自己的收入水平，他可以采取诚实和不诚实两种策略。民政局根据国家有关规定对低收入者的申报情况进行核实，对于符合条件的诚实申报者给予发放最低生活保障金，对于不符合条件的虚假申报者则不予发放最低生活保障金。分析结果显示，低收入者的策略是：无论民政局发不发放最低生活保障金，低收入者都会选择不诚实申报，这是他的占优策略；民政局的策略取决于国家的相应政策（这是民政局的约束条件），发放是必然的——这构成了较为典型的智猪博弈。由此得出结论：低收入者一定不如实申报，民政局一定要加大审查力度。②

（2）单位出具证明。

这是家庭经济状况调查中一个必不可少的环节，也是避免低保制度滥用的重要政策设计。但是这样一个严肃的程序却"被一部分单位，尤其是企业单位视同儿戏"，"出具的虚假证明已经为社会熟视无睹甚至默许，这对政府的权威和公民的纳税行为无疑是一种嘲弄，而对那些确实陷于经济窘迫的贫困家庭来说则是极不公平的"。③ 有的单位在为职工出具工资状况时没有坚持实事求是原则，而是从维护本单位职工的小团体主义出发，隐瞒实情，应付社区调查者。有的单位在自身困难的情况下，为了维护本部门的私利，给

---

①　唐钧：《中国城市贫困与反贫困报告》，华夏出版社 2003 年版，第 157 页。

②　艾德华：《发放最低生活保障金的博弈分析》，《辽宁广播电视大学学报》2003年第 3 期。

③　唐钧：《中国城市贫困与反贫困报告》，华夏出版社 2003 年版，第 158 页。

职工申请低保随意出具假证明，把矛盾推给政府。① 武汉市街道办事处社会事务科的工作人员在单位出具证明后，会通过发联系函和电话进行确认。但是，"联系函和电话确认几乎毫无意义，单位怎么可能否认自己所出具的证明呢？"②

（3）入户调查与邻里访问。

通常，社区只是派人到申请者的家庭进行走访，看看其家庭状况怎样，由此做出决定，这种入户调查大都是"直观的、静态的、缺乏准确性与科学性"。至于邻里访问，在实际工作中也出现了问题，"许多住楼房的居民互不来往，彼此不了解，无法提供真实情况"。③ 同时，伴随着人户分离现象愈加突出，入户所获取信息的可靠性也随之降低了。或者是拆迁后移居新房、户口仍在原区，或者是故意将自己的房屋出租、自己再去租房以勾勒出生活困难之画面。

（4）张榜公示。

公示制度是目前各级民政部门加强群众监督、甄别救助对象的"法宝"。④ 就全国情况而言，如今基本上做到了三榜公示，第一榜是个人申请参加初审接受评议的名单，第二榜是居委会向上级民政部门报批名单，第三榜是经过评审后民政部门批准的名单。然而也存在着"居民对张榜公示不一定关心或即使关心也不一定对被公示者知根知底"的情况，⑤ 所以公示的效果有待进一步探讨。但是，毋庸置疑的一点是公示所带来的"标签效应"——公共权力过分介入私人生活，使申请者毫无隐私可言，损害了申请者的尊严，给他

---

① 朱智、赵德海：《对进一步完善我国城市居民最低生活保障制度的思考》，《商业经济》2005 年第 11 期。

② 周华、张海玲：《完善武汉市最低生活保障制度的几点建议》，《科技资讯》2006 年第 18 期。

③ 李松花：《黑龙江省城市弱势群体与最低生活保障》，《黑龙江社会科学》2005 年第 1 期。

④ 李春燕：《武汉市低保管理中存在的问题与改进对策分析——以武昌区为例》，《长江论坛》2006 年第 1 期。

⑤ 葛道顺：《建立并完善最低生活保障制度的治理机制——大连市社区公共服务社的经验及启示》，《中国党政干部论坛》2004 年第 7 期。

们的心理带来了一定的负面影响，精神颓废，闲困在屋，更令人担忧的是会使那些真正困难的人望而却步。有的家庭为了不伤害孩子的自尊心或是担心孩子遭受同学的歧视，往往家庭经济再困难也不敢申请低保金——这即是其"缺乏人文关怀"①的一面。所以有人认为，"低保对象不能另眼看待，他们与其他社会成员一样，应该受到尊重和保护，低保工作应当避免使低保对象'耻辱化'"。而有些人持相反意见，认为"低保对象与其他人群不同，因为他（她）接受公共援助，所以就应当付出一些代价"。② 如何协调不同观点将是工作中的难点。

4. 经济状况调查之主体

"家庭经济调查能够反映多少被调查家庭的真实经济情况，这不仅取决于被调查户的如实反映，也取决于调查者调查水平的高低。"③ 由于要对救助对象进行动态跟踪，所以低保制度本身就是一项成本极高的社会政策，但是因为在我国有着社区居委会这样一种基层群众自治组织的积极参与，我们"得到了大量的成本极低的人力资源，从而使这项制度的成本降到了一个难以想象的极点"。④ 在制度创立之初社区发挥了异常重要的作用，然而，随着制度的进一步发展，弊端逐渐暴露。居委会成员大多数没有经过专业培训，缺乏社会工作专业素养，只是凭着良心和热情去工作，所以，在工作态度、工作方式上难免会有一些负面影响。如，有的工作人员存有恩赐观念、特权心态，有的把审核当走过场，简单一眼、敷衍了事，有的还以官话压人、伤害申请者自尊心，有的则是不按规定办理、走"人情低保"路线，等等——这使得我们原本在人力资源上的优势反而转为了劣势。另外，基层干部和低保申请者在保障资格

---

① 吴玲、施国庆：《我国最低生活保障制度的伦理缺陷》，《南京师大学报（社会科学版）》2005 年第 2 期。

② 洪大用：《完善居民最低生活保障制度的关键问题》，《社会福利》2003 年第 6 期。

③ 毛明华、吕莹璐：《城市居民最低生活保障对象的社会救助研究——以常州市为例》，《城市问题》2005 年第 4 期。

④ 中国城市居民最低生活保障政策研究课题组：《中国城市低保政策评析——以辽宁省的个案研究为例》，《东岳论丛》2005 年第 5 期。

的认定上屡屡发生纠纷，也造成了干群关系趋于紧张，甚至是人身安全受到威胁。

5. 应对之策

（1）执行依据。

李巧玲从立法角度进行了分析，认为现有政策法规可操作性弱导致了以执法者意志为转移的不公平现象。对低保对象主体资格的取得和取消立法上没有周详明确的规定，如，规定了居民实际收入低于当地最低生活保障线可以取得救助资格，却没有规定当其收入增加或由其他渠道的获得使其实际生活水平提高的情况下取消资格，且对于一些最初因统计有误（如实际收入低却拥有汽车、房产、储蓄等大宗资产但未被计入收入）而错保的对象的救助资格的取消也没有相关的规定。所以建议：第一，规范资格取得的确定过程，细化审查、公示或听证的条件和程序；第二，规范资格取得后管理和监督，规定定期申报和审核制度；第三，详细规定主体资格丧失的条件、权力部门调查、取消的程序等相关事宜的法律规定。①

洪大用提出要尽快出台《最低生活保障申请者家庭收入核算细则》，完善收入申报与监控体系，确保家庭收入核算的规范化——对于什么情况下城市居民家庭中的农业户口成员应当享受低保，哪些人的收入应当计算为家庭收入，什么样的收入应该计算为家庭收入，以什么样的时间单位计算家庭收入，基层工作人员与低保申请者分别具有哪些权利和义务等，都应有详细、明确、统一的规定，以确保各地在计算补差标准时的规范性。同时，对于各地采用的其他变通标准如家庭财产、高消费倾向等也应逐步统一规范。②

而梁新颖则认为，要"取消各地制定的实施细则中的附加条件或限制条件"，"以法律的形式确定受保人资格认定的唯一标准，是家庭月人均实际收入低于城市居民最低生活保障标准"，而"对于一些从事不稳定工作且只能获得少量劳动报酬的受保人，其所获报

---

① 李巧玲：《中国城市最低生活保障的立法问题探讨》，《社科纵横》2005 年第 6 期。

② 洪大用：《转型时期中国社会救助》，辽宁教育出版社 2004 年版，第 188 页。

酬可以忽略不计，以鼓励受保人参与劳动的积极性"。① 前一句是说要以一个唯一确定的标准来衡量，后一句则是开了一个漏洞，何为"不稳定"？何为"少量"？文中并未提及。

鉴于当前国内银行对实名制的实施难以落实，不能满足调查需要，邱莉莉建议制定符合国情的"家庭财产限定标准"作为辅助措施，防止低保家庭财产和收入超标。② 这与黄晨熹、王大奔、邱世昌、蔡敏在完善上海城市低保制度的建议中提出的"收入豁免额和抵扣比例"具有一致性，这种方法很多时候是针对非全日制工作的，即"在家计调查时，要设定一定数量的收入豁免额以及对豁免额以上收入一定比例的抵扣率（而不是绝对数）"，"能够大大降低隐性就业的经济收益"。③

另外，多数学者都提到了法律法规中罚则的明确化、操作化，对以各种手段欺骗社会、违规操作、造成低保金损失的居民、低保管理人员及相关单位的有关人员，其处罚手段都要做出详细而明确的规定，从法律上杜绝此类行为的发生。

（2）执行过程。

张全红、张建华从调查主体上肯定了社区和街道的作用，认为二者在对低保对象的收入监测中"具有相对信息优势"，同时，由于在我国收入具有隐蔽性，所以还是"要结合收入、消费和资产标准，通过调查、社会公示和民主评议等程序使低保制度规范化和透明化，从而保证实施过程的公正和有效"。④ 而对于公示制度，李春燕则提出——未必是最好的对策，但一定是行得通的措施⑤——这

---

① 梁新颖：《城市低保：尚待完善——辽宁城市居民最低生活保障制度的缺陷及防范》，《党政干部学刊》2005 年第 9 期。

② 邱莉莉：《制约城市低保救助体系发展的若干瓶颈及对策建议》，《统计研究》2005 年第 12 期。

③ 黄晨熹、王大奔、邱世昌、蔡敏：《让就业有利可图——完善上海城市最低生活保障制度研究》，《市场与人口分析》2005 年第 3 期。

④ 张全红、张建华：《社会进步与城市居民最低生活保障制度的完善》，《经济论坛》2006 年第 2 期。

⑤ 李春燕：《武汉市低保管理中存在的问题与改进对策分析——以武昌区为例》，《长江论坛》2006 年第 1 期。

可能确实已经是在我国目前没有更有效的针对隐性就业与隐性收入的对策情况下的上策了。

黄晨熹等人提及"从国际通行的经验看，最基本也最有效的收入审核手段是借助信息技术，通过社会救助管理部门和其他政府部门（特别是税收部门）之间的资料共享来稽查救助申请对象的收入"。由于目前我国的个人所得税制度不完善，借用所得税资料来审核收入的方法显然不成立。因此"我们认为可行的做法是，先实现民政和社会保险部门数据库的共享，即先完善对那些缴纳社会保障金的对象的收入审核，通过社会保险数据库的个人记录来获得收入信息"①。

北京行政学院课题组针对家庭经济状况调查这一最为薄弱的一环提出看法。第一，对申请户的家庭经济状况调查，涉及一系列法律责任和权限问题，建议政府有关部门授权给可以承担这项业务的专门社会中介组织去执行，居（家）委会参与协助执行；第二，对居（家）委会参与最低生活保障调查的人员，要进行专门的技术培训；第三，最低生活保障制度救济的家庭，要有两户以上的邻里做证明；第四，享受最低生活保障的家庭及享受标准要在大众媒体上公布，特别是在社区公众范围内公布，以取得社会和公众的监督。同时，也强调要加强对执行最低生活保障制度的监督和检查，特别是对享受最低生活保障金家庭的经济变动的动态追踪调查。②

周昌祥在《城市"低保"问题研究》一文中，也提出要建立对"低保"人员违规行为的处罚制度，还要建立推行责任追究制度，对符合享受城市居民最低生活保障待遇条件的家庭拒不签署同意享受意见的，或者对不符合享受城市居民最低生活保障待遇条件的家庭故意签署同意享受意见的，对玩忽职守、徇私舞弊，或者贪污、挪用、扣压、拖欠城市居民最低生活保障款物的工作人员给予严厉

---

① 黄晨熹、王大奔、邱世昌、蔡敏：《让就业有利可图——完善上海城市最低生活保障制度研究》，《市场与人口分析》2005 年第 3 期。
② 北京行政学院课题组：《北京城市贫困人口与现行最低生活保障制度研究》，《北京行政学院学报》2001 年第 2 期。

处分，并同时规定不得再从事该项工作业务。① 由此恰好引出了低保工作人员素质的重要性——长远考虑，要推进社会工作，就要大力发展社会工作教育，培养社会工作专业人才，并按照国际惯例建立社会工作职级制度，以满足建立最低生活保障制度乃至整个社会福利和社会保障制度的需求。② 与此同时，要不断加强对低保工作者专业素养的培训，树立现代意义的"助人"理念。

由于家庭经济状况调查不仅仅是民政部门的事，还牵扯到了税务、工商、劳动保障、金融等多部门，所以调查的顺利实施其实是需要多部门联动的。刘同昌指出，必须以文件形式明确各部门、各单位在低保资格评估中的职责和义务，加强行政立法，如：劳动保障部门对有工作但其实际收入在最低工资以下的进行仲裁或给予证明，并优先对有劳动能力的无业低保人员进行技能培训和职业介绍；工商部门与市场管理部门要对早夜市和正规市场的个体商户的收入进行证明；税务部门应根据其交税情况，提供其收入证明；在必要时，金融、证券部门应积极配合民政部门进行存款、证券交易等情况的调查等。③ 多部门之间的信息交流与协作，可以使得个人就业和收入的社会透明度增加，从而减少家庭经济调查方面的困难。

（3）社会氛围。

家庭是处在一个社区、整个社会之中的，"要营造一种全体居民了解低保工作、参与低保工作管理的氛围，把低保家庭的收入随时置于社会的监督之下"。具体要做到五点：公开服务承诺，公开走访调查后家庭人均收入，公开保障对象，公开设立举报信箱和举报电话，公开保障金筹集和发放使用情况。④

---

① 周昌祥：《城市"低保"问题研究》，《贵州大学学报（社会科学版）》2003 年第 3 期。

② 李学斌、王原：《城市居民最低生活保障制度实施中存在的问题》，《社会福利》2003 年第 11 期。

③ 刘同昌：《对青岛市城乡最低生活保障线下贫困人口的考察》，《中共青岛市委党校青岛行政学院学报》2003 年第 4 期。

④ 闻雪琴、邹佳帅：《对最低生活保障制度中"隐性收入"问题的思考》，《山东省工会管理干部学院学报》2005 年第 2 期。

应更新群众观念，坚持正确的舆论宣传导向。新闻媒体应该进行正确的舆论宣传，改变人们的一些落后的传统观念。如低保是国家的救济，不拿白不拿；享受低保是自身无能为力的表现等。要使"主动申请低保，积极走出低保"的观念深入人心，就需要困难户对低保的性质有正确的认识，即低保不是施舍与恩赐，而是自身应得的权利，进低保的目的是为了能够最终走出低保，而不是永远躺在政府的怀抱里。同时要改变整个社会对低保人员的错误看法，各相关行政部门尤其要带头纠正这方面的错误认识。[①]

6. 简评

经济情况审查在社会救助中占据着重要部分，这一点在大部分著作中都有不同程度的反映，不论是专家学者或是制度实践者，都非常积极地从不同角度对此进行了分析研究，实则百家争鸣。然而也存在着研究不足的现象，笔者认为主要体现在以下几方面：①针对性研究不足。大多数对经济状况调查的论述主要是穿插于对于低保的论述中，专门对经济状况调查进行研究探讨的文章不多。②历史渊源研究不足。经济状况调查是一个非常具有历史性的概念，尤其在英国的发展历史也是非常值得去琢磨的。③发展前景研究欠缺。社会救助制度必将随着社会的发展而逐步完善，与此同时经济状况调查的未来又会是怎样，这是值得我们深思的。

（二）国外部分

长期以来，经济情况审查在英国社会政策中就是一个主要问题。19 世纪 30 年代，经济情况审查曾是痛苦与冲突的集中点，尤其体现在失业救济（unemployment relief）中，此外，在中等教育（secondary education）分配以及租金减免（rent rebates）中都有体现，而有关济贫法更是怨声载道。而后留在人们脑海中的深刻印象即是"一对年轻夫妻被告知他们必须用其储蓄去维持他们某位父母

---

① 夏少琼：《当前城市低保工作中存在的问题与对策分析》，《唯实》2004 年第 5 期。

的生活，一个家庭被告知不能依靠支付给战争退役军人的养老金生活"。① 而战时贝弗里奇报告的盛行很大部分原因就是该报告似乎可以为废除经济情况审查提供一套现实的方案。进入 19 世纪 40 年代，这一时期的立法确实象征着脱离经济情况审查的一大转变，比如 1944 年的教育法案（Education Act），废除了免费名额计划（free places scheme），并对所有儿童免费开放。但是伴随着 19 世纪 60 年代有关"选择性"（selectivity）的争论，经济情况审查又成为重要的议题。此时，福利国家受到批评，希望重返自由市场，在现存津贴和服务中引入或扩大经济情况审查以确保使穷人享受到。而到 19 世纪 70 年代中期，虽然此争论不再那么夺目，但是伴随着保守党政府"现代化"政策（"modernization" policy）的实施，依靠经济情况审查型津贴的人数在最后几年时间里急速上升。由此，经济情况审查再一次成为向相当一部分英国居民分配津贴的手段，同时也再一次成为有关社会政策目标和范围的争论的焦点。

　　基于经济情况审查的津贴意欲将其给付限定在那些贫困的需要者身上，然而，受一些因素的影响，"任何起初将目标群体定位于贫困者的项目，随着时间的推移，都可能被迫扩大其覆盖面，以至非贫困群体占据了越来越大的比例"②，这就是所谓"悄然走向普遍主义（Creeping Universalism）"的现象。其致因为：①界限问题。贫困与非贫困之间的界限是模糊的。没有理由将津贴给予这部分群体而拒绝给予另一部分处境与前者类似的群体。所得为 x 的人能够获得津贴帮助，而所得为 x+e 的人就不能获得津贴，这是不明晰的。因此，随着时间的推移，就会有越来越多的例外出现，覆盖面亦会越来越大。③ ②官僚扩张。官僚被认为是出了名的扩张者。或者是由于他们的自我本位试图最大化预算、个人威风或权力，或者是他们致力于其机构使命并且尝试更远的发展，但最终结果都是相

　　① Alan Deacon and Jonathan Bradshaw, *Reserved For The Poor*, London: Basil Blackwell and Martin Robertson, 1983, pp. 27-28.

　　② Robert E. Goodin and Julian le Grand, "Creeping Universalism in the Welfare State: Evidence from Australia", *Journal of Public Policy*, Vol. 6, 1986, p. 261.

　　③ 类似的问题在低保制度中也有体现，就是常说的低保户与低保边缘户的问题。

同的，官僚机构的员工、预算以及职责都将增加。③行为回应。非贫困者会重新安排其事务以利用经济情况审查的漏洞"规避审查"（test-avoidance），从而达到贫困要求，比如，降低工作努力程度或减少储蓄以减少其实际经济情况等。① ④政治压力。此因素仅是个别项目中存在。非贫困者认识到他们可能需要某种津贴，于是使用压力集团确保合格标准宽松化。其中，首要因素是非贫困群体的行为回应——通过合法或非法的变通得以通过审查。而高登（Robert E. Goodin）与戈兰德（Julian le Grand）在文末也重申："在此重点并非是说漏洞的不可避免，此处的重点在于个人会设法通过任何经济情况审查所设置的规定，从而或多或少使得审查目的落空。"②

虽然存在被非贫困群体渗入的现象，但同时也仍然存在着不申领（non-take-up）的问题，也就是说并非所有被赋予享受救助权利的人都会使用这项权利去申请救助。这一现象的存在间接表明"提出申请是有代价的，不论是事实上的或是感觉上的，不仅阻止了没有申请的人，而且部分抵消了申请者所获得津贴的价值"。③ 不申领的原因可以归为三大类：不知情——人们可能不知道可以获得的津贴有哪些以及他们有获得津贴的权利；耻辱——申请者可能担心申请时遭遇的耻辱；复杂性——社会救助规定和申请过程的设计可能妨碍了津贴的完全申领。④ 然而，随着研究的不断积累，研究者们发现经济情况审查型津贴的不申领问题其实是一个非常复杂的现象。第一，除不知情、复杂性和耻辱外，明显存在其他因素在起作用（包括缺乏激励、家庭预算模式、不愿意接近雇主、之前的申请经历、境况的不稳定等）；第二，这些简单"解释"的每一条都

---

① 行为回应在低保制度中也有较清晰的体现，申请者为了通过审查而制造合格情况。

② Robert E. Goodin and Julian le Grand, "Creeping Universalism in the Welfare State: Evidence from Australia", *Journal of Public Policy*, Vol. 6, 1986, p. 272.

③ Richard Blundell, Vanessa Fry, Ian Walker, "Modeling the Take-up of Means-Tested Benefits: The Case of Housing Benefits in the United Kingdom", *The Economic Journal*, Vol. 98, 1998, p. 58.

④ Christina Behrendt, *At the Margins of the Welfare State: Social Assistance and the Alleviation of Poverty in Germany, Sweden and the United Kingdom*, Ashgate Publishing Limited, 2002, p. 158.

隐藏且干扰着许多其他的不同因素；第三，也是最重要的，在各种解释之间非常明显地存在着相互作用的影响。① 那么如何改善申领问题？迪肯（Deacon）与布莱德肖（Bradshaw）从信息、劝告和简化（information, advice and simplification）三大方面给予了阐述。

弗里德曼（Friedman）等人曾经提出建议，认为"普遍适格于社会保障退休津贴的公共制度应该由经济情况审查型项目所替代，将津贴只是支付给那些缺少资产或私人养老金以资助退休后消费的群体"。②

马丁·费尔德斯坦（Martin S. Feldstein）认为，"一般而言，选择经济情况审查型项目或是普遍型项目取决于经济的若干参数（特别是收入增长率、人口增长率以及直接投资的回报率）以及劳动人口的特征和他们在经济上的短视程度"，"如果劳动人口能够区分为几个相关参数不同的小组，那么比较理想的状况就是针对一些小组实施经济情况审查型项目，另一些则实施普遍津贴"。③

普遍主义的给付意味着富人与穷人均可获得津贴（忽略收入的情况下），这就导致了一定的成本——即一部分津贴漏向非贫困者，而经济情况审查型项目对管理者而言也是要付出成本的，因为需要对申请者进行资格审查，然而，同时也就将成本（包括精神上与金钱上）强加给了贫困者，④ 他们要排队、填写表格，也会因被标记为贫困群体而感到耻辱，等等。

经济情况审查固然有其无法从根本上抹去的污点，但是，对其进行评判依然要考虑到其目标群体、津贴性质、审查目的、可获取的资源以及总体的运行环境等，不能孤立而论。

毫无疑问，经济状况调查对于政策制定者仍是有吸引力的，可

① Alan Deacon and Jonathan Bradshaw, *Reserved For The Poor*, London: Basil Blackwell and Martin Robertson, 1983, pp. 132-138.

② 转引自 Martin S. Feldstein, "Should Social Security Benefits Be Means Tested?", *The Journal of Political Economy*, Vol. 95, 1987, pp. 469-470。转引自 Friedman, Milton, and Cohen W, *Social Security: Universal or Selective?* Washington: American Enterprise Inst., 1972。

③ Martin S. Feldstein, "Should Social Security Benefits Be Means Tested?", *The Journal of Political Economy*, Vol. 95, 1987, pp. 470-471.

④ Timothy Besley, "Means Testing versus Universal Provision in Poverty Alleviation Programmes", *Economica*, Vol. 57, 1990, p. 119.

以在避免高额公共开支和税收增加所引发的政治、经济后果的同时，缓解社会问题。与无区别地将资源给予富人和穷人相比，经济情况审查可以更明智地将资源直接引向需要者。经济情况审查自身的矛盾就在于它有一个名誉扫地的过去和一个不断扩展的未来。[①]

三　经济情况审查存在的问题分析

（一）调查主体

1. 基层力量弱

经济情况审查涉及的工作面广、工作量大、工作链密，需要充足的基层力量予以支持。然而，实际工作中，却始终存在着基层力量薄弱的问题，与呈现上升趋势的工作量及其复杂程度形成了明显的不适应局面，从根本上制约着审查工作的开展。（1）人力方面：人手紧张，特别是在基层，原有各级民政部门在城市社会救济方面的人员配置大致是：市级1—2人，区级1人，街道1人，显然这不能满足工作需要。工作人员往往是超负荷运转，一个工作人员一般要负责800个左右的经常需要救助的对象，[②] 包括申请、审查、发放以及来信来访等。再从承担主要的实质性审查工作的街道办事处与社区居委会来讲，二者均是直接与群众打交道的具有全方位、综合职能的服务机构，低保仅是其所承担的民政业务的其中之一，没有专人负责低保工作，身兼数职的现象更是普遍。（2）物力方面：缺少必要的办公条件。如，在低保信息化建设过程中，计算机与通达的网络设施是必备的，然而，目前在绝大多数社区和部分街道仍尚未具备，停留在手工阶段，从而必然给资料的储存、整合、传递、使用等带来不便。（3）财力方面：工作经费短缺仍是阻碍低保工作的一大困扰。经济情况审查工作的任何一个环节都需要经费的

---

① Alan Deacon and Jonathan Bradshaw, *Reserved For The Poor*, London: Basil Blackwell and Martin Robertson, 1983, p. 196.

② 多吉才让：《中国最低生活保障制度研究与实践》，人民出版社2001年版，第211页。

支持，小到办公用品、表格的印制，大到交通费、通信费等。然而，却没有用于低保的专项工作经费，尤其是在基层社区，本身事务繁杂，也只能统一从社区并不充足的办公经费中列支。基层民政工作者常有反映：因为低保工作经费不够因而需挤占挪用其他方面的经费，有些地方低保工作人员甚至要自掏腰包去办事。① 由此可见，工作经费短缺不仅影响到自身办公条件的完备，而且还会给工作人员的积极性带来消极影响——"巧妇难为无米之炊"。

2. 缺乏专业性

缺乏专业性主要是针对低保工作人员的质量而言的，之所以将其单列出来，还是考虑到了其本身的重要性与急迫性。经济情况审查具有很强的专业性，不仅是工作理念上或是具体的工作方式上，因此需要具有专业理论知识背景的专业人员予以支撑。在许多国家都是只有经过正规教育培训的社会保障工作专业人员才能从事这项工作。然而，在我国现阶段，主力队员——也即社区工作人员——大多是下岗失业人员，文化素质有限，即使进行一定的专业培训，也难以完全胜任。首先在工作理念上，许多工作人员未能正确认识低保政策的严肃性，存有恩赐思想及官僚作风，没有树立现代意义上的助人理念；其次，在工作方式与技巧上，由于没有正确的理念指导，再加之培训的效用有限，最终，工作人员在很大程度上还是受自身固有思想的约束，未能运用正确的方法。退一步来讲，街道一级工作人员可能拥有较高的素质，但是由政府官员亲自从事像低保这样的专业性、持续性工作，不可避免地造成"政事不分"，不仅事情自身办好没有保障，政府官员应该进行的管理和监督工作，往往也难以有效落实。② 专业性的缺乏导致在实际工作中产生了很多不良现象，如：实地入户调查成了形式上的走过场、看一眼了事，工作人员不深入调查研究，仅凭一份破产或亏损企业人员名单、一部电话来确定对象，或者打电话让申请对象来社区办公室自

① "十五"第六期县干班课题组：《城市居民最低生活保障问题研究》，《中共合肥市委党校学报》2004 年第 4 期。

② 洪大用、刘仲翔：《我国城市居民最低生活保障制度的实践与反思》，《社会科学研究》2002 年第 2 期。

报情况，甚至以权谋私，违规操作，对处于低保线之上的亲戚朋友亮起绿灯，还有工作人员态度或言语不当伤害了申请者的自尊等，同时，伴随着申请者与审查者矛盾的上升，工作人员的人身安全问题也日益凸显。

3. 地位尴尬性

作为民政部门及其工作人员，在进行经济情况审查时也遇到了尴尬的一面。尤其在有关银行存款、证券股票、不动产和个人投资等的核查上，要获得申请者的真实、详细信息就有一定难度了。具体拿银行存款来讲，民政部门要向银行查询情况，银行又负有为储户保密的责任，虽然条例规定需要有关单位提供情况，但是，这样"轻描淡写"的一句话在下层执行起来确实是困难重重。然而，条例却又明确规定审查主体是可以对申请者的经济情况予以核实的。对于处在政府机构序列之外的社区居委会而言，则有着更深刻的体会。一方面，从实践中看，民政部门需要其进行部分核查工作，居委会也确实克服困难、保持较高热情、尽量做好工作，而另一方面，其群众自治组织的性质又决定了它根本没有行政执法权，条例规定仅是"可以承担日常管理、服务工作"，并没有明确的授权。所以，严格来讲，居委会工作人员是无权做审核工作，也无权全面核查申请者的经济情况，也无权对不当行为予以裁量，其地位是相当尴尬的。但同时，我们又不得不承认居委会在降低低保制度的运行成本方面发挥了相当大的作用。根据国际惯例，以经济情况调查为前提的选择性救助制度，其实施成本应该是很高的。有研究表明，在一些西方国家，若以选择性的方式提供福利供给，行政成本要占支付资金的 11%—45%。[①] 由此，对于居委会的地位仍有着相当的争议。

（二）调查内容

由于低保条例的规定较为笼统，缺乏可操作性标准，给各省、市在具体制定地方性的实施办法或实施细则（操作规程）时留下了

---

① 戴弘：《当前我市低保工作中存在的问题与对策》，《江东论坛》2007 年第 3 期。

较大的活动余地，各地可以根据其实际情况考虑制定地方规范。但是，在赋予地方自由度的同时也导致各地规范的合理性打了折扣，有些地方之间的规定则出现了明显的抵触。

1. 家庭收入上的模糊性

家庭收入上的模糊性主要体现在两方面：①虚拟收入与视同收入。很多地方将处在劳动年龄段并有劳动能力的人排除在低保范围之外，而不论其家庭收入状况如何，也就是将其放置到一个他们所想象的收入状况中——虚拟收入。也有一些地方采用"视同"的办法，把应得收入计算为实际收入。例如，处在劳动年龄段有劳动能力的人，被视同能够拿到当地的最低工资，而无论其是否就业以及实际收入情况；失业下岗人员被视同能够拿到相应的失业保险金或基本生活费，而无论其是否确实拿到；离退休人员被视同能够拿到基本养老金，也不论实际情况。① 虽然在2001—2002年的自上而下推动的低保扩面工作中，这两条标准被中央视为地方的"土政策"而加以批评、终止，但是仍然清除得不够彻底。②各地收入的划定不一。各地制定的实施办法（细则）或操作规程中，都对应计入家庭收入的范围和不计入家庭收入的范围做出了细致的规定。总的来说，各地标准大同小异，基本一致，但是也存在对立点——部分省、市针对某一具体情形的规定截然相反。例如，北京、吉林等均规定"因工（公）负伤职工的护理费及死亡职工的亲属享受的一次性抚恤金"不计入家庭收入，而安徽则将"职工遗属生活费"，内蒙古将"职工遗属生活补助费"计入家庭收入，而且未明确规定因工（公）死亡职工的亲属享受的一次性抚恤金不计入家庭收入。浙江省规定"因劳动合同终止（包括解除），职工依照国家和本省规定所获得的经济补偿金、生活补助费或一次性安置费"不计入家庭收入，大部分省份对此并无明确规定。有些地区则就劳动合同终止或解除的经济补偿金、房屋拆迁补偿款、就业安置费等是否计算为

---

① 洪大用：《转型时期中国社会救助》，辽宁教育出版社2004年版，第151—152页。

收入，引起了很大争议。① 虽然从某种角度讲，此类规定与地方财政实力有关，但是有些原则性的东西应该是统一的。

2. 限定性条件的主流化

由于存在家庭经济情况调查难的问题，在确认低保对象资格时，各地普遍加入了其他比较容易获得真实情况的限定性条件，并且这类条件在使用中愈之有独占上风的发展趋向。实际工作中，此类规定可能确实在一定程度上可以起到鉴别作用，但还是存在许多问题的。

首先来看一下笔者认为比较有代表性的、于 2006 年出台的《济南市城市居民最低生活保障工作操作规程》。规程规定，"（一）居民实际生活消费水平明显高于当地城市低保标准的；（二）购买商品房且面积超出当地人均住房面积 30% 以上或高标准装修现有住房的；（三）一年内购买电脑、摄像机、数码相机等高档非生活必需品的；（四）拥有并经常使用移动电话、高档电器、机动车辆等高消费物品的；（五）家庭月通信费用达到当地城市低保标准 50% 以上的；（六）投资有价证券、收藏高值物品的；（七）饲养观赏性名贵宠物的；（八）经常出入餐饮、娱乐场所消费的；（九）安排子女自费择校就读或出国留学的；（十）拒绝就业或技能培训、不参加公益性劳动，有赌博、吸毒、嫖娼行为而造成生活困难尚未改正的；（十一）违法收养；（十二）采取虚报、隐瞒、伪造等手段，骗取享受城市低保待遇的"不能享受低保待遇。可以看出，以上规定大多是定性的、描述性的，不够严谨。接下来将对限定性条件进行一个简单的分类并加以分析。

（1）关于家庭生活方面。如，《长春市城市居民最低生活保障办法实施细则》规定，"拥有非维持家庭最低生活需要的汽车、空调、摩托车、钢琴等高档消费品的；申请日前 1 年内购置新电脑、彩电、冰箱、音响等家用电器价值超过当地最低工资标准 2 倍以上的"不得享受低保。《宁波市最低生活保障办法》规定，"购买金

---

① 王解静：《中国城市居民最低生活保障水平分析》，《南京人口管理干部学院学报》2007 年第 3 期。

银饰品或古玩字画的"，"饲养宠物的"，"使用移动电话的"，其要求获得低保待遇的申请不予批准。这类对生活方式和消费行为的限定着实令人不解。汽车、钢琴、价值较高的家用电器等，如果有，可能确实存在工作人员无法调查清楚的经济事实（但也不能排除该申请者因为某特殊原因突然致贫的情况，家中可能还有个别高价值物品），然而，彩电、冰箱、移动电话、宠物等就一定能够确定地将这个家庭排除在最低生活保障的范围之外吗？笔者曾走访北京一户低保家庭，他们家中有亲戚给予的换下来的旧手机，但是并不敢用，说"拿它也是一个压力"，如果让别人看见了会说"他们家吃着低保还拿着手机"，但其实"现在通信方便了，发短消息一毛钱那么便宜"，"手机这个东西对我们来说不是一种炫耀，而是一种人的需求"。谈到电脑，他们又是这样说的，"你看我小孩上初二了吧，她作业有电脑的东西，我得给她攒这点钱，孩子学起来也比较方便"。试想一下，继续那样的规定，岂不意味着，如果想要获得低保资格就必须放弃享受现代文明发展成果的权利吗？

（2）关于其他行为方式。如，《武汉市城市居民最低生活保障实施办法》规定，"年内因赌博、嫖娼被行政处罚过的；因吸毒生活困难且尚未改正的；违法结婚、收养和计划外生育的"原则上不能享受最低生活保障待遇。《汕头市城乡居民最低生活保障办法》规定，"因赌博、吸毒造成自身生活困难的"，"违反计划生育规定未依法采取计划生育补救措施的"不得享受低保待遇。依此来看，低保的功能未免有些宽泛，似乎成了针对赌博、吸毒、嫖娼、违例生育、违法收养等行为的惩罚措施，但显然，那并不在最低生活保障的功能定位之列。此类规定的设置明显含有社会普遍价值观的判断，隐含着一种歧视、一种不公平，是对公民享有的基本人权的限制，难道有"过错"行为的人就失去了享有国家给予最低生活保障的权利吗？举个不太恰当的例子——即使身锁牢狱的人，其基本生活依然是有保证的。

（3）关于公益劳动。如，《呼和浩特市实施城市居民最低生活保障制度办法》规定，"2个月内两次拒绝参加社区组织的公益性劳动的"不得享受城市低保待遇；《海口市城市居民最低生活保障制度实施细则》规定，"一个月内两次以上不参加社区公益性劳动和活动的"不能享受低保待遇。参加公益劳动是低保条例所确定的义务性规定——"在就业年龄内有劳动能力但尚未就业的城市居民，在享受城市居民最低生活保障待遇期间，应当参加其所在的居民委员会组织的公益性社区服务劳动"。但是，从各地具体操作来看，存在过分强调的现象，公益劳动反而成了获得低保资格的一个非常重要的必备条件——"不劳动者不得低保"，这是对条例的一种曲解。公益劳动有其存在的必要性，但是其存在的方式未免有些不尽如人意，致使有些人不愿意接受这样的条件而放弃了低保，放弃了本应享有的生存权利。

（三）调查方法

就目前处于实际运用中的各种方法而言，大多属于观察法或访问法，且是无结构式的观察或访问：实地查看申请者家中情况，向邻里了解情况等，包括受到各地普遍好评的张榜公示、民主评议等，都只是形式上的差别，归根结底也只是发挥群众力量，通过群众去观察、去访问。在社会科学中，观察法是一种搜集社会初级信息或原始资料的方法，它通过直接感知和直接记录的方式，获得由研究目的和研究对象所决定的一切有关的社会现象和社会行为的信息和资料。观察主要依赖视觉获得信息，但也运用其他感官如听觉、触觉和直觉等作为辅助。观察法具有直接性，可以掌握第一手资料，但同时观察者本人的主观意识和价值取向会更多地介入到观察对象和观测资料中。访问法是一种最古老、最普遍的收集资料的方法，访问过程实际上是访问者与被访者双方面对面的社会互动过程，访问资料正是这种社会互动的产物。其最大特点在于，访问是一个面对面的社会交往过程，访问者与被访者的相互作用，相互影响贯穿调查过程的始终，并对调查结果产生影响。访问也具有强烈的个人色彩，调查质量的好坏在很大程度上取决于访问者个人的人际交往能力、访问技巧的熟练程度以及对访谈过程的有效控制。

1. 易受人为和非理性因素影响

从全国范围来看，各地低保工作人员在进行经济情况审查时，所采用的调查方法在实施过程中普遍存在缺乏科学性、极易受到人为和非理性因素影响的问题。对申请者的判断多属主观经验性的，依赖于日常简单接触所形成的感性认识，观察申请者及家庭成员的外表、言行举止，去家中查看房屋设施、日常生活情况等，向邻居询问、做摸底调查等，整个过程都会受到调查者与被调查者双方主观因素的影响，即便是小组评议的方法也仅是集合了较多数人的感性认识，不能说一定就是科学的。

2. 调查结果的可信度存在疑惑

由于使用方法上的局限性，致使调查结果的准确性也被画上了问号，并且随着时间的延续，这个问号在不断扩大。现实中有这样的家庭，他们家里有较好的住房，但"四壁空空"，除了房子一无所有；也有人家里摆有"高档"的生活用品，但已破烂陈旧，值不得几个钱；有的人开了一个小铺子，生意冷清，做着赔本的买卖，表面上是有经营收入的生意人，却常常"食不果腹，衣不蔽体"，生活状况非常糟糕。① 试问，这些被排除在低保之外的家庭和群体难道就真的不需要最低生活保障的救助吗？

出现以上问题的根本原因在于我国现行的制度框架内，没有一套系统、规范的具有可操作性的经济情况审查的方法，缺乏有效的现代管理方式，从而使得新时期的、现代的社会救助制度又倒退到了传统的社会救济的模式中去。

（四）调查对象

调查对象上存在的问题主要就是不知情或不配合，由此导致的最终结果都是使审查主体未能获得经济情况审查所需的确切信息。

1. 申请者或相关人未提供可靠信息

我国现阶段社会主义市场经济的发展决定了居民经济来源的多样性，税收申报制度以及信用体制等经济体制的不健全又为居民收入的隐蔽性敞开了一扇窗户。在这样的背景下，加之社会个体道德

---

① 王宁、黄亮：《昆明城市居民最低生活保障制度实施现状探析》，《昆明师范高等专科学校学报》2007 年第 1 期。

风险的存在，部分申请者为了获得低保资格，不如实申报、隐瞒家庭真实经济情况的现象屡屡发生。根据民政部 2006 年在全国九城市进行的"规范城市最低生活保障制度"的调查分析结果，隐瞒家庭银行存款在隐瞒行为中占到近六成，其次是股票及收益、就业收入、经营收入等①。有的申请者在入户调查时将购置的高档电器声称是亲友所赠，拒不承认；有的则在入户调查前及时将贵重物品转移；有的申请者则将自己的房屋、门面出租后，又到其他地方租简陋房居住，以达到低保资格审查要求；也有些人虽经营小店面，但是在工商登记上却是其他人，待到调查时声称自己在为店主看店；还有申请者借"人户分离"——户口在此地，居于另一地——使调查人员无法了解真实情况；甚至还有一些申请者通过制造"假离婚"——法律上已离，事实上仍合——以使家中经济条件符合要求。

相关人主要是包括申请人的邻居、亲戚、朋友，法定义务赡养人、扶养人和抚养人，这些相关人未能提供真实信息要么是不知情，要么是不透露。一方面，随着现代都市的发展，受个人主义影响，家庭之间独立性增强，甚至地理位置相隔极近的邻里之间也会互不往来，处于微妙的"熟悉的陌生人"关系中，对他人的情况不闻不知也属正常现象，有的即使知道也可能会表现出一副事不关己的态度；另一方面，本着维护自我利益的原则，在"人情社会"的中国，为邻居、亲戚、朋友说好话、说瞎话非常普遍，再者是出于某些申请者的强势地位（如有恶势力背景）而致使他人不敢发表任何不利于该申请者的言论。

2. 单位提供材料的真实性存在疑问

对于一些有工作单位的申请者，需要其所属单位提供收入证明，然而，一些单位出于各种原因，或者是为了逃避对职工应尽的责任、减轻企业负担、将矛盾转嫁给政府，或者是基于与申请者的人情关系，又或者是在申请者的强烈要求下，开具不实收入证明或

---

① 尹志刚：《城市最低生活保障家庭收入和财产调查的状况、问题及对策》，《北京行政学院学报》2007 年第 5 期。

者干脆不予开具，而工作人员对此收入证明的真实性的考查亦有一定难度，即使电话、信件联系，再或登门造访，单位又怎会否认自己开出的证明？要求单位出具证明是经济情况调查的一个重要环节，是一项严肃的法律程序，然而却被部分单位视同儿戏，社会对此现象亦熟视无睹甚至默许，这对政府的权威和公民的纳税行为无疑是一种嘲弄，而对那些确实陷于经济窘迫的贫困家庭来说则是极不公平的。[①]

　3. 相关部门之间的信息共享程度低

为了获得有力的证明材料，工作人员还需要寻求其他部门进行调查取证，这当然需要社会其他部门力量的协助配合，然而，实际工作中，却常常有这样的情况发生，譬如，工商部门发了营业执照，却没有回收就业登记证，结果使一些人在稳定就业的同时继续领取低保，且劳动部门仍然将其作为失业人员进行登记；从医院开具的病历证明、残疾证明等有可能因医院的不负责、滥用同情心或因人情关系等而被弄虚作假；一些工商部门不能善意地提供自谋职业的申请人的收入标准；银行、证券机构等以为客户保密为由拒绝配合工作人员的调查；等等。由此可见，相关部门给予审查工作的支持力度显然不够，虽然可能是客观原因造成的，如基础设施不具备通达的信息技术网络，工作人员不具备合法的调查权等，但是最终结果都是妨碍了经济情况审查工作获得资料的有效性。

（五）经济情况审查可能引发的若干效应

1. 标签/污名/耻辱（Stigma）

身体特质或社会地位在某种程度上可能会与特定的品质相联系，由此，可能会导致以那些特性为基础对一个人做出负面的设想。例如，带有残疾的人会被贴上无能的标签，失业者会被贴上懒惰的标签，年老者可能会被认为是虚弱的。社会进程以及制度发展的进程导致了标签效应。尤其是经济情况审查型津贴，由于受国家

---

　①　唐钧、沙琳、任振兴：《中国城市贫困与反贫困报告》，华夏出版社 2003 年版，第 158 页。

对待其领取者的方式以及使穷人蒙上污名的济贫法的历史传统的影响，其领取者亦被标签化。标签效应可能导致歧视，并以那些标签者不同于一般为由合理化解释不平等对待。

2. 贫困陷阱（Poverty Trap）

贫困陷阱是指，由于接受低薪资的人们所获得的经济情况审查型的补充收入会因薪资的增加而撤销，所以薪资增加的实际价值也就减少了，于是人们依旧处于贫困之中。

3. 储蓄陷阱（Savings Trap）

储蓄陷阱是指，由于经济情况审查型津贴会因申请者拥有资产所有权而减少或者被撤销，所以，那些日积月累留有一定储蓄的人可能就会失去经济情况审查型津贴的帮助，反而如果他们没有储蓄可能会有资格接受帮助。

4. 失业陷阱（Unemployment Trap）

由于（选择去工作获得的）收入增加不足而促使失业者处于一种不愿去从事工作的境况中。换句话说，受低工资、税收以及津贴撤销的综合影响，可能导致从付薪工作获得的收入低于或仅稍微高于失业时获得的津贴收入。

我国城市低保制度中，由于申请者在提出申请后都必须接受家庭经济情况调查，审查人员会去家里查看实情，会向街坊邻居询问，会将家中情况张榜公示，接受群众监督等，而在通过资格审查之后就可以从国家那里得到最低生活费，这样，他们往往会被认为是一个特殊群体，一个需要拿政府钱过日子的困难群体，其生活自主性也因此受到了限制，比如应当过清苦的日子，对人应当低调等，甚至有些人还背上了沉重的心理包袱，心理压抑感极强。访谈中，孔先生曾提到，有些人会说些不好听的话，比如"吃低保你还吃羊肉片？"还说"突然想吃肉了，穿着大衣，把肉藏在大衣底下回家，你说这，要是吃低保的都过到这个份儿上"，"我觉得不应该"。周女士也说，自己买点什么东西回来"人家都盯着呢"，他们（大杂院里的街坊邻居）就觉得"这共产党的钱好像不该拿似的"。由此看来，标签效应还是有一定影响的。

城市低保制度在设计之初，是要对于陷入生活困境的人群给予暂时性帮助，以期最终这些受助者能够自食其力，但是在实践过程中却存在一个明显迹象：制造着一个长期的低收入群体。一方面，低保制度本身给了保障对象较为稳定的预期：只要收入水平没有变化就依然可以按月享受低保金；另一方面，低保本身的定位就是最低水平的救助，意味着受助者必须放弃在一定范围内对自身财产的积累，保持赤贫状态，因此对于其自身脱贫能力的建设显然有害无益。北京市民政局 2003 年的一项调查表明，低保对象中 58.3% 的人处在 45 岁以下的就业年龄段，但是低保对象中的就业率只有 6.5%。47.7% 的低保对象表示"生活很困难"，50.4% 的人表示"刚刚能够维持日常生活"。然而，低保对象通过就业增加收入的意愿并不强烈。在没有工作的低保对象中，46.6% 的人没有再就业的意愿。① 尤其对于一些处于低保边缘的群体，选择去就业与坐着领低保金最后所获得的收入可能大体相当，但是参加社会工作的时间增加意味着家庭劳动的时间减少，最后得到的总效用也许还降低了，所以干脆对低保保持"忠心"。

　　此外，现如今也存在着对低保制度"不利用"的问题，这也是一个世界性的难题。通过低保制度使困难群体获得救助的第一步即是需要他们自己首先去提出申请，但是一些家庭或个人虽已陷入贫困却因种种原因不愿向国家求助，比如顾及面子、担心污名、考虑孩子的脸面及心理承受力、对权利的认识不清等。虽然有些基层干部认为"不利用"者所占的比例很小，但实际上这部分人的数量可能远远超乎我们的想象，肯定比上述估计要大得多。因此，千万不能对此掉以轻心。

四　其他国家（地区）情况介绍及可借鉴之处

　　国际上，受政治以及经济发展水平等诸多因素综合作用的影

---

　　①　转引自洪大用《转型时期中国社会救助》，辽宁教育出版社 2004 年版，第 143 页。转引自北京市民政局《北京市低保制度调查评估研究报告》，2004 年 6 月，内部报告。

响，社会救助制度被各国（地区）引进的时间以及立法、标准、具体实施状况等是不同的。但是，社会救助作为一种重要的社会政策和制度安排却具有某些超越社会制度和意识形态的共有功能和目标，即国家要帮助生活困难的人，为他们提供生存的最后一道安全网。因此，吸取不同国家（地区）的实践经验无疑将促进我国城市最低生活保障制度的完善。

（一）典型国家（地区）情况介绍

1. 英国

在英国，社会救助比国民保险有着更为悠久的历史。英国不仅是最早将济贫活动固定化、制度化的欧洲国家，而且从世界范围来看，还是现代社会救助制度的发源地，为世界各国发展社会救助提供了宝贵经验。

英国的国民救助体系是作为国民保险的补充而设立的，旨在通过向失业者及缺乏满足生活必需的足够收入者支付最低生活费用，起到安全网的作用。以经济情况审查为基础的收入维持计划（Means-tested Income Maintenance Schemes）主要有两个方案：收入支持（Income Support）与家庭补助（Family Credit）。前者主要针对无工作者（一周工作 16 小时以下）且收入低于法定水平，是多用途的收入维持津贴；后者主要是针对家庭收入低于法定水平的有工作（一周工作 16 小时以上）夫妇的增添津贴。但是，二者都要求考虑家庭双方的收入，且在确定方法救助金额度时还要考虑家庭的需要。在资格认定上主要是两方面：就业与所得（employment and earnings）以及财力（resources）。关于就业所得，有一定额度的豁免计算，称为"free area"，财力要求是申请者与其 partner①合计拥有的资产（储蓄、投资与房产而非住屋）不能超过 8000 英镑。

需要救助的人首先要向当地社会保障机构提出申请，将家庭人

---

① "partner"被解释为"a person you are married to, or a person you live with as if you are married to them, or a civil partner, or a person you live with as if you are civil partners"。

口数、无劳动能力人口、工作人口及收入和支出状况等填写清楚,[①]以此作为审查依据。社会保障机构在接到申请后,会派出专业人员,向申请者家庭及向其所在的社区和工作单位进行烦琐的收入和生活状况调查,审核其实际情况是否符合官方划定的贫困线标准。根据调查结果和核实情况,便可做出是否批准申请的报告。随着社会的发展,申请也可以通过电话或互联网提出。电话提出申请后,工作人员会尽快回电与申请者约定时间,安排其与财务评估员(financial assessor)和个人顾问(personal adviser)见面。财务评估员会对申请人的申请资料的完备程度及真实程度予以核实,然后,个人顾问还会与申请人围绕着工作的事情进行面谈,以帮助其找到工作。[②]

　　负责社会救助具体运作的是社会保障部(Department of Social Security,DSS)内设的 Benefits Agency(BA)。BA 成立于 1991 年,主要职责是审核社会救助申请人的申请,依法管理和发放 20 多项待遇和补助,BA 下设 22 个地区局,每个地区局又下设 7—8 个分区办事处。基本工作程序是:区办事处先根据申请人的申请表和诉说进行调查和核实;在一周之内给予申请人明确的答复,并通过电脑处理,报地区局计算机中心;地区局审核,计算待遇后,将钱划拨给银行或邮局予以支付救助金。对于社会救助的工作人员,英国政府要求其必须具有良好的职业道德、社会知识及专业技术能力。首先,他们的工作就是要使申请者充分理解救助的目的,同时又要尽可能地消除申请者的压抑和耻辱感;其次他们的工作不仅是要给予申请者以物质和精神生活的帮助,而且要找出其贫困的原因,对症下药,真正发挥救助的功能。

　　然而,尽管政府力求做好各项工作,但还是存在问题。申领的

---

　　① 　根据笔者从互联网上搜索到的申请表,共 48 页,分为 22 个部分,其中含有收入支持计划有关情况的告知和个人声明,但绝大部分都是申请者需要填写的内容,包括家庭情况、申请理由、现在及以往的工作情况、银行账户和房产、养老金和其他津贴、住所情况、其他信息等,所要求填写之内容是非常详细的。

　　② 　参见 2008 年 5 月 6 日,Government Digital Service:Income Support(https://www.gov.uk/income-support)。

条件和手续复杂、苛刻，工作人员态度不善，接受救助者被视为无能等，导致许多穷人不到迫不得已的情况下就不愿意提出申请，有的甚至提出申请后又撤回。单从最终的救助结果来看，稍有违背救助初衷之嫌。

2. 美国

美国是一个自由主义盛行的国家，强调"自立"，相对于其他发达国家而言，其社会保险制度不够健全，但是救助制度则比较完善。美国的社会救助制度形成于 20 世纪三四十年代，至今已是枝繁叶茂。其主要的社会救助项目有补充保障收入（Supplemental Security Income，SSI）、食品券（Food Stamp Program，FSP）、困难家庭临时援助（Temporary Assistance for Needy Families，TANF）、一般援助（General Assistance，GA）、低收入家庭能源援助计划（Low Income Home Energy Assistance Program，LIHEAP）及医疗补助（Medicaid）等。在所有具体实施的社会保障项目中，仅由联邦政府推出的社会救助项目就有 100 多个。可以说，美国是世界上社会救助方案最为复杂的国家之一，不仅补助项目多，而且保障标准还很高——其贫困线是根据恩格尔定律推出的，规定支出中有 1/3 及以上用于购买食物的家庭，即被视为贫困家庭，应给予救助。相对于一般规定的食物支出占 59% 以上的贫困线标准，可见其"高"。因而，在美国，社会救助是受益人数较多、费用开支较大的社会保障项目之一。

美国在救助项目的实施上也非常强调"针对性"。为确保救助确实提供给了最需要帮助的人群，美国采取了比较严格的条件限制和资格审查制度。凡领取救助金的贫困人口，事先都需要进行经济情况审查，包括收入审查和资产审查。被调查的收入包括现金、支票、养老金和一些非现金收入，如食品等。以补充保障收入为例，SSI 是一项面向低收入的盲人、残疾人、65 岁及以上老年人的全国性的联邦救助计划，由美国社会保障管理局（Social Security Administration，SSA）负责管理实施。欲获得救助必须满足四条标准：有限的收入、有限的资源（个人所拥有的房产及其他资产）、公民/居住条件及人群类别（65 岁或以上，盲人，残疾人）①。关于经济情况审查（即收入与资源），还规定，如果夫妻双方只有一人有被选资格，那么在决定是否给予资格时要将双方的收入和资源一并考虑；如果 18 岁以下的儿童与父母共同生活，那么父母的收入和资源也要考虑在内。具体来看，财产审查方面：单个人自助性财产价值不得超过 2000 美元，夫妇不得超过 3000 美元，所住房屋不计在内，所拥有的汽车的现行市场价格必须低于 4500 美元或者有专门用途才可不予计算，人寿保险单总面值低于 1500 美元，用于安葬的存款不得超过 1500 美元等；收入审查方面：单身成人或儿童每月必须低于 780 美元，夫妇必须低于 1170 美元，同时，每月 20 美元的收入、65 美元的劳动收入、食品券及住房救助等均不计算在收入限额内，而后，每有 1 美元的劳动所得就要减少 50 美分救助补贴。往往实际上，"够格"领取这种补助的人多数是残疾人、盲人等社会最苦难的人群，所以历次改革中受到的冲击不大，自 1972年建立以来项目运行一直保持着比较稳定的状态。但是也存在明显问题——经济审查中，可计算的收入是由 federal benefit rate（FBR）决定的，且随着美国平均工资指数的逐年上涨而增加，但是可计算的资产却不随物价上涨而调整（其最近的一次调整是在 1989 年）。所以，年复一年，资产审查愈之凸显严格。

3. 德国

德国的救助事业开始于 20 世纪初，当时主要是地方社区组织和私人慈善机构负责办理。而现代意义上的德国社会救助制度确立于 1961 年《联邦社会救助法案》（Bundessozialhilfegesetz，BSHG）颁布。救助法规定，凡是靠自己的力量支付不了生活开支或在特殊生活处境下不能自助者，从其他方面也得不到足够的帮助，就有权申请救助。困难居民如果没有主动提出申请，各级社会救助机构在了解其处境后，一般都会主动采取相应的救助措施。救助大体可分为日常生活救助和特殊情况救助。前者主要是用于低收入家庭的日常生

①　"Limited income, Limited resources（property and other assets a person owns），Citizen-ship/residence and Categorical（sixty-five or older, blind or disabled；blind；disabled）"．

活用品的消费，包括食品、住房、衣物、化妆用品、家庭用品、取暖费、日常个人必需品等，有些还包括一定限额内的社会活动和文化娱乐费用。当申请者具有合理的大型的购物要求时，经常性的救济款可以一次性发放（如申请者要求购买衣物、家用器具、过冬燃料时）。可以说，德国的社会救助是为了确保每一位需要救助者能维持体面的生活而提供的帮助。

关于申请者受助资格的认定，其特点就是严格＋简便。严格在于首先要考察申请者的社会关系和经济情况，同时考虑申请者的家庭情况以及享受其他社会保障的情况，视其具体情况来决定向申请者提供何种类型的帮助。一是要严格审查申请者的家庭经济情况，家庭中有汽车、钢琴、超过正常需要的房屋等大件财产要进行变卖处理，家庭的银行存款也不能超过规定的数额；二是根据德国家庭法的规定，直系亲属之间有相互赡养的义务，社会救助并不使他们免除此义务，当直系亲属有能力相互赡养时，就没有资格申请救助。因此，社会保障局必须查明申请者的父母、子女、配偶可以在多大程度上对其提供帮助。祖父母、外祖父母、孙辈或其他旁系亲属对申请者不负有赡养责任。简便体现在一审制，即由社区救助机构审查后直接核准，不需要逐级审批，有的申请人提出申请后，经审查核准，当时就能领到救助金。此简便快捷也得益于德国比较完善的管理机制。

联邦政府的劳工和社会部负责管理，各个城市设有社会局，社会局下设社会分局，分局设若干小组，每个小组由组长和办事员组成，每个办事员管理100名保障对象。并且，亦实现了计算机网络化管理，既包括系统内自上而下的联网，也包括管理机构与银行、社会保险、社会福利、治安等相关部门的计算机联网，形成了纵横结合的计算机管理网络。通过计算机网络，可以迅速、准确地查询申请人的有关情况，使保障对象在最短时间内领取到保障金。同时也可以对保障对象实施动态管理和监督，还可以通过网络采集和传输有关数据，做到资源共享。

另外，德国社会救助也强调权利与义务相对应，要求享受救助者，除非由于健康、年龄等原因外，都被要求接受工作，对于有劳动能力的人而言，如果他们不接受所提供的工作或者不努力寻找工作，救助金至少可能被缩减 25%，① 或者甚至失去救助资格。

4. 日本

日本现代的社会救助制度是在"明治维新"之后逐步建立起来的。1950 年颁布的《生活保护法》是保障日本国民最低限度生活的社会救助法律，随着社会和经济的不断发展，前后修订了十多次，逐步形成了今天日本完善而有特色的生活保护制度。日本的生活保护制度由各级政府的行政长官承担责任，各个城市的市长负责城市贫民享有最低生活权利，町村则由都道府县的知事负责。实际操作中，具体事务由各地专设的福利事务所所长承担实施。

根据《生活保护法》，日本一切国民都具有获得健康的和最低限度的生活权利，但是在接受生活保护之前，必须经过严格的审查。该法第 4 条第 1 款规定"生活保护以生活贫困者活用自己可以利用的资产、能力或其他为要件而实施"，第 2 款规定"民法规定的抚养义务以及其他法律规定的扶助优先于本法规定的生活保护实施"。以上生活保护要件的规定通常被称为补足性原理，就是说，生活保护是最后的救助手段，如果陷入贫困，首先要尽可能地利用自己的资产和能力，利用民法所规定的有抚养义务人的抚养及根据其他法律所开展的救助，只有这些方法仍然不能维持最低生活时才有资格接受生活保护。例如：拥有私家车者，如果没有特殊的必要性，必须先卖车充作生活费；如果自家的房屋和土地出售价格远高于利用价值的话，必须出卖②；此外，原则上购买普及率在 70% 以下的电器产品时需要得到特别批准。

生活保护行政实施机关在接到申请后，必须先调查申请人的资

---

①　江树革、比约恩·古斯塔夫森：《国外社会救助的经验和中国社会救助的未来发展》，《经济社会体制比较》2007 年第 4 期。

②　在瑞典的社会救助中亦有此类规定：市政府在发放社会补贴前，要求申请人首先要使用其自有资源（包括银行存款和变卖财产）。实际操作中，如果申请人接受社会补贴已经有一段时间（比如 3 个月），而不是第一次申请，只要求变卖其重要财产（如房子或汽车）。但是，如果该交通工具是就业或找工作时的必备工具，就可以免除这项要求。同样，如果变卖房子会导致无家可归或没有资本，也可被免除。是否变卖房屋的决定大多需要市社会福利局（municipal social welfare board）做出，而非个案工作者。

产（折算成金钱）和其他收入，认定收入总额，然后比照所规定的保护标准，若保护标准高于收入总额，就应当实施生活保护。在计算生活保护费时，根据保护标准扣除收入总额，不足部分给予支付。原则上，申请人家庭所有的现金、财产、收入均被列入审查范围，但慈善团体的捐款、捐物除外，理由则是对捐赠人善意的尊重；本人缴纳的社会保险费、为参加工作而得到的交通费等亦除外，意在鼓励勤劳，促使其自立。但是具体应该活用什么样的资产，可以保留什么样的资产，认可保留多少程度的资产等，《生活保护法》并没有做出明文规定，而是授权厚生省发布通知，指示由生活保护行政实施机关具体决定。其中，由于厚生省的通知对现金、储蓄金或者保险金没有提出具体的判断标准，实践中各地的生活保护行政实施机关的处理很不统一，有的以持有些许的现金、储蓄金或者保险金为由拒绝给予生活保护，有的认可给予生活保护却将现金、储蓄金或者保险金认定为收入，强行决定其充当生活费①。虽然生活保护法给予了厚生省宽松的裁量权，然而对厚生省的裁量权如何控制是一个重要的问题。此外，日本的社会救济制度也面临着两大难题，一是如何防止一部分不属于生活保护对象的人利用不法手段骗取政府的最低生活费以及如何向这些人追讨其非法取得的生活费；二是如何帮助那些本应得到政府的生活保护而没有得到，从而落魄街头的人。

5. 智利

智利的社会救助制度是随着社会保障制度的改革逐步完善起来的。在建立完全基金制养老金制度并将部分医疗保险交由私营保险公司管理后，分散的社会救助计划也从社会保险中剥离出来，形成一个相对独立的系统的社会救助制度。政府的社会救助金由福利标准委员会负责管理和支付。

为了使政府社会救助计划的补贴得到更合理、更公平的使用，并使得最急需救助的社会群体能够优先得到救助，智利采取了一种

---

① 邹文星：《日本生活保护法第 4 条对修改中国〈城市居民最低生活保障条例〉的启示——对加藤案件和中鸠案件的探讨》，《环球法律评论》2005 年第 5 期。

被称作"CAS—2"的资格认定方法。这种方法是在20世纪70年代形成的城镇社会救助委员会（CAS）体系的基础上建立起来的。从1999年9月1日起，全国所有的城镇都已采用这一新的资格认定体系。

CAS—2资格认定体系将所有申请社会救助的家庭分类，以便安排取得津贴的先后顺序和确定不同的津贴额。所有向市政府提出申请社会救助的人都要依据该体系的方法进行调查，然后根据调查取得的信息对申请人的社会经济状况打分，分数在350—750之间，分数越小表明越需要社会救助。评估和打分是依据13种指标，包括住房、教育、职业和收入（财产）四个方面。CAS—2档案实行分散管理与使用，由各市政府根据本地区的情况组织专门小组进行信息收集、登记和档案的计算机处理工作，但由省政府、大区和中央政府领导和监督。档案上的所有信息都是保密的，只有取得计划与合作部（Mideplan）的授权才能公布有关信息，并且信息具有2年的有效期，2年后有关信息必须更新。CAS—2系统的使用是为了对社会计划补助的可能的受益人群进行鉴别、优先考虑和挑选，而不是为了衡量这些人的贫困程度。通过该体系获得的补助主要包括统一家庭津贴、养老救济金和饮用水消费补贴三种货币补贴。另外，在申请住房与城市建设部的基本住房计划、阶段住房计划和农村住房计划的补贴时也要使用这种档案。

6. 中国香港地区

中国香港地区的综合社会保障援助计划（简称综援）是于1993年在原有的公共援助制度基础上发展起来的，从1971年算起，有20多年的历史。综援计划由特区政府社会福利署社会保障科直接管理，区福利办事处予以支持。该计划由政府全权负责，经费来自于政府财政划拨，有专职人员管理。

综援计划的目的是向有需要的个人及家庭提供经济援助，使他们的入息达到一定水平，以应付生活上的基本需要。① 申请者需要

① 2008年5月6日，http://sc.info.gov.hk/gb/www.swd.gov.hk/tc/index/site_pubsvc/page_ socsecu/sub_ comprehens/。

满足三类条件才可以获得援助：居港规定、经济状况调查及身体健全成人的附加准则（要求 15—59 岁身体健康的申请者除规定允许的特殊情况外必须就业或积极寻找工作，包括参加自力更生支援计划①）。经济状况调查又分为两部分，申请人必须通过资产及入息的审查。同时规定：申请人如果与家人同住，须以家庭为单位提出申请。因为在决定一个家庭是否符合领取综援的资格时，社会保障署会考虑整个家庭的资源和需要，也就是说要把所有家庭成员的每月收入和所需开支一并计算。

（1）资产审查。申请人及其家庭成员所拥有的资产（包括在香港、澳门、内地或海外所拥有的资产）总值不得超过规定限额。所指资产具体包括土地/物业、现金、银行存款、保险计划的现金价值、股票及股份的投资及其他可变换现金的资产及财物。自住物业是不纳入资产审查的。资产限额的规定依据单身人士个案和家庭个案而不同，具体又因申请对象的类别（如健全成人、儿童、长者，残疾或经医生证明为健康欠佳人士）及人数不同而限额不同。

（2）入息审查。申请人及其家庭成员每月可评估的总收入必须低于他们在综援计划下所认可的每月需要总额，才符合领取资格。在评估入息时，培训津贴及符合指定资格（领取综援不少于两个月的个案）的申请人或其家庭成员的工作收入，其中部分可豁免计算。

综援如何申请？申请人可亲自前往其区内的社会保障办事处，或用电话、传真、电邮或邮递方式提出申请，或由政府部门或其他非政府机构转介。在接到申请后，社会保障署职员会安排约见申请人和进行家访，以查核申请人的实际情况及所提供的资料（包括身份证明文件、结婚证书或离婚文件、住屋开支证明、资产证明、教育开支证明及学生手册、旅行证件、入息证明、复诊卡/复诊预约便条、与其他家庭成员的经济关系证明等）。如果有需要，社会保

---

① 自力更生支援计划是综援计划下的一项计划，主要目的是为 15—59 岁，身体健全的失业人士或是每月从工作中所赚取的入息或工作时数少于社会保障署所定的标准的人士提供现金援助的同时，鼓励及协助他们寻找有薪的全职工作，达到自力更生。计划包括积极就业援助计划、小区工作计划及豁免计算入息的安排。

障署亦会向卫生署署长/医院管理局行政总裁索取医事报告，以及向申请人的雇主和前雇主查询，也可能会向入境事务处、其他政府部门和团体（包括银行）查询申请人及其家庭成员的有关资料。

综援计划的申请表有4张A4规格的页面，其中需要申请人填写的内容主要有15大项，33小项，项目划分非常之细。比如，水费/排污费是多少，还要注明从何时至何时以及共用水表的人数；再如，第10大项，申请人及其家庭成员从所有来源的收入中就包含了从就业所得的收入、从庇护工作所得的收入、亲友的捐赠、退休金、慈善基金及其他来源等6小项，就业收入的填写则细致到职业、雇主姓名、离职日期、最后支薪日期、最后支薪金额、退休金付款日期、退休金额等。值得一提的还有第4页纸上的两大项声明内容，对申请者做了明确的告知。"本人同意社会福利署就本人/申请人领取综合社会保障援助事而进行有关的调查，包括向入境事务处、各政府部门、银行及其他团体、人士索取本人/申请人和其他家庭成员的个人数据及记录（例如本人/申请人和其他家庭成员的出入境计算机数据）用来进行数据检验程序。本人亦同意该等政府部门、银行及其他团体、人士将所需资料及记录提供予社会福利署"——这一项主要体现了"申请即授权"，申请人既然提出申请就要同意福利署向相关部门就其个人情况进行调查；"本人＿＿＿郑重声明，本份申请表格上的数据全属正确。本人明白凡蓄意提供虚假数据或漏报资料以骗取综合社会保障援助金（综援）乃属刑事行为，除可导致本人/申请人丧失领取综援的资格外，并可能根据香港法例第210章'盗窃罪条例'而被起诉。任何触犯盗窃罪的人士，循公诉程序定罪后，可判监禁10年"——此项即是对欺骗行为敲了警钟，骗取援助金是犯罪行为，要追究法律上的责任。

（二）可借鉴之经验

1. 完善的立法保证

完善的立法是社会救助工作，更是经济情况审查工作顺利开展的根本保证。法律不仅要有，而且法律还要尽可能的全面、明晰，同时，也需要做出适时适度的修改以顺应社会政治经济的发展变化。英国有《国民救助法》、美国有《社会保障法》、德国有《联邦社会救助法》、瑞典有《社会福利和社会救助法》、法国有《家庭及社会救助法典》、日本有《生活保护法》，等等，这些法律也都是经历着时代的发展而不断修订的。只有以完善的立法作为根基，才能真正发挥法律的引导和规制作用。

2. 有效的管理体制

优质的管理出优质的效率，而优质的管理则要求硬件与软件都必须达到一定的水准。包括专门的管理服务机构、必需的经费、完备的办公设施、通达的现代通信网络、专业的工作人员、清晰高效的管理流程等，缺乏任何一项要素，都会不同程度地导致问题的产生，影响工作的高效运转。其中，有两点特别值得一提，一是现代化通信网络的应用着实为审查工作带来了便利，提高了工作效率，如计算机的网络化使各相关部门之间可以迅速、准确地获得相关信息（银行存款、证券投资、房产等），甚至有的国家直接通过计算机软件建立模型确定受助者范围；二是工作人员的高素质、专业化更加提升了管理的专业化水平。如香港综援项目得以良性运行，专业的社会工作者[①]亦有一份功劳。

3. 适情的审查内容

经济情况审查中，大部分国家都将收入与资产两大项目列入了审查范围（特指在与最低生活保障类相关的救助项目中，而非全部以经济情况调查为基础的保障项目），但是具体所涵括的种类（现金、存款、股票、住房等）以及豁免计算的规定（存款的豁免额，私家车、住房是否豁免等）却是因地而异，这说明经济情况审查必须是符合各地实际情况的，不能盲目地跟随别国做法。同时也注意到，此类规定必须是明确的，尽可能地细化、再细化，使其具有较强的操作性，避免执行时产生误解。比如，在评估家庭财产时，家庭构成不同，适用不同的规定，避免产生不公平对待，造成不必要

---

① 在香港，注册社工同律师、医生、教师一样，是一种受人尊重的职业，有着较高的社会地位与职业收入。

的审核错误。另外，"家户经济情况调查"（household means-test）也是他国（地区）比较强调的一个概念。就是说当个人申请经济情况审查型津贴时，当局不仅会评估其个人收入和财产，还要评估家户中其他成员的资源。这反映了共同生活的成员有相互扶持的责任的社会传统。但是将社会传统引入到管理实践中的做法也受到了批评，认为维护对家庭的依赖关系，在当局介入到未婚夫妇、成人兄弟姐妹或其他住在一起但不希望负有扶持义务的成员之间会引发争议。

4. 全面的调查方法

核查申请者的实际经济情况是很重要的一个环节①，与此相对应，审查方法也不容忽视。现代科学技术的发展为经济情况审查的方便、快捷提供了基础。在发达国家，效果尤为明显，工作人员只需坐在电脑前，敲击键盘、点击鼠标，就可以在最短的时间内轻松获得有关申请者收入、财产、社会保障等情况的资料，从而对申请资料是否属实做出判断。这一点，我国目前是无法做到的，工作人员仍需东奔西跑，有时甚至会被拒绝提供给信息。在享受现代化成果的同时，传统的调查方法依然散发着活力，比如，对申请者进行家访、与其面谈，强调公众监督。为了防止欺诈和滥用综援，中国香港特区政府曾在1998年的检讨报告中提出"恢复为所有新的综援个案进行家访以加强审核首次申请人士的资格"的提议。英国则十分重视民众举报的作用，往往民众提供的信息要比政府多，他们专门设立了个人举报欺骗行为的网站，举行大型的动员行动，张贴宣传画，播放宣传广告等。②

5. 倡导就业激励

虽然不同国家在收入审查安排上差异很大，但大部分国家都融

---

①　俄罗斯曾经仅依赖收入报告进行社会救助，而未采取有效手段确认居民收入，结果是大多数补贴领取者并非穷人，1999年国家发放的3000亿卢布补贴中，有3/4即为非贫困户领取。进行改革后，即是通过专门机构的调查确保援助正确地指向目标群体。

②　黄晨熹：《标准构建、就业动机和欺瞒预防——发达国家社会救助的经验及其对上海的意义》，《华东理工大学学报（社会科学版）》2004年第2期。

入了对就业的激励要素，都认为实行一定的经济刺激对保持申请者的就业动机十分必要。视程度来分大致有三类：第一类国家包括意大利、日本、瑞典、瑞士等，它们基本上将所有的收入都纳入收入审查，并从救助金中扣除，因此只有救助对象的工作收入标准超过救助标准时，他们才从工作中真正得到经济利益。大部分国家如英国、法国、德国、加拿大等属第二类，即对救助对象的收入划定一个"免检"区间或范畴，这些收入在审查时不予计入，但高于此区间或处于范畴之外的收入则实行100%的扣除。当然，同类国家的收入豁免安排也存在重要的差异。第三类国家包括澳大利亚、新西兰和美国等。其中澳大利亚和新西兰两国实行了最优厚的收入豁免以及随后的标准渐退制度，主要原因是这两国没有社会保险制度。[①]

对就业的鼓励还体现在要求申请者（主要是针对有劳动能力者而言）履行积极寻找工作的义务，包括进行失业登记、参加职业培训计划、接受所提供的就业机会等，否则就要受到诸如取消资格、减发或停发救助金的处罚。这种方式即是很多发达国家在进行社会救助制度改革时所采用的核心模式——"工作福利制"[②]，通常采取工作体验的形式。其具体规定主要体现在三方面：①对寻工活动与工作接受性的规定；②对工作时间的要求；③与工作要求相伴随的各项制裁措施。工作福利制强调被救助者的责任和义务，从而提高了救助对象个人的工作努力水平，其效果是积极的，不仅杜绝了一部分不符合救助资格的人的投机行为，还提高了被救助者的就业率，创造了社会价值，也降低了政府的支出。

总体来说，以上国家（地区）有关社会救助的安排都是比较细致的，因此，在具体执行起来，也会有比较清晰的脉络可循。再加之其他必要条件的完备，给予了经济情况调查多方保证。

---

① 黄晨熹：《标准构建、就业动机和欺瞒预防——发达国家社会救助的经验及其对上海的意义》，《华东理工大学学报（社会科学版）》2004年第2期。

② "工作福利制"作为正式的术语起源于20世纪60年代末的美国，所以概念中的"福利"实际上就是指"社会救助"，也就是最后的那张安全网。

五　完善经济情况审查的建议

首先，笔者想对脑海中的经济情况审查的思路予以简单阐述，但这仅是一个非常不成熟的想法。之后，会根据前面的分析提出一些具体的、可行的改进建议。

（一）经济情况审查的思路

1. 申请

生活陷入困境的社会成员可以先去社区咨询低保有关事宜，了解政策（也不妨先做自我评估，看是否符合要求）。申请表可以在社区或街道领取，申请者将各项信息填写清楚后，递交到街道社会救助部门的受理处。申请表应尽可能地统一，尤其是一些声明申请者有告知义务，或同意授权调查等内容的条款。

2. 建档

街道社会救助部门受理处收到申请后，如果是第一次申请，首先要在计算机中为该申请者建立档案，如果不是第一次则对已有档案进行信息更新。然后要对申请者做一个简单分类，看其是否具有劳动能力、客观上是否可以去就业。与本人取得联系，如果可以通过就业解决生活困境，则将该个案转入就业处。如果无法就业，则进入审查程序。

3. 审查

受理处将无法就业的个案转至经济情况审查机构，开始对申请者的经济情况进行信息搜集。审查工作可以分为两部分。

（1）室内调查。一部分信息搜集工作可以通过计算机网络在室内完成，比如，在与银行达成一致的前提下，可以通过计算机网络查询到某人名下的存款额度。如果查出收入、财产超过规定标准，那么可以直接做出不予批准的报告或者进入要求变卖的环节，如果符合则进入下一步骤。

（2）外出走访。与申请者预约，派出专业的社工人员去家中走访，并要在规范的家访表中做相应的家访记录，对比实际生活情况是否与之前获得信息相符。此过程可以请社区的相关负责人员予以协助，并听取社区意见。

4. 通知审查结果

经过多轮调查后，经济情况审查机构的工作人员做出批准救助与否的结论，将资料留底并转至待遇发放处，待遇发放处负责办理相应的领取手续，并通知申请者开始领取最低生活保障金。审查结果也要通知社区，社区应该知晓本社区居民享受救助的基本情况，同时，也为其后的公众监督做好铺垫。

5. 公众监督

社区可以通过一定方式将受助者名单予以公布，这种方式不应该让受助者蒙羞。如果有公众举报则尽快予以查清，有欺瞒行为者按相应规定处理。

（二）遵循的基本原则

1. 公平兼顾效率

缓和社会不公平、创造并维护社会公平，是社会救助制度安排的基本出发点，也是社会政策实践的基本归宿。从完善经济情况审查的角度看，维护公平就是对所有公民一视同仁。具体有两方面，其一，最低生活保障是面向全民的，社会成员不论其身份地位、有无职业，只要生活陷入困境，符合救助条件就应该得到救助。其二，对所有提出申请的社会成员都应一视同仁地进行经济情况审查，不应受任何其他因素的影响。经济情况审查也要兼顾效率，实现投入产出的最优。首先，经济情况审查的设计也要考虑到各地的具体情况，比如说经济情况、基础设施情况等，同时，保持灵活性，可以适时做出必要的调整。其次，在对申请者进行经济情况审查时，要以尽可能快的审查速度得出尽可能正确无误的审查结果，以期合格者接受救助权利的尽早实现。

2. 维护公民基本权利

《中华人民共和国宪法》第33条第3款规定："国家尊重和保障人权。"第45条规定："中华人民共和国公民在年老、疾病或者丧失劳动能力的情况下，有从国家和社会获得物质帮助的权利。国家发展为公民享受这些权利所需要的社会保险、社会救济和医疗卫生事业。"第38条规定："中华人民共和国公民的人格尊严不受侵犯。禁止用任何方法对公民进行侮辱、诽谤和诬告陷害。"生存权和发展权是首要人权，是享受其他人权的基础。经济情况审查是一种资格审查机制，其存在的目的包括确保符合救助资格的公民能够获得救助，维持基本生活，即应保尽保，这就是对基本的生存权的保障。其次，也要重视对受助者自身能力的建设，以获得进一步的发展。同时，维护受助者的人格尊严权也是相当重要的一个方面。享有救助与人格尊严不应该是此消彼长。既然接受救助是社会成员在遭遇生活困境时应当享受的法定权益，那么经济情况审查的设计就应尽量避免可能引起的污名。

（三）对策建议

1. 设立专门的经济情况审查机构，做到专岗专人专责

经济情况审查不仅是低保制度的进入门槛，在其他社会救助项目中也承担着资格审查的重任，这是由社会救助的"选择性"所决定的。设立社会救助机构下属的、专门的经济情况审查机构，做到专岗、专人、专责，不仅有利于最低生活保障作用更好地发挥，而且符合社会救助长远的发展方向。首先，经济情况审查本身具有很强的专业性，划分为一个独立的部门开展工作，能够最大限度地提高效率，从而提高救助效率。其次，由专门的机构来承担社会救助中各个项目的经济情况审查也是整合社会救助资源、完善社会救助体系的要求。随着我国社会救助制度的发展，所有救助项目将成为一个有机系统，而非现如今所呈现的分散状态。各项目的经济情况审查如果到那时仍然继续保持独立操作，显然是对人力、物力以及财力的浪费。

2. 工作人员力求专业化、职业化，并加强培训

专业的事情需要专业的人士去做，否则就会引发不专业的后果。经济情况审查的工作人员必须是专业的，这是长期实践予以证实的。不仅要有较广的社会知识和专业技能，还要有强烈的工作责任心、爱心与耐心，既要使救助对象充分理解救助的目的和内容，又不能令其在申请救助的过程中感到压抑和耻辱，要努力与他们建立相互尊重、相互信任的关系，根据其不同情况，给予力所能及的帮助。但是，从全国实际水平来看，低保工作者的素质不容乐观，与做好救助工作的要求有较大差距。因此，对于专业的社会工作者的需求缺口是相当大的。近些年来，社会工作、社会保障等相关专业在我国各大院校中均有着较快的发展，拥有以上专业教育背景的人士理应是优先择取。同时，也要不断地对工作人员进行理论、专业技能等的培训，以求在高速发展的时代保持队伍的高素质。此外，很重要的一点就是社会救助部门应当增加对高素质人员的吸引力，比如在工资待遇、保险福利等方面可以有所改善，这也是为什么现在的工作人员队伍不够精良的原因之一。

3. 加快信息化建设，构建通畅的信息高速路

低保管理的信息化建设是实现低保规范管理的重要手段，是提高低保工作效率和整体水平的重要途径，无论是低保对象的统计分析还是实行动态管理，无论是低保资金的发放还是低保信息的共享，都与信息化建设密切相关。① 目前，全国低保的信息化建设是相对滞后的，与实际工作需要相比仍有较大差距，没有形成统一的低保管理信息网络，没有较统一的低保管理软件，很多地方都还没有配备电脑，依靠手工操作，不能及时掌握和上报动态情报，着实给经济情况审查工作带来了难度。因此，急需加快信息化建设，建立电子档案，逐渐实现联网，及时更新信息，动态监管，不断提高管理的科学化、规范化。一方面是民政系统内部必须实现计算机的普及使用与联网操作，另一方面，民政系统与其他诸如公安、工商、税务、工会、金融等系统也要争取建立一定程度上的资源共享，通过以上两方面共同推动信息高速路的建设，保证经济审查工作的有效进行。

4. 落实经费以保证审查机构的正常运行

社会救助的"选择性"是需要支付成本的，经济情况审查的实

① 杨衍银：《社会主义市场经济的"安全网"——民政部杨衍银副部长谈城市居民最低生活保障工作》，《经济社会体制比较》2002年第6期。

施必须有经费的保证。目前全国普遍存在工作经费不足的问题。多数地方，低保工作经费的多少往往是根据当地财政状况和领导人对低保工作的重视程度而定的，但总的情况是不仅数量不足，而且缺乏制度保证。一般来说，经费的多少要与工作量的多少成比例，所以，为了保证审查工作正常开展、低保制度顺利运行，应当按照低保经费总额的适当比例来确定低保工作经费，也就是各级按本级财政拨款的金额相应配套确定比例的工作经费。其中涵括了经济情况审查所需的人力资源、办公设备、办公用品、交通通信、业务培训等方面的成本支出。

5. 加强相关部门、单位、组织间的协作

经济情况审查工作可能涉及的部门/单位/组织比较多，要求能够获得有关申请人的准确、真实的与经济相关的信息，所以，需要多方的通力合作。首先，同属政府序列如工商、劳动、房管等部门要与低保管理部门之间实现信息共享，避免民政部门"孤军作战"。其次，对于不参与低保管理的一些单位/组织，如银行、证券机构，也要从国家的整体利益考虑，从服务于社会的立场出发，积极配合经济情况审查工作的开展，而不是受缚于小团体主义的影响。为了规范起见，我们可以学习"申请即授权"的做法，在申请者提出申请的同时，就必须同意审查机构向一些部门/单位/团体就救助事宜调查其个人情况。从这一点也可以看出，申请表的设计是相当重要的。

6. 建立有效的监督机制

经济情况审查作为一个独立的机构运行，就意味着所有申请者是否符合社会救助资格都需要通过此机构。我们得益于该机构的专业性的同时，也需要通过某种方式对其工作进行监督，以达到权力相互制约的均衡效果。首先，其隶属于社会救助部门，必然接受其上级的监督检查。其次，针对工作人员要加大工作考核力度，建立责任追究制度。定期、不定期地对工作人员的工作情况予以考核，奖罚分明；一旦发现审查人员玩忽职守、徇私舞弊，对符合条件的申请者不予通过审查，对不符合条件的申请者给予办理，或工作中有任何违规行为发生，都要给予严厉查处，并且情节严重者将不得再从事该项工作。与此同时，有效的监督机制也必须针对接受救助者建立起来。申请者应本着诚信的精神接受经济情况审查，不应存在任何形式的作弊行为，如果发现将会受到不同程度的惩罚，情节严重者应追究其法律责任。

经济情况审查仍然需要社会公众的力量，公众监督依然是一条可取之道。设立公众举报制度，可以对受助者可能发生变化的经济情况发表自己的言论。举报方式是多样的，面谈、电话、信件、网站等均可。但是，公众监督必须有正确的舆论导向，不能沿袭旧有的风格，比如"时刻盯着受助者唯恐其过得好一点"，这是不明智的。在整个社会对贫困、对低保、对社会救助有了正确的认识之后，公众的监督作用可以形象地称作"提醒"作用，其根本目的是保证救助制度对待每一位成员的公平性。

第三章

城市低保制度的总体状况*

一　背景介绍和研究方法

（一）背景介绍

从 1997 年国务院颁布在全国普遍建立城市低保制度的文件算起，城市低保制度已经建立十多年了。当前，城市低保制度在应对复杂的城市贫困类型、形成科学的动态调整机制、包容所有城市贫困居民、向农村居民延伸等方面还存在着明显的不足。因此，只有对现有政策安排和制度设计进行科学评估，只有对中国城市低保制度发生、发展及未来的社会背景进行考察，只有对中国城市低保执行机构的能力进行深入研究分析，才能准确查找到现有政策的不足之处，从而为从根本上提高中国政府的城市反贫困能力提供决策依据。为此，需要通过运用科学的研究方法，对目前中国城市居民最低生活保障制度的实施绩效进行全面评估，有针对性地提出制度改进的政策建议，进而修订完善现有法规政策，促进中国政府城市反贫困能力的提高。

（二）研究方法

本研究采用问卷调查和个案访谈法。根据主观抽样，笔者从全国典型地区选取部分低保对象作为问卷调查对象。在综合考虑了备

---

　　* 本章执笔人：韩克庆。原文《中国城市贫困群体的福利重构：以低保制度为例》，载韩克庆《转型期中国社会福利研究》，中国人民大学出版社 2011 年版，第 261—296 页。

选城市的经济发展状况、城市规模、在我国三大经济带中的相对区位、低保对象参保率等因素后，选定北京市、重庆市、湖南省长沙市、广东省中山市、甘肃省天水市、辽宁省朝阳市6个城市作为抽样单位，并分别从上述城市中选取一个区作为整群抽样的样本。基于《民政事业统计信息管理系统——台账子系统》内记录的低保人员信息，通过软件提供的抽样调查功能，使用随机分段抽样的方法，实际选取了1462名调查对象。其中，北京市宣武区①237人、重庆市渝中区235人、湖南省长沙市天心区249人、广东省中山市259人、甘肃省天水市秦州区243人、辽宁省朝阳市双塔区239人。总的来说，该数据是基于客观数据记录，通过科学、有效的方法，筛选得到的，具有很高的代表性。除了问卷调查外，我们还在上述几个城市选取了108个典型个案进行深度访谈，并分别以低保对象和低保干部为主召开了12个座谈会。

在问卷调查中，由访问员采用问答式填写问卷。在对访问员的选择上，我们以诚实精确、兴趣能力、勤奋负责、谦虚耐心为原则，从中国人民大学2006级硕士研究生中选取了20名访问员，并对访问员进行了培训。此外，考虑到地理环境和地方方言等问题，我们还分别从重庆城市管理职业学院、长沙民政职业技术学院、电子科技大学中山学院、天水师范学院选取了60名大学生配合我们在当地的问卷调查。

二 定量描述性结果

（一）调查对象的基本情况

1. 家庭规模

被访家庭人口规模统计结果显示，绝大多数家庭规模在4人以内（含4人），占到总数的80%以上。其中人口为3人的家庭数量

---

① 宣武区，北京市原辖区，位于北京城区西南部，是原4个中心城区之一。2010年被国务院批准撤销，与原西城区一起组成新的西城区。由于本书调查时间为2007年，故仍称宣武区。——编者注

最多，占到总数的42.7%，其次是人口规模为2人和1人的家庭，分别占家庭总数的21%和15.5%，人口规模为4人的家庭占被访家庭总数15.3%。家庭人口规模为5—8人的家庭数量比较少，不到家庭总数的20%，并且呈现随家庭人口规模的增加数量减少的趋势（见表3—1）。

表3—1　　　　　　　　被访家庭人口规模统计表

人口规模（人）	频数（个）	有效百分比（%）
1	187	15.5
2	254	21.0
3	516	42.7
4	185	15.3
5	49	4.1
6	9	0.7
7	7	0.6
8	2	0.2
总计	1209	100.0

2. 调查对象的性别和年龄分布

调查发现，被访对象中男女性别比例基本相当，男性占总人数的50.5%，女性占总人数的49.5%。

被访对象的年龄分布范围为2—95岁，人数集中程度较高的年龄段为40—60岁，处在这一范围的人数都超过了被访对象总数的2%，总共占总人数的57.9%，其中年龄为44岁的人数最多，占总数的5.4%，其次是年龄为43岁和45岁的，分别占总人数的5.2%和5.1%，年龄段人数超过总人数4%的还有42岁（4.1%）和50岁（4.6%）。处在其他年龄段的人数都比较少，其中30岁以下以及67岁以上的人数都不超过总人数的1%，2—18岁的被访者占总人数的1.2%，18—29岁的被访者占总人数的2.7%，30—39岁的

被访者占总人数的 18.7%，60—70 岁的被访者占总人数的 9.9%，
70—95 岁的被访者占总人数的 10.3%（见图 3—1）。

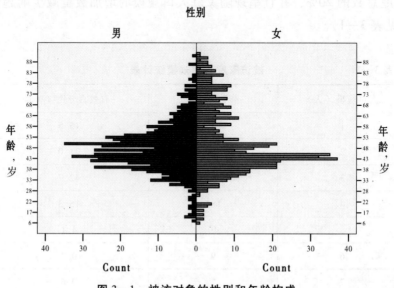

图 3—1　被访对象的性别和年龄构成

3. 调查对象的学历层次

　　被访对象的学历层次分布统计结果显示，被访对象的文化程度
普遍比较低，绝大多数处于高中以下的水平。其中学历层次为初中
的最多，占被访对象总数的 43.3%；其次为小学及以下水平，占总
数的 30.9%；学历层次为高中或职高的占 20.3%。中专中技以上学
历的人数都比较少，其中学历层次为中专中技的占被访对象总数的
2.9%，为大专的占总数的 1.9%，为本科的仅占总数的 0.6%。总
体来看，呈现出随学历层次提高人数急剧减少的趋势（见表 3—2）。

表 3—2　　　　　　　　被访对象学历层次分布表

文化层次	人数（个）	有效百分比（%）
小学及以下	374	30.9

续表

文化层次	人数（个）	有效百分比（%）
初中	524	43.3
高中及职高	246	20.3
中专中技	35	2.9
大专	23	1.9
本科	7	0.6
总计	1209	100.0

4. 调查对象的婚姻状况

被访对象的婚姻状况统计结果显示，绝大多数被访者处于已婚状态或有婚姻经历。其中目前处于已婚状态的被访对象占总数的59.2%，14.6%的被访对象处于离婚状态，0.2%的被访对象处于夫妻分居状态，16.2%的被访对象处于丧偶状态，此外有9.9%的被访对象尚无婚姻经历（见表3—3）。

表3—3　　　　　　　　被访对象婚姻状况统计表

婚姻状况	人数（个）	有效百分比（%）
未婚	120	9.9
已婚	714	59.2
离婚	176	14.6
分居	2	0.2
丧偶	195	16.2
总计	1207	100.0

5. 调查对象的健康状况

被访对象的健康状况统计结果显示，身体健康的人数不到1/5，多数被访者身体状况一般或有不同程度的疾病。仅有 19.3% 的被访者身体状况为健康，有 23.6% 的被访者身体状况一般，17.3% 的被访者身体状况为体弱，17.9% 的被访者有慢性病，12.1% 的被访者患严重疾病，其他情况的被访者占 9.7%（见表 3—4）。

表 3—4　　　　　　　　被访对象健康状况统计表

健康状况	人数（个）	有效百分比（%）
健康	233	19.3
一般	284	23.6
体弱	209	17.3
慢性病	216	17.9
严重疾病	146	12.1
其他	117	9.7
总计	1205	100.0

6. 调查对象的劳动能力

被访对象的劳动能力统计结果显示，多数被访对象劳动能力健全或部分丧失劳动能力，完全丧失劳动能力的被访对象所占比例不到 1/5。其中劳动能力健全的被访对象比例为 40.8%，部分丧失劳动能力的被访对象比例为 39.8%，完全丧失劳动能力的被访对象比例为 19.4%（见表 3—5）。

表 3—5　　　　　　　　被访对象劳动能力情况统计表

劳动能力	人数（个）	有效百分比（%）
健全	492	40.8
部分丧失	480	39.8
完全丧失	234	19.4
总计	1206	100.0

7. 调查对象的从业状况

被访对象的目前状况统计结果显示，被访对象的总体情况比较复杂，处于失业（登记失业和非登记失业）状态的人数最多，老年人人数也比较多。其中，登记失业的被访对象占总数的27.3%，未登记失业的被访对象占9.7%，灵活就业人员占17.7%，离退休老人以及其他老年人分别占5.9%和12.3%，三无人员占4.1%，在职人员（正式就业人员）占2.7%，在校学生占1.7%，个体私营者占0.8%，学龄前人员占0.2%。此外，其他情况的被访对象占到了总数的17.5%，通过对其他情况的统计发现具体情况比较复杂，大部分可以归类到上述各类情况中，少部分由于访谈中的问题导致无法进行合理的归类（比如辍学儿童）（见表3—6）。

表3—6　　　　　　　　被访对象目前状况统计表

目前状况	人数（个）	有效百分比（%）
正式就业	32	2.7
灵活就业	213	17.7
登记失业	329	27.3
未登记失业	117	9.7
个体私营	10	0.8
离退休	71	5.9
三无人员	49	4.1
其他老年人	148	12.3
在校学生	21	1.7
学龄前	2	0.2
其他（请说明）	211	17.5
总计	1203	100.0

8. 简短的结论

调查结果显示，低保对象的基本特征为：家庭规模以三口之家为主；男女性别比例基本均衡；4050人员为主要构成对象；绝大多数文化程度较低，以初中居多；已婚者多；多数人身体状况一般或有不同程度的疾病；劳动能力丧失者多，登记失业者较多。

（二）调查对象的家庭住房情况

1. 调查对象的家庭住房面积

被访对象的住房面积统计结果显示，不考虑家庭规模，多数低保家庭住房面积不大，甚至有没有住房的情况，少数低保户家庭住房面积超过100平方米。具体情况为，住房面积在0—10平方米的被访家庭占总数的6.0%（其中有4户被访对象家庭住房面积为0平方米）；家庭住房面积在11—30平方米的被访家庭占总数的32.4%，31—50平方米的被访家庭占总数的23.9%；家庭住房面积在51—70平方米的被访家庭占总数的25.6%，面积在71—100平方米的占9.1%；家庭住房面积超过101平方米的被访家庭占总数的3.1%（见表3—7）。

表3—7　　　　　　被访对象住房（建筑）面积统计表

住房面积（平方米）	户数（个）	有效百分比（%）
0—10	72	6.0
11—30	390	32.4
31—50	287	23.9
51—70	308	25.6
71—100	109	9.1
101 以上	37	3.1
总计	1203	100.0

2. 调查对象的家庭住房性质

被访对象住房房屋性质统计结果显示，被访对象的住房各种性质都有，其中租房或借房的情况较其他情况更多一些，占总数的30.0%；住房性质为祖传私房的被访家庭占总数的19.5%，相对也比较多；住房性质为自购商品房的占总数的5.6%，比例很小；住房性质为自购房改房的占总数的12.0%，为自建住房的占总数的6.6%，为廉租房的仅占5.0%，住房性质为其他情况的家庭占总数的21.3%（包括地下室、单位厂房、电梯房、工棚、杂屋、违章建筑等）（见表3—8）。

表3—8　　　　　　　　被访家庭住房房屋性质统计表

房屋性质	户数（个）	有效百分比（%）
祖传私房	233	19.5
自购商品房	67	5.6
自购房改房	144	12.0
自建住房	79	6.6
租房或借房	359	30.0
其他（请说明）	255	21.3
廉租房	60	5.0
总计	1197	100.0

3.调查对象的家庭住房类型

被访对象住房房屋类型统计结果显示，住房类型为老式单元楼房和平房的居多，其他类型较少。其中，房屋类型为平房的占总数的37.1%，为筒子楼的占5.1%，为老式单元楼房的占42.3%，为新式塔楼或板楼的占总数的9.7%，另外住房类型为其他情况的占总数的5.8%（见表3—9）。

表3—9　　　　　　　　被访对象住房房屋类型统计表

房屋类型	户数（个）	有效百分比（%）
平房	443	37.1

房屋类型	户数（个）	有效百分比（%）
筒子楼	61	5.1
老式单元楼房	506	42.3
新式塔楼或板楼	116	9.7
其他（请说明）	69	5.8
总计	1195	100.0

4. 调查对象的住房新旧程度

被访对象住房新旧程度统计结果显示，超过半数以上的低保家庭居住的房屋是旧房，甚至有居住在危房的情况。居住在新房的被访家庭占总数的9.7%，住房新旧程度为一般的被访家庭占总数的26.1%，住在旧房里的被访家庭占总数的59.2%，住在危房里的被访家庭占总数的5%，总体情况并不乐观（见表3—10）。

表3—10   被访对象住房新旧程度统计表

房屋新旧程度	户数（个）	有效百分比（%）
新房	116	9.7
一般	312	26.1
旧房	709	59.2
危房	60	5.0
总计	1197	100.0

5. 简短的结论

从调查对象的住房情况看，绝大多数家庭的住房面积在70平方米以下，租房或借房者居多，主要居住在老式单元楼房和平房中，近六成对象居住的房屋是旧房。

（三）接受最低生活保障情况

1. 调查对象最初领取低保金的时间

被访对象最早享受低保时间显示，绝大多数低保对象是在 1999 年以后开始享受最低生活保障待遇的。根据统计数字的频次显示，2000 年进入制度的人数最多，占总人数的 47.9%；最早在 1999 年 7 月之前享受低保的被访对象占总数的 0.7%；2001—2007 年进入低保制度的被访对象占总数的 25.6%，此外，有 25.8% 的被访对象该项信息缺失（见图 3—2）。

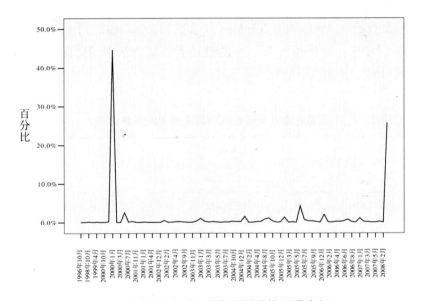

您家最早从　年　月始开领取最低生活保障金？

图 3—2　调查对象最初领取低保金的时间

询问被访对象是否记得最早领取最低生活保障金的时间统计结果显示，73.2% 的被访者表示能够清楚记得最早领取最低生活保障金的时间，而 26.8% 的被访者则表示记不清楚最早领取低保金的时间（见表 3—11）。

表3—11　被访对象是否记得最早领取最低生活保障金的时间统计表

是否记得	人数（个）	有效百分比（%）
记得清	814	73.2
记不清	298	26.8
总计	1112	100.0

　　被访对象从申请低保到批准所用时间统计结果显示，低保家庭从申请低保到批准所用时间的情况比较多。其中不足一个月的占总数的12.8%，一个月左右的占总数的35.2%，大概40天的被访对象占总数的5.7%，大概50天的占总数的7%，超过两个月的占总数的22.6%，另外还有16.7%的被访者不记得从申请低保到获得批准的时间（见表3—12）。

表3—12　　被访对象从申请低保到批准所用时间统计表

审批时间	人数（个）	有效百分比（%）
不足一个月	154	12.8
一个月左右	424	35.2
大概40天	69	5.7
大概50天	85	7.0
超过两个月	272	22.6
不记得了	202	16.7
总计	1206	100.0

　　2. 调查对象对低保制度的知晓途径

　　被访对象了解最低生活保障制度的途径统计结果显示，超过半数的低保家庭了解低保的途径是居委会的上门宣传，通过其他途径的相对较少。50.6%的被访对象表示自己是通过居委会的上门宣传了解最低生活保障制度的，8.7%的被访对象表示是通过街道等政府的宣传了解最低生活保障制度的，表示通过电视、报纸等媒体了解最低生活保障制度的被访对象占总数的10.7%，表示通过亲戚朋友了解低保制度的占总数的10.8%，通过其他低保户了解最低生活保障制度的被访对象占总数的6.0%，另外还有13.2%的被访对象表示是通过其他途径了解最低生活保障制度的（见表3—13）。

表3—13　　　被访对象了解最低生活保障制度的途径统计表

了解途径	人数（个）	有效百分比（%）
居委会上门宣传	610	50.6
街道等政府给说的	105	8.7
电视、报纸等媒体	129	10.7
亲戚朋友	130	10.8
其他低保户	72	6.0
其他	159	13.2
总计	1205	100.0

　　询问被访对象对当地最低生活保障标准是否知道的统计结果显示，知道的和不知道的被访对象数量大致相当，知道当地低保金数额的被访对象占总数的51.0%，不知道的占总数的49.0%（见表3—14）。

表3—14　　被访对象对当地最低生活保障标准知晓情况统计表

是否知道	人数（个）	有效百分比（%）
知道	599	51.0
不知道	575	49.0
总计	1174	100.0

3. 调查对象领取低保金的数额和方式

被访对象家庭每月领取的低保金数额统计结果显示，从 0—
1240 元之间各低保户所享受的最低生活保障金数额是不尽相同的，
集中趋势比较低，总体来看多数被访对象每月所领取的低保金比较
少。其中每月领取低保金数额在 100 元以下的被访对象占总数的
4.6%，在 100—200 元之间的被访对象占总数的 24.1%，在 200—
300 元之间的占总数的 28.1%，在 300—400 元之间的占总数的
20.7%，在 400—500 元之间的占总数的 7.8%，在 500—600 元之
间的被访对象占总数的 3.6%，在 600—700 元之间的占总数的
6.6%，每月领取低保金超过 700 元的被访对象占总数的 4.6%。累
计百分比的数据显示，每月领取低保金在 400 元以下的被访对象家
庭占到了绝大多数，占总数的 77.2%（见图 3—3）。

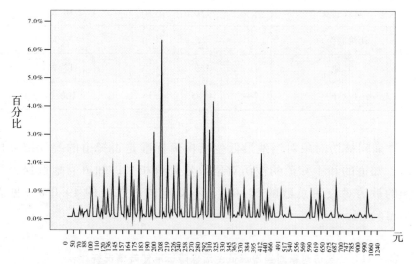

图 3—3　被访对象家庭月领取低保金数额

被访对象低保金领取方式统计结果显示，在各种领取方式中直
接到银行或取款机上领取的情况最为普遍，其他的方式都相对较
少。其中直接到银行或取款机上领取低保金的被访对象占总数的
81.9%，到街道办事处领取的占总数的 3.6%，到社区居委会领取的

占总数的 3.3%，以其他方式领取低保金的被访对象占总数的 11.2%（见表 3—15）。

表 3—15　　　　　　　　被访对象低保金领取方式统计表

领取方式	人数（个）	有效百分比（%）
直接到银行或取款机上取	988	81.9
到街道办事处领取	44	3.6
到社区居委会领取	40	3.3
其他方式（请说明）	135	11.2
总计	1207	100.0

4. 调查对象领取低保金期间的调整情况

统计结果显示，绝大多数（89.9%）被访对象表示自己在享受最低生活保障的过程中没有间断过的情况，只有 9.5% 的被访对象表示中断过，另外有 0.7% 的被访对象表示不清楚是否中断过享受最低生活保障（见表 3—16）。

表 3—16　　　　　　　　被访对象享受低保间断情况统计表

间断情况	人数（个）	有效百分比（%）
间断过	114	9.5
没有间断过	1082	89.9
不清楚	8	0.7
总计	1204	100.0

统计结果显示，多数被访对象在领取最低生活保障金期间金额都有调整。其中表示有调整的被访对象占总数的 78.3%，表示没有调

整过的占总数的 17.9%，另外有 3.8% 的被访对象表示不清楚自己所领的低保金是否调整过（见表 3—17）。

表 3—17　　　被访对象领取低保金期间金额有无调整统计表

是否有调整	人数（个）	有效百分比（%）
有	943	78.3
没有	215	17.9
不清楚	46	3.8
总计	1204	100.0

统计结果显示，调整过低保金的被访对象超过总数的八成。表示在领取低保金期间金额调低了的被访对象占总数的 13.6%，表示调高了的被访对象占总数的 86.4%（见表 3—18）。

表 3—18　　　被访对象领取低保期间金额调整情况统计表

调整情况	人数（个）	有效百分比（%）
调低了	124	13.6
调高了	788	86.4
总计	912	100.0

被访对象领取低保期间金额调低原因的统计结果显示，低保金调低的原因比较多样。其中因为家中有人就业或再就业而调低金额的占总数的 18.5%，因为家里有人开始领养老金而调低的占总数的 2.5%，因为有家庭成员去世而调低的占总数的 5.9%，因为家中有其他进项而调低的占总数的 10.9%，另外有 62.2% 被访对象是因为其他原因而被调整低保金额（见表 3—19）。

表3—19 被访对象领取低保期间金额调低原因统计表

调低原因	人数（个）	有效百分比（%）
家中有人就业或再就业	22	18.5
家中有人开始领养老金	3	2.5
有家庭成员去世	7	5.9
家中有其他进项	13	10.9
其他原因	74	62.2
总计	119	100.0

被访对象领取低保期间金额调高原因统计结果显示，大多数调高的原因都是因为政策性的调整，其他情况相对较少。其中因为政策性调整而提高低保金数额的占总数的78.9%，因为家中有人病残丧失劳动能力而提高的占总数的4.3%，因为家中有人上高中或大学的占总数的2.0%，因为家庭收入减少而调高的占总数的3.7%，另外还有11.0%的被访对象是因为其他原因而调高低保金（见表3—20）。

表3—20 被访对象领取低保期间金额调高原因统计表

调高原因	人数（个）	有效百分比（%）
政策性调整	618	78.9
家中有人病残丧失劳动能力	34	4.3
家中有人上高中或大学	16	2.0
家庭收入因特殊原因减少	29	3.7
其他原因	86	11.0
总计	783	100.0

5. 调查对象接受家计调查的情况

被访对象在收入改变时向相关部门报告情况统计结果显示，表示自己在收入改变时向有关部门报告的不到四成，将近一半的被访对象没有报告过或不知道要报告。表示自己在收入改变时向有关部门报告的被访对象占总数的40%，表示没有报告过的占总数的34.8%，表示不知道要报告的占总数的14.7%，有10.5%的被访对象表示没有发生过这种情况（见表3—21）。

表3—21　被访对象在收入改变时向相关部门报告情况统计表

报告情况	人数（个）	有效百分比（%）
报告过	474	40
没有报告	412	34.8
不知道要报告	174	14.7
没有发生这种情况	125	10.5
总计	1185	100.0

6. 调查对象对低保制度的认知和评价

被访对象是否能够按时足额领到低保金情况统计结果显示，绝大多数的被访对象能够按时足额领到低保金。统计数据为，能够按时足额领到低保金的被访对象占总数的98.2%，表示足额但不准时的被访对象占总数的1.7%，表示在领低保金时准时但不足额的仅占总数的0.1%（见表3—22）。

表3—22　被访对象是否能够按时足额领到低保金情况统计表

领取情况	人数（个）	有效百分比（%）
能按时足额领到	1185	98.2
足额但不准时	21	1.7
准时但不足额	1	0.1
总计	1207	100.0

　　统计结果显示，对于大多数低保家庭来说，现有的低保金不能够满足生活的需求。认为完全能够满足生活的被访对象仅占总数的3.7%，认为只能够勉强度日的占总数的25.7%，认为仅能糊口的被访对象占总数的22.4%，认为不能满足生活需要的占总数的32.7%，另外，还有15.5%的被访对象认为现有的低保金对于满足生活差得太远（见表3—23）。

表3—23　　　　　低保金对被访对象生活满足状况统计表

满足状况	人数（个）	有效百分比（%）
完全能够	45	3.7
勉强度日	309	25.7
仅能糊口	269	22.4
不能满足	393	32.7
差得太远	186	15.5
总计	1202	100.0

　　被访对象对低保金改善生活状况看法统计结果显示，绝大多数被访对象对低保金改善生活的作用持积极态度，认为作用较小的情况比较少。其中，39.4%的被访对象表示全靠低保金的收入作为救命钱来过日子；45.8%的被访对象表示有了这点钱补贴家用，日子好过多了；有11.2%的被访对象表示有点稳定的进项也好，但生活主要靠自己挣钱；有0.9%的被访者表示低保金起不了什么作用，但不拿心里难受；有1.8%的被访对象表示起不了什么作用，主要是想要其他优惠政策，另外还有0.9%的被访者表示没有想过低保金对于改善生活的作用（见表3—24）。

表3—24　　　　被访对象对低保金改善生活状况看法统计表

作用	人数（个）	有效百分比（%）
全靠这点救命钱过日子	476	39.4

作用	人数（个）	有效百分比（%）
有这点钱补贴家用，日子好过多了	553	45.8
有点稳定的进项也好，但生活主要靠自己挣钱	135	11.2
起不了什么作用，但不拿心里难受	11	0.9
起不了什么作用，主要是想要其他优惠政策	22	1.8
没想过	11	0.9
总计	1208	100.0

被访对象对低保金对改善生活所起到作用的看法统计结果显示，低保金对于改善低保对象的生活有作用但应持谨慎乐观的态度。结果显示，只有5.5%的被访对象表示领取了最低生活保障金之后生活大有起色，32.8%的被访对象表示领取了低保金之后生活有点起色，28.0%的被访对象认为差不多，22.6%的被访对象认为领取低保金之后的生活水平有所降低，9.8%的被访对象认为差得很多，另外还有1.2%被访对象表示不清楚（见表3—25）。

表3—25　被访对象对低保金对改善生活所起到作用的看法统计表

作用	人数（个）	有效百分比（%）
大有起色	67	5.5
有点起色	396	32.8
差不多	339	28.0
水平降低	273	22.6
差得很多	119	9.8
不清楚	15	1.2
总计	1209	100.0

　　被访对象对低保金数额核定的公平性看法统计结果显示，近六成的被访对象认为低保核定的金额不符合自己的实际情况。认为低保金数额的核定符合自己实际情况的被访对象占总数的37.4%，认为不符合自己的实际情况，应该得到更高的补助金额的占总数的58.9%，认为不符合自己的实际情况，而应该得到低一些的补助金额的被访对象占总数的1.1%，另外还有2.7%的被访对象对此表示不清楚（见表3—26）。

表3—26　　被访对象对低保金数额核定的公平性看法统计表

是否符合	人数（个）	有效百分比（%）
符合	451	37.4
不符合，我应当得到更高的补助金额	710	58.9
不符合，我应当得到低些的补助金额	13	1.1
不清楚	32	2.7
总计	1206	100.0

　　统计结果显示，超过70%的被访对象对于低保资格审批的过程表示满意。表示非常满意的占总数的9.6%，表示满意的占总数的66.8%，表示对低保资格审批过程满意度一般的被访对象占总数的16.7%，表示不太满意的占总数的5.0%，表示很不满意的占总数的1.9%（见表3—27）。

表3—27　　被访对象对低保资格的审批过程满意度统计表

满意度	人数（个）	有效百分比（%）
非常满意	114	9.6
满意	794	66.8
一般	198	16.7

满意度	人数（个）	有效百分比（%）
不太满意	59	5.0
很不满意	23	1.9
总计	1188	100.0

统计结果显示，被访对象在被问到现在有没有不该享受低保的人享了低保时，表示没有或不知道的情况占到了绝大多数。认为这种情况很普遍的被访对象仅占总数的2.1%，认为有一些这种情况的占总数的6.9%，认为只是极少数有这种情况的占总数的5%，认为基本没有的被访对象占总数的22.2%，认为根本没有的占总数的7.1%，此外，56.8%的被访对象表示不知道现在是否有不该享受低保的人享受了低保的情况（见表3—28）。

表3—28　您认为现在有没有不该享受低保的人享受了低保？

情况	人数（个）	有效百分比（%）
很普遍	25	2.1
有一些	83	6.9
极少数	60	5.0
基本没有	268	22.2
根本没有	86	7.1
不知道	685	56.8
总计	1207	100.0

统计结果显示，在问到现在有没有该享受低保的人没有享受到低保时，绝大多数人认为没有或者不知道。认为这种情况很普遍的被访对象占总数的0.8%，认为有一些这种情况的被访对象占总数

的 8.6%，认为只有极少数这种情况的占总数的 4.3%，认为基本没有的占总数的 25%，认为根本没有的占总数的 6.8%，此外，54.5%的被访对象表示不知道是否存在这种情况（见表 3—29）。

表 3—29　您认为现在有没有该享受低保的人没有享受到低保？

情况	人数（个）	有效百分比（%）
很普遍	10	0.8
有一些	104	8.6
极少数	52	4.3
基本没有	302	25
根本没有	82	6.8
不知道	658	54.5
总计	1208	100.0

被访对象对低保制度的总体看法统计结果显示，大多数低保户对于低保制度持正面评价，表示不满意的比较少。表示对低保制度非常满意的被访对象占总数的 32.4%，满意但同时认为需要完善的被访对象占总数的 47.9%，14.8%的被访对象对低保制度的评价是一般，4.3%的被访对象对低保制度的评价是不满意，而且很多地方都需要改进，另外还有 0.6%的被访对象表示非常不满意（见表 3—30）。

表 3—30　　被访对象对低保制度的总体看法统计表

总体看法	人数（个）	有效百分比（%）
非常满意	390	32.4
满意但需要完善	576	47.9
一般	178	14.8
不满意，很多地方都需要改进	52	4.3

续表

总体看法	人数（个）	有效百分比（%）
非常不满意	7	0.6
总计	1203	100.0

7. 调查对象的生活满意度

被访对象生活满意度调查结果显示，在问到对生活的总体满意度时，8.4%的被访对象表示很不满意，占总数25.8%的被访对象表示不太满意，37.7%的被访对象表示满意度一般，26.4%的被访对象表示满意，表示非常满意的被访对象占总数的1.7%（见表3—31）。

表3—31 低保对象生活满意程度统计表

生活满意度	人数（个）	有效百分比（%）
很不满意	100	8.4
不太满意	308	25.8
一般	449	37.7
满意	315	26.4
非常满意	20	1.7
总计	1192	100.0

8. 简短的结论

从调查对象接受低保的情况看，进入制度的时间集中在2000年，表明与政策推进关系密切；家庭月领取低保金的数额集中在400元以下；几乎全部调查对象能够按时足额领到低保金；绝大部分实现了通过银行领取低保金。低保金在一定程度上缓解了贫困家庭的经济困难，基本满足其最低生活需求；1/3以上的人认为，低保金提高了其生活质量；近半数申请对象在政策规定的一个月内领到了低保金；绝大多数人对低保审批过程感到满意。在对低保制度的整体评价上，八成以上低保对象感到满意。

三 定性分析结果

（一）制度深得人心，群众满意度较高，但作为一项法定权利的观念还未确立

访谈发现，几乎所有的调查对象都对低保制度赞誉有加，认为低保是党和政府的一项惠民政策，实实在在解决了贫困群体生活中的一些问题。可以说，低保制度保障了城市贫困家庭的基本生活，发挥了重要的"兜底"作用。在一定程度上，低保制度成为一种安慰剂、一种稳定剂，一种希望、一种安全感，并且已然是一些人心中和生活上不可脱离的制度安排了。

【**案例 3—1**】男，重庆市渝中区两路新村社区居民

问：你最初是通过什么途径知道和了解低保制度的？

答：我是很早就知道了。知道了之后，别人说"老徐，你这么困难，去吃低保嘛。"通过居委会知道的，还有些朋友在吃，那时候还没有两百多，那时还比较低，只有 100 多块钱，我没想去吃，我想要靠自己打工，那一点钱怎么能够呢？但是后来，生活混不下去了，没办法，岁数也越来越大了，工作都找不到，实在过不下去了，只有来居委会申请低保，就只有走这一条路了，就是这样的。我本身心里并不想吃低保。

在低保干部看来，低保制度还维护了社会稳定和社会和谐。由于低保对象中很大一部分人是下岗失业工人，低保制度不仅为他们提供了生活保障，更为重要的是减轻了他们的"相对剥夺感"，使他们感受到党和政府的关心和温暖，避免了有可能引发的社会不稳定。

【**案例 3—2**】女，长沙市天心区民政局局长

问：您对低保制度整体的评价是什么？

答：低保制度肯定还是非常重要的制度。应该说在国家处在这么一个发展制度之下，应该还是起着一个非常重要的作用，特别是贫困群体、弱势群体还是以它为基本保障的，这一批人全国得多少万啊，他就是靠我们低保制度来给予切实保障，是社会稳定的一个基础。

【案例3—3】女，重庆市民政局低保处干部

问：您对低保制度如何评价？

答：原来前几年低保制度没实施以前，炸桥、压马路，享受低保制度以后就没有这么多了，对社会稳定有很大的作用，帮扶对象对政府的看法，总的来说还是很感谢政府，也有很多人素质比较低觉得政府的钱不拿白不拿，这种想法的人也很多，有些人觉得你们共产党把我们企业搞垮了，你们是应该给点补偿……所以现在老百姓的思想还是比较乱，肯定没有过去那么纯洁了，都是感谢共产党，还是有很多怨气，特别是现在企业垮了，原来的工人一下变成了弱势群体，肯定心里很不平衡。

值得注意的是，在访谈的过程中我们发现，大多数人都把低保制度当作党和政府的一种恩赐，而不是把它当作一项公民权利。被救助的低保户基本普遍怀有感恩戴德的心态，认为国家能给点低保金已经很好了，对政府的"施舍"千恩万谢。对公民权利漠视的心态还弥散于政府部门，尤其是基层政府部门中间。我们认为，这也许跟政府对此制度的态度和实施方式有很大的关系，尤其是在街道、社区一级的基层政府机构，他们掌握着所属管辖范围内所有低保户的"生杀大权"，有时就忘记了自己作为一名工作人员所应有的工作作风和态度。他们在跟低保户的长期、频繁的接触中就形成了"我是施舍人"的不良心理，这样也必然造成双方对公民权利的忽视。

（二）制度的规范性不断提高，但低保对象的选择机制没有制度保证，配套制度仍不健全

从低保对象的反馈来看，城市低保制度正在进入更加完善的转型期。比如说，从单纯的生活救助已经逐步地向综合救助转变，从维持型救助向发展型救助转变，比如公益岗的设置、免费的职业培训和职业介绍等。从低保的申请和实施过程来看，低保对象普遍反映，低保金能够按时足额发放，绝大多数地区实现了银行卡发放，制度的规范性和有效性大大提高。

【**案例3—4**】男，重庆市渝中区人民支路居民

问：现在每个月能按时足额领到低保金吗？

答：能按时足额领到，现在发个银行卡，每个月到银行去取。以前也能领到，一直都能按时领到。以前是在居委会去取，一直都能按时领到。我们到社区办公室，等到民政的工作人员到街道政府领回来，我们再领，现在直接个人到银行去取。

但是，在制度实施的过程中，我们也发现了一些问题。首先是低保资格审核不够规范。随意入保、投机骗保、人情入保的现象比较普遍。特别是对一些有存款、有价证券及实际家庭收入高而无正当职业以及长期外出申请享受城市低保的家庭和已经享受的家庭实际情况核定困难。除此以外，在制度设计上，只能对低保家庭表面的收入进行审查，但对其存款或财产是无法核查的，常常导致很多不该领到低保的人拿到了钱。有时因居委会与居委会、街道与街道之间掌握的尺度不一致，发生低保金发放不平衡的现象。在审核时间上，很多低保户反映，申请材料审批的时间过长，有的甚至长达四五个月，远远超过了《城市居民最低生活保障条例》规定的30天的期限。当然，这可能是因为要核实材料的真伪，但是除了这个原因之外，也存在着材料在社区、街道、区、市政府等部门积压拖延的现象。

【**案例** 3—5】男，重庆市渝中区两路新村社区居民

问：刚才你谈了低保制度的不足之处，还有没有别的需要改进的地方？

答：严格把关，修改有些条款，比如像我这种情况，没有住房，居委会怎么来审查我们？按照文件要求，必须要有住房、水电气，别人才能办。像我这种没有，就办不到，条件达不到。你去跟他理论，有条件达不到，他也按照规定来，也说不出个道理。所以这些条例不能一成不变，要按照实际情况来。其他我还看得不多，始终有一条，低保政策不能搬教条，应该根据实际调查情况。比如说我清楚这个人是不是困难。光是入户调查，都是表面上的东西。他把你糊弄过去就完了。

问：除了低保制度之外，你希望政府出台什么政策解决你的家庭困难？

答：这些政策不好说，希望有让这些低保户能够自力更生的政策。比如小额贷款，提供一些就业机会。我如果有小额贷款，我就可以起来，重新站起来。我们站起来，并不仅仅就是自己吃饱吃好就行了，我起来还会像从前一样，经营自己的企业，还是会带动一部分失业的人起来。但是我们自己都起不来，怎么去帮助其他人，吃饭都成问题了。我以前就是办化工厂、公司等等，都搞，公司的经营业务是搞汽车配件。还有就是帮我们找到工作，五六十的人，身体确实可以的，能够给我们解决一些力所能及的工作。

还有一个比较突出的问题就是，用人单位协同低保申请人开虚假的收入证明，对用人单位没有一个监督制约机制。据低保干部介绍，他们去用人单位调查曾遭到过拒绝，不予配合，不说实情。对于灵活就业人员来说，低保的家计调查工作就更难做。他们可以说自己这个月有收入，下个月以及接下来的几个月都没有收入。面对这样的情况，低保专干真的是很为难，工作不好做。

由于缺乏有效的审查机制，申请对象的家庭经济状况难以准确

核实，一方面不能将现有的资源合理优化分配，给予真正需要救助的人以救助；另一方面，让一部分人获得了与其自身实际状况不匹配的"低保"待遇，损伤了低保制度应有的功能，也从总体上损害了制度的公平性。

另外，调查中我们普遍感受到与城市低保制度相关的配套措施很不完善。这些配套措施包括医疗补助、教育补助、再就业工程、养老保险的缴费和支付等。针对贫困人群的医疗救助和教育救助都不完善，导致低保压力很大，不能够真正帮助贫困人群解决基本的生活难题，其作用的发挥受到限制，在调研中，几乎所有的低保户都反映，花钱最多的不是吃饭，而是教育和医药。同时，很多有就业能力的低保户迫切需要有一份稳定的工作。很多人反映，他们并不愿意靠着国家的钱过日子，最希望自己有个长期的工作。"工作"并不单单是解决钱的问题，更重要的是它关系到一个人在社会上、在家庭中的地位，它带给人们的职业地位和"自尊"对一个人的发展非常重要。但是，政府对他们工作的解决力度远远不够，虽然这几年每年都有公益岗位的招聘，但是公益岗位数量有限，而且很多岗位对技能都有一定的要求，这使得一些想工作的人因为自身素质不足而不能就业；在招聘中还常常存在着上岗条件审核不严甚至贿赂上岗等问题，导致很多最需要公益岗位的人群失去了机会。对于打零工的人群，政府给予的保护几乎没有，很多人今天找到了工作，明天就失去了工作，遇到好一些的雇主，会拿到工资，不好的雇主，连工资都拿不到，收入不稳定，也是他们生活贫困的主要原因。

【案例3—6】女，重庆市上清寺街道桂花园社区居民

问：除了低保制度，你还希望政府出台什么政策来解决你的家庭困难？

答：我希望国家出台那种暂时的困难能暂时补助的政策。多开点门路，让这些人来扶贫，能够就业的，能够力所能及的，能够脱贫。光吃低保，采取另外一种补助让这些人脱贫，具体可以采取补贴、补助，或者多开点能够让人做的事情。光吃低保也不能脱贫，说实在的光吃低保只能越来越穷，就200

多块钱完全是在吊命。现在藤藤菜都是五角钱、一块钱一斤，最便宜的东西都是一块钱一斤，光靠吃低保根本都不行。只有越来越穷，穷得孩子不能上学，吃低保只能吊命，哪能拿得出钱来给孩子读书嘛，只有孩子越来越穷，国家就不能真正的发达，要发达，只有从教育上给孩子下功夫，年轻人才能够读书，才能出来。都在家里穷起，都在家里吊命，怎么出得去。大一点的孩子，出去能找工作，你没文化怎么出去找工作嘛，只有一代一代地穷下去。本来这一代又穷，如果没有一定的文化知识，下一代人又只有穷。不说别的，你就只能找那种都是穷的人，富的人也不会愿意，又只有一代一代地繁衍下去，恶性循环。孩子能够读书，有爱心的人还是多，孩子读了书，他觉得一代一代地文化来了，有文化，有知识了，一代一代地下去就脱了贫了，就不可能一代一代地继续穷下去了。这些都是四五十岁的人，没有多少热情了。对年轻的人可以采取一些技能培训，让他们自食其力。现在这些人愿意吃低保，低保吃着，又去做另外的事。要么就吃父母的。现在社会普遍都是这种，没有办法。我觉得只要满了20岁的年轻人，20岁到40岁之间都不该吃低保，这个阶段身体各方面都是最好的。我觉得不该吃低保，他能够自食其力，各方面都成熟了。四十几岁的人，各方面的机能都在衰退了，我觉得这一种可以享受低保，还可以做一点力所能及的事情，国家出一定的政策来吃一点低保。

（三）制度的覆盖面广，但救助标准偏低

生存保障原则和与当地实际生活水平相联系原则是最低生活保障制度的两大基本原则。生存保障使贫困人口在获得最低生活保障救助后，能避免挨饿受冻，并能享受最起码的生活条件。如果物价水平上涨，相同数量的货币购买力下降，低保金的实际保障力度就会减弱，生存保障原则就难以实现。因此我们认为对生存保障原则应动态看待，在任何时点上都要求最低生活保障制度能保证低保对象的生存，不因物价的变化而降低其保障力。

在低保对象的日常支出中，绝大部分低保金用于食物消费，因此食物价格的不断上涨直接冲击着低保对象的干瘪的钱包，低保金的保障力也受到了相应的冲击。我们在重庆的入户深访中留意了低保对象的餐饮状况，基本上没有看到低保户能吃上猪肉，多数仅仅只是清水煮白菜，每餐的菜品也极为有限。可见，在低保金没有上调的情况下，物价上涨使得低保对象生活更加艰辛。

【案例3—7】女，长沙市天心区书院街道沙河社区居民

问：那生活还是比较困难吧？

答：那是。我们就吃点蛋菜饭，买肉很少。因为只有这点钱，买米、买油都要钱。去年我摔了手，都没去看。一看就要几百。我的肩膀也摔过，都在屋里坐，坐好的。现在肩膀有点痛。要是有钱就会去看。现在什么都涨价了，我们只能勤俭节约，也不能增加国家太多负担，还是不经常去找领导。手伤了就坐在家里让它慢慢好，尽量不影响社会。我一分钱医药费都没有报销的。社区对我们残疾人还是可以了，领导每年慰问我们。

问：那您家，上个月的家庭收入就支出在吃上，没做别的？

答：就用在吃上。我们做不了别的事情。两个人就艰苦奋斗过日子。比起流浪的，我们还是好多了，心境还是满足啰，起码有个屋住。

问：那您老俩年纪都大了，如果生病、吃药呢？

答：有。上个月花过钱。买点高血压药，罗布麻什么的。冬天气管炎就要打吊针，那就要几百。

问：您上个月有没有在看病这块花什么钱？大概是多少数字？

答：上个月花了几十、百把块钱，一百来块吧。

最低生活保障线的确定，是最低生活保障制度的基础和关键。保障线过低，无法保障贫困者的基本生活，削弱了其应有的保障功能。当然提高低保金不能仅从单方面下手，如果只是简单地提高低保金，没有与最低工资标准拉开差距，必然会影响到就业及劳动积

极性。因此低保金的调整不仅仅要与物价挂钩还要与最低工资联动。此外低保金的提高也要与低保对象的瞄准率相结合，只有在瞄准率提高的基础上提高低保金才能真正达到低保制度的目的，给最需要帮助的人以帮助。

（四）制度的社会知晓度高，但具体政策解释宣传不到位

调查发现，无论是一般居民还是低保家庭，绝大多数都知道低保，但真正了解低保政策的却又微乎其微。就我们访谈的对象中，很多人不知道本地区的低保标准。这一方面说明大部分低保家庭的文化程度偏低和对政策的不求甚解，另一方面也说明低保执行过程中的政策宣传不够。在调研过程中，低保户反映，有的低保工作人员（包括基层人员和上层工作人员）优亲厚友，甚至接受贿赂使得不符合条件的人获得了低保，造成不公平、不公正。尽管社区已公布低保户名单，但是这似乎并不能使得低保制度透明化运作。

【案例 3—8】男，辽宁省朝阳市双塔区凌河街道铁西社区居民

问：你了解低保制度的申领程序吗？就是低保是怎样申请和领取的呢？

答：申请表是怎么填的我忘了，人家按什么标准给算的给多少钱这咱不清楚，大多数人基本上都不清楚。他说朝阳市现在的低保标准是 180 元，但这 180 元是怎么算的我不知道。它是逐月补还是一年一审批，这咱就不清楚了。

问：你们的低保金额不是有调整的吗？低保金应该是根据对你们的家庭收入进行核实然后确定的。

答：这个家庭收入的情况谁也核实不了。就说打零工吧，这个月可能多挣点，下个月可能少挣点，这都没有准，没有稳定的收入。

【案例 3—9】男，北京市宣武区天桥街道南纬路社区居民

问：那低保员有没有来家里访谈，跟你们做些深入的交流

之类的，或者通知些信息什么的？很少还是没有？

答：很少吧。其实像国家的一些相关政策，我们每个月领低保签字盖章的时候，低保的干部可以趁那个时间给我们讲的。不是有专门管这个的吗，就应该把这个国家政策信息等给我们讲的。

低保制度宣传不到位，还会激化矛盾。一般来说，低保人员文化水平都不高，素质也相对比较低，对政策具体情况不了解，看到别人吃，自己也要吃，如果低保干部不批准他的申请，他就觉得是低保干部不让他吃，故意跟他过不去，心理上产生怨恨和仇恨的情绪。还有的人认为低保干部不让他们享受低保，或是说根据他们的收入状况对低保金享受的差额调低的时候，他们认为低保干部的克扣都是为了他们自己，认为低保干部的工资来源于低保金。例如，长沙市的低保基层工作人员反映，他们和低保对象之间发生过不少摩擦，激烈的有用刀砍伤低保工作人员的，辱骂就更是常有的事情，同时还累及家人。

（五）低保户的心理问题应当引起足够重视，低保者的尊严和自由无法保证

一项社会政策的制定，应从受益对象的需要出发，体现"以人为本"的人文关怀，才有可能不背离政策制定的初衷。一些政策规定很可能由于具体操作的生硬执行变了味。低保政策规定要求定期核实申请人的家庭收入情况，并在街道社区进行公示。这其实是在我国居民收入不透明，无法准确核实家庭收入，通过群众监督预防瞒报收入、冒领低保金的权宜之计。但很可能因为工作人员的工作态度、方式方法的欠缺，带来负面影响。入户调查家庭收入会被低保对象认为是民政部门对自己不信任，自尊心受到伤害。有的低保户还认为我们也是不信任他们而来调查的，即便知道了我们的来意也认为我们的调查起不了任何作用。而对于张榜公布，也是生活困难而必须接受的无奈选择，他们从内心来说不愿接受这种"有失体面"的方式。据我们了解，就有人是因为不能接受"张榜公布"的

做法而放弃申请低保，有些人不接受"张榜公布"这种方式，更多是担心子女在社区和学校受到歧视，心理蒙上阴影。这样一来，使低保户贴上了接受国家施舍的另类群体的标签，也容易让这些社会弱势群体产生与社会的割裂。这也可以从我们接触的低保户大多情绪低落、不愿与外界交往中得到印证。

【**案例** 3—10】女，辽宁省朝阳市双塔区燕北街道燕北社区居民

问：你们社区低保户名单给社会公开吗？

答：给社会公开。我很不乐意，每当我领低保金的时候，从来我不公开，我不跟人挤挤扎扎，我看没人的时候，我上前领完我就走。一开始，我不领低保，对我来说领低保是耻辱的事情，现在我不能不把这耻辱当作光荣，而且必须要把这耻辱当作光荣。为啥呢？因为这是社会给的资助，而且是你应当得的。因为社会上已经承认你是困难的人，所以我得这个，我不认为是跟社会上添更多那啥。我感觉到，就说不太啥，你看人家有许多开着出租车来，不照样得到低保吗？

【**案例** 3—11】女，辽宁省朝阳市双塔区凌河街道朝柴社区居民

问：那你们平时有没有什么社会交往方面的支出？

答：什么社会交往？

问：就是平时和亲戚朋友交往或者周围邻居有个什么事情了你们去上个礼什么的。

答：我们家这么穷，谁和我们交往？像邻居家有个事了我们也是能不去就不去了，不过这样也要花不少的钱。

此外，低保制度在某些实施环节还存在对受助者尊严的侵犯，如个别调查对象认为社区公示对自己的自尊是一种不好的做法，对承担社区公益劳动的义务也存有异议。

（六）社区低保工作人员待遇偏低，低保工作队伍建设亟待解决

基层街道办事处和居民委员会是最低生活保障的具体审批实施和日常管理服务机构，基层社区的低保工作人员反映，他们工作条件差，工作量非常巨大——要进行家庭收入核查、对享受低保的人进行身份识别、定期入户走访、甚至包括低保金的发放等。我们发现，基层低保工作人员工作辛苦，人员不足，大多身兼数职。另外，基层低保工作人员多数是招聘录用的，缺乏系统的工作经验和技能，整体素质较低，低保政策不易准确传达，解决矛盾的方式方法也有待提高，而且队伍极不稳定。

例如，长沙市的低保专干是2003年长沙市统一考试招聘进来的，进来的时候是以事业编制招进来的，可是待遇问题一直上不去，基本工资是800元每个月，扣掉保险费用后，实际到手的大概是700元不到。当时招进来的时候，只是做低保这一方面的工作，但是随着社会救助项目越来越多，他们承担的工作也增加了，但是他们的待遇没有适时地得到提高，这对他们的工作积极性影响比较大。当然，也有一些低保员愿意继续留在这个岗位上，用他们自己的话说，是因为他们觉得有一份责任，社区里面还有那么多需要他们帮助的人，他们认为自己的工作是"行善积德"、"做好事"，他们收获的是那些怀着感激的人们对他们真诚的一声招呼。

广东省中山市的情况也大抵如此。中山市基层民政干部数量较少，一人往往要应付上级多个行政部门。在和他们座谈讨论分类施保时，大家都感觉力不从心，他们认为分类越细意味着工作量越是成倍增加，大家对分类施保持消极的态度。从言谈中能体会到他们的工作十分辛苦，这些基层民政工作人员也是凭借着一份热心和善良来为低保户做好服务的。在我们走访低保户时还发现，有相当一部分低保户是社区干部上门帮助他们申请的低保，他们之前对低保一无所知。低保工作，特别是家庭收入调查核实，既是一项非常烦琐且需要细心和耐心的工作，同时又需要足够的人员和经费做保证。

同时，没有监督的权力必然导致腐败。在调查过程中，虽然总体上说大家对低保干部的反映很好，但也有个别地方出现一些问题。低保制度的监督机制对于一个高效的低保制度来说是不可或缺的。从宏观上来说，低保制度的监督机制涉及民政、财政、审计等部门之间的制衡，主要是资金的安全；从微观上说就涉及低保的申报和审批的过程，其中关键的角色是社区的低保员。目前各地的低保员的工资都不高，但是权力很大，这就会使他们有腐败的很强的利益驱动。他们可能会通过对低保申请人的家庭收入情况少报、瞒报或收入提高后不报等行为来获取利益。我们必须建立一个良好的监督机制：它包括各区的低保管理机构对低保员的监督；社区居民对低保员的监督和举报；在确定某一户家庭是否属于低保户时可以邀请社区德高望重的人共同参与决定；低保员的定期轮换制度等。只有这样才能切实保证低保资金提供给需要救助的人。

【案例3—12】女，辽宁省朝阳市双塔区凌河街道朝柴社区居民

问：你说他们（低保干部）不按政策执行？能不能具体说说？

答：我们这个社区的主任平时就是不按政策做，她想怎么做就怎么做，你谁谁谁跟她的关系好了，就对你优惠一点，如果你和她关系不好了就根本不理你。

问：她为什么会和别人关系好，而和你的关系不好呢？

答：因为我不是她的亲戚，也没有给她送礼呗。

问：送礼？送礼和低保有什么关系？

答：那关系可大了，你申请低保的时候如果不给她送礼她就不给你批，或者批也给你少批一些，或者给你找这样那样的问题，处处刁难你。然后有个什么好事了肯定就是先紧那些有关系的，你要是没关系就别想。

问：你申请低保送礼了没有？

答：没有，我申请的时候没有送礼，所以人家就刁难我，让我们等了好几个月才给批下来，如果送礼了的话应该就很快批了，你说我们家又没钱，送个一百来块钱太少，多了咱送不起，干脆不送了，我就听说过谁要给主任送礼没，问我要送多

少才合适。我们那主任黑着呢，你不给钱送礼，想享受什么优惠，没门儿。

问：看得出来你对你们的社区主任很有意见，其他人的看法呢？是不是也和你一样？

答：别的地方我不知道，反正我们这片的人对社区主任都不满意，主要是那人太不好了。

四　政策建议

结合定量描述性结果与定性分析结果，笔者对低保制度的完善提出如下几点建议。

（一）规范以家庭经济状况调查为重点的资格审查制度

规范以家庭经济状况调查为重点的资格审查制度是完善低保制度的核心问题，是实现社会公正和促进制度公平的重要保证，也是预防福利依赖的第一道屏障。

我国低保制度实施以来，在国家没有形成统一的受助对象资格审查实施细则的前提下，各地结合实际情况对低保对象的收入和家庭财产状况核查进行了很多探索，包括对消费形态的控制，如有的地方禁止低保户使用空调、禁止养宠物，等等，有些虽然略显刻板僵化，有损伤受助者尊严的不良影响，但对低保对象的甄别和监督起到了一定的积极作用。只有建立一套完善的家庭经济状况调查制度，才能从根源上杜绝福利依赖与福利滥用。

目前，家庭经济状况调查难以有效实施，既有我国金融信用体系不完善的问题，也有制度本身的设计问题。我们建议，借助现有的信息网络平台，包括利用银行、证券、税务、工商、劳动、社会保障等部门的信息管理系统，依法获取申请者和受助者的家庭财产和收入状况，结合个人申报，明确各个机构和个人在低保资格审查中的权利和义务。如有需要，上述部门应积极配合民政部门进行存款、证券交易、用工、社会保险缴费等信息的取证。

（二）完善与促进就业相关联的动态管理机制

我国现行低保制度的一个重要原则就是动态管理，即当家庭收入低于当地最低生活保障线时，将其纳入低保群体，提供相应的低保待遇；当家庭收入变化时，相应地调整低保金额；当家庭收入高于当地最低生活保障线时，应让其退出低保。

无论定量描述还是定性分析都表明，目前的低保制度设计存在一片很大的灰色地带，即部分有劳动能力的低保人群面临着"主动失业"的困境。我们建议，政府对劳动年龄人口，特别是中青年人群，提供就业培训以及就业资讯；努力提供更多公益岗位或鼓励兴办社会企业，吸收有劳动能力的低保人群就业。同时，在促进就业层面，也应发展"激励措施"。一旦家庭平均收入超过低保标准，应继续保留短期待遇直至收入稳定；超过低保标准的"边缘户"，可以保留与低保制度相关的配套福利措施，消除其就业的后顾之忧。

（三）构建全面的社会救助体系

低保制度的基本目标是解除贫困家庭的生活困境，而现行制度却正在演变成一个综合性的社会救助体系，承载了过多的救助责任。低保制度不是"万能良药"，不能期待它能解决所有的问题。解决的出路就是在这一制度之外建立相关制度，包括住房救助、教育救助、医疗救助、就业救助等。通过对不同人群及不同需要的特定救助，形成一个网状结构的救助体系。同时，要将完善低保制度与社会保险制度、社会福利服务等制度设计有效衔接。否则，这种替代思路会妨碍其他社会救助和福利制度设计，例如不利于老年人福利、儿童福利、残疾人福利等其他专项制度的全面建设。

第四章

城市低保对象的需求满足*

一 研究背景

长期以来，我国政府和学界深受经济决定论的影响，人们习惯认为经济发展决定了社会发展乃至政治体制的改革。然而随着经济腾飞，贫富差距却在逐渐扩大，而贫困现象依然存在。中国科学院发布的《2012 中国可持续发展战略报告》显示，中国尚有 1.28 亿贫困人口（中国科学院可持续发展战略研究组，2012）。在经济发展并不必然消除贫困的情况下，通过社会政策来调节收入再分配、促进社会稳定，已经成为各国共用的、行之有效的办法。

诚如当代英国社会政策学家阿尔考克等人所言："当市场趋向于根据需要来分配资源时，社会政策则更多地根据基本生活需要来分配资源。"① 基本生活需要是社会政策中的灵魂概念——在社会政策的策划和设计过程中，"基本生活需要"这一概念的影响几乎是无时不在、无处不在。② 从广义上讲，社会福利的存在就是为了满足人类需要。③ 需要从三个方面推动社会福利政策的发展：社会成员的基本需要是社会福利政策发展的基本动力；由于自然环境和社

＊ 本章执笔人：郭瑜、韩克庆。原文《基本生活需要满足：一项城市低保制度的实证研究》，《社会学评论》2014 年第 6 期。

① Alcock, P. Erskine, A. and M. May , *Dictionary of Social Policy*, Oxford：Blackwell Publishing, 2002, pp. 158–159.

② 王征、唐钧、张时飞：《要重视城市居民的"基本生活需要"——中国七城市的调查》，《中国党政干部论坛》2005 年第 7 期。

③ Taylor-Gooby, P., "Needs, Welfare and Political Allegiance", In Timms, N. & D. Watson（eds）. Social Welfare：Why and How? London：Routledge & Kegan Paul, 1980.

会环境的变化所产生的人类的社会需要是社会福利政策发展的重要动力；基于社会成员的社会权利所提出的新需要是社会福利政策发展的新动力。①

　　人类需要是学界关注的重点概念，但其概念体系并未有定论。马斯洛的需要层次理论（Maslow's Hierarchy of Needs）自不必说，70 年来一直在人类需要理论中扮演着奠基性作用。② 布拉德肖也对需要进行分类，划分为规范性需要、感受需要、表达性需要和比较需要。③ 斯追腾对基本生活需要的概念扩展得出四种定义，其中最具现实意义的前两种，恰好就体现了两种迥异的范式：从狭义的、生理的角度出发，基本需要可以定义为是食品、衣服、住房、水和卫生等这些维持健康与营养的基本生活必需品的总和；若从新自由主义经济学家的视角出发，基本需要也可被主观地视为消费者自身需要的满足。④

　　在社会政策领域中，贫困、基本生活需要和社会救助，总是紧密相连。福利供给是为了解决人们的基本生活需要，所以基本需要的概念在政策场域并不抽象；⑤ 相反，为了利于操作，通常都采取较为实际的方式来界定基本生活需要。早期的贫困研究已经开始引入基本需要的概念，而其定义与测算，也是贫困测量的关键所在。19 世纪末 20 世纪初，朗特里在英国约克进行了生活状况综合调查，并基于对基本生活需要的测量，制定出英国贫困线而后沿用 30 余年都行之有效⑥。当然，贫困与需要的测量也是伴随社会发展而不

---

　　① 彭华民：《论需要为本的中国社会福利转型的目标定位》，《南开学报（哲学社会科学版）》2010 年第 4 期。

　　② Maslow, A. H., "A theory of human motivation", *Psychological Review*, Vol. 50, 1943, p. 370.

　　③ Bradshaw, J. R., "The Concept of Social Need", *New Society*, Vol. 30, 1972, p. 72.

　　④ Streeten, P., *First Things First: Meeting Basic Human Needs in the Developing Countries*, New York: Oxford University Press, 1981, pp. 10–15.

　　⑤ Alcock, P. Erskine, A. and M. May, *Dictionary of Social Policy*, Oxford: Blackwell Publishing, 2002, pp. 158–159.

　　⑥ 朗特里所定义的基本需要主要包括饮食、最基本的衣服、房租和取暖。朗特里对贫困与需要的具体定义与测算标准，请参见 Rowntree, B. S., "Poverty: A Study of Town Life", London: Macmillian, 1991。

断改变的。瑞根指出，如果以朗特里的研究为基准，英国在 20 世纪中叶已经可以摆脱贫困,[1] 但贫困仍是英国最突出的社会问题之一。[2] 事实上，后人在不断改进基本生活需要的内涵和测量方式，例如，伦威克与伯格曼于 1993 年提出采用"基本生活需要预算"的方法来测量贫困线，其预算模型中包括了食品、住房、交通、医疗、儿童照料、穿衣和个人护理等七个方面的支出。[3]

　　在工业化、市场化和社会多元化的宏观背景下，单一的客观或是主观的界定方式，都难以全面地概括人们的基本生活需要。人类需要的主观性与客观性特质，使得这一概念富于争议。[4] 因此，本章中的基本生活需要，定义为个人或家庭维持基本健康生活的所需资源的总和——此定义介于客观与主观这"二维"之间：既兼顾到基本生活需要中的"基本"这一特征，又考虑到主观因素对于自身需要的影响。我们在实地调查过程中，也没有把低保线默认为基本生活需要的客观标准[5]；而是以自我定义与自我汇报的方式，通过对低保家庭、政府工作人员以及专家的调查，来探究低保家庭的需要满足状况。

　　社会政策的核心思想之一就是满足人们的基本生活需要，所以从被保护者的角度来探讨其基本生活需要的满足是一个不可或缺的视角，而这也是对低保制度，乃至广义的贫困问题的一项追本溯源式的研究。另外，低保对象是经过制度严格筛选后的目标群体，所以对低保家庭基本生活需要的分析，既是对社会救助的理论探讨，亦

　　① Ringen, S. , "Direct and Indirect Measures of Poverty", *Journal of Social Policy*, Vol. 17, 1988, pp. 351-365.

　　② Bradshaw, J. and N. Finch, "Overlaps in Dimensions of Poverty", *Journal of Social Policy*, Vol. 32, 2003, pp. 513-525.

　　③ Renwick, T. and B. Bergmann, "A Budget-Based Definition of Poverty: With an Application to Single-Parent Families", *The Journal of Human Resources*, Vol. 28, 1993, pp. 1-24.

　　④ Soper, K. , *On Human Needs*, Brighton: Harvester Press, 1981, pp. 2-5.

　　⑤ 1999 年出台的《城市居民最低生活保障条例》中已经明确规定："城市居民最低生活保障标准，按照当地维持城市居民基本生活所必需的衣、食、住费用，并适当考虑水电燃煤（燃气）费用以及未成年人的义务教育费用确定。"各地的低保线大多以此规定为原则，根据地区情况自行划定。

是对低保制度的效果评估，更是对广义的社会福利与社会政策的探索。

二　低保金能否满足基本生活需要：描述性统计结果

在我国建立城市居民最低生活保障制度前，传统的社会救济制度只将那些由自然原因造成贫穷的弱势群体作为救济对象，主要是一些无收入来源、无劳动能力、无亲属扶养的孤老残幼。作为经济体制改革以来社会救助的主要制度创新，城市低保制度将家庭人均收入低于当地低保标准的全体城镇居民都纳入保障范围，使社会救助的概念从内涵到外延都发生了根本变化，城镇居民能否享受低保只取决于其生活困难程度，而无关劳动能力、就业状况等因素。然而，在低保对象的主观判断下，这种制度性的现金救助是否能够有效地满足他们的基本生活需要？此外，低保金是不是满足低保家庭基本生活需要的唯一决定因素？如果不是，那么除了低保金以外，还有哪些因素能够显著影响低保家庭的需要满足程度？本章试图通过定量与定性研究相结合的方法来得出答案。

本章采用的资料和数据主要来源于中国人民大学劳动人事学院韩克庆教授主持的"中国城市低保制度绩效评估研究"项目。该项目主要运用问卷调查和定性访谈，对城市低保制度的执行情况进行了调研与评估。根据分层随机抽样方法，项目组先从全国选取北京、重庆、湖南长沙、广东中山、甘肃天水和辽宁朝阳等6个典型城市作为抽样单位；并基于《民政事业统计信息管理系统》记录的低保家户信息，通过随机抽样选取了1462名调查对象，最终得到有效问卷1209份。在问卷调查的基础上，项目组选取了部分低保对象和低保干部作为个案访谈对象，进行了108个深度访谈，其中低保对象90人，低保干部18人。作为项目的跟进，2011—2012年，我们又访谈了5位政府官员和5位学者，持续了解城市低保相关情况。①

　　本章的研究样本主要呈现出以下人口与经济特征：①低保对象的性别比例无明显差异，男女各占一半；②教育程度偏低，七成以上（74.2%）的受访者仅有小学或初中文化程度；③低保对象多为中老年人口，30岁以下的低保对象较少；④就业状况不理想，正式就业或灵活就业仅为约20%，其余多为失业；⑤老人、病人和残疾人较多，约有1/3的受访者是因病或因残而致贫。

　　为衡量低保制度对被访者家庭基本生活需要的覆盖程度，问卷设计中包含了"你认为低保金能否满足基本生活需要"这样一个问题，并提供了"完全能够满足"、"勉强能够满足"、"仅能部分满足"和"完全不能满足"四个选项。在数据整理过程中，我们发现了一个有趣的现象：表示"低保金完全能够满足基本生活需要"的被访者，并不是低保金最高（由于被访者的家庭规模存在差异，我们用家庭人均低保金来衡量受益水平）的人群；相反，认为"低保金仅能部分满足基本生活需要"，或是认为"低保金能够帮助家庭勉强度日"的被访者，其家庭人均低保金的均值反而最高（参见表4—1）。因此我们推测，在现有的制度条件下，家庭人均低保金并非影响低保家庭基本生活需要满足程度的唯一因素。

表4—1　　　不同满足程度下的低保金均值（样本数：1192）

满足程度	人数（个）	有效比例（%）	家庭人均低保金的均值（元）
完全不能满足	184	15.4	111.7
仅能部分满足	389	32.6	135.3
勉强能够满足	574	48.2	140.4
完全能够满足	45	3.8	120.1

　　为验证以上推测，我们根据低保对象就上述问题的回答将样本

---

　　①　访谈政府官员与学者是为了跟进低保政策的近年来的变动和未来的发展走向。访谈结果经汇总整理后，间接地启发了本章的结论与政策建议部分。

分成了 4 组，并使用 SPSS 软件，对各组样本对应的家庭人均低保金进行了单因素方差分析（ANOVA）[①]。根据方差分析结果，我们在 1% 的显著性水平下（F = 5.95）拒绝了原假设"H0：在不同的基本生活需要满足程度下，家庭人均低保金的均值并无显著差异"，故可认为 4 组子样本的家庭人均低保金水平存在显著差异。但多重比较结果同时表明，第一组（完全不能满足）与第二组（仅能部分满足）、第三组（勉强能够满足）之间存在显著差异；而第二组分别与第三组和第四组（完全能够满足）均无显著差异；第四组更是与其他 3 组都无显著性差异。换言之，从统计学上讲，认为低保可以完全满足基本生活需要的组别，所领取的低保金与其他组别的低保金并无显著差异。方差分析的结果在某种程度上验证了我们的推测，下文将着手构建计量模型，进一步分析低保对象基本生活需要满足程度的影响因素（见表 4—2）。

表 4—2　　　　　　　　　　　　LSD 多重比较结果

I （满足度）	J （满足度）	平均差 Mean Difference（I—J）	标准差 Std. Error	Sig.
完全不能满足	仅能部分满足	− 23.63 * *	7.46	0.002
	勉强能够满足	− 28.71 * *	7.06	0.000
	完全能够满足	− 8.43	13.87	0.543
仅能部分满足	完全不能满足	23.63 * *	7.46	0.002
	勉强能够满足	− 5.07	5.47	0.355
	完全能够满足	15.20	13.13	0.247

---

①　关于定类与定距变量的相关分析，通常的处理是采用单因素方差分析方法。也有部分文献指出，定类与定距变量的相关关系可以通过斯皮尔曼相关分析来测度。稳妥起见，我们也求出了基本需要满足程度（定类变量）与家庭人均低保金（定距变量）的斯皮尔曼相关系数（0.120），结论与方差分析结果类似。

续表

I （满足度）	J （满足度）	平均差 Mean Difference（I—J）	标准差 Std. Error	Sig.
勉强能够满足	完全不能满足	28.71**	7.06	0.000
	仅能部分满足	5.07	5.47	0.355
	完全能够满足	20.27	12.91	0.117
完全能够满足	完全不能满足	8.43	13.87	0.543
	仅能部分满足	−15.20	13.13	0.247
	勉强能够满足	−20.27	12.91	0.117

注：**表示在0.05的统计水平上显著。

三　哪些因素影响基本生活需要满足？有序 Probit 回归模型的解答

　　基于理论研究和上述分析结果，我们有理由认为，低保救助金额是决定基本生活需要满足程度的重要因素，但非唯一因素。本节旨在探讨的重点问题在于：究竟是哪些因素影响了低保对象基本生活需要的满足程度？当然，基本生活需要从来都不是一个绝对客观的概念，尽管我们在问卷和访谈中尽量客观地测量基本生活需要的满足程度，但这仍是包含主观性的客观现实。

　　根据问卷设计，低保对象对"你认为低保金能否满足基本生活需要"问题的四种回答之间存在递增的有序关系。鉴此，我们考虑建立离散选择模型，来对样本基本生活需要满足程度的影响因素进行一个细致的梳理。关于模型设定，我们认为，有序回归模型比普通的多项式模型或多元离散回归模型更能充分利用数据中的信息[1]。

――――――――――

　　[1]　有序 Probit 回归模型最早由 McElvey 与 Zavoina（1975）提出，用来研究美国公共医疗补助问题。此类模型的因变量由一系列离散、有序的随机选择组成，已被广泛应用于健康满意度调查、债券评级、消费偏好等非量化问题的研究。参见 McElvey, R. and Zavoina, W., A Statistical Model for the Analysis of Ordinal Level Dependent Variables, *The Journal of Mathematical Sociology*, Vol. 4, 1975, pp. 103–120。

在有序 Probit 回归模型中，因变量 y 可以根据潜变量模型推导得出。[①] 假定潜变量 y^* 由下式决定：

$$y_i^* = \beta' X_i + \varepsilon_i \tag{1}$$

其中，y 代表低保制度对被访者基本生活需要的满足程度，并在 [1, 2, 3, 4] 上取值；X 是自变量，反映被访低保对象人口特征和经济特征；β 为待估参数；ε 表示残差项，假设 ε 对变量 X 的条件分布为标准正态分布，即 $e \mid X \sim N(0, 1)$。潜变量 y^* 可根据 X 和 β 计算得出，而 y 和 y^* 的关系则根据公式（2）决定。设 $\alpha_1 < \alpha_2 < \alpha_3$ 为门槛值（Threshold），并有：

如果 $\alpha_0 = -\infty \leqslant y_i^* < \alpha_1$，则 $y_i = 1$，即"完全不能满足"；

如果 $\alpha_1 \leqslant y_i^* < \alpha_2$，则 $y_i = 2$，即"仅能部分满足"；

如果 $\alpha_2 \leqslant y_i^* < \alpha_3$，则 $y_i = 3$，即"勉强能够满足"；　（2）

如果 $\alpha_3 \leqslant y_i^* < \alpha_4 = +\infty$，则 $y_i = 4$，即"完全能够满足"。

同时，y 对 X 的条件概率可以表示为：

$Pr(y_i = m \mid X_i) = F(\alpha_m - \beta' X_i) - F(\alpha_{m-1} - \beta' X_i)$，其中 $m \in$ (1, 2, 3, 4)　（3）

在因变量和自变量的取值确定后，系数 β 和阈值 α_1，α_2，α_3 可以使用极大似然方法得出。同时，我们需要对系数 β 进行相关的显著性检验。

自变量的选取主要考虑个体因素和制度因素[②]。其中，个体层面的变量包括：性别、年龄、教育程度、健康状况、就业或在学状况、心理健康程度[③]、家庭成员中是否有病人、是否需要供养子女上学、婚姻状况；在制度层面考察的变量包括：家庭人均低保金数

---

① 此方法的详细介绍请参见 Wooldridge, J. M., *Econometric Analysis of Cross Section and Panel Data*, Massachusetts, England：Institute of Technology Press, 2002。以及 Greene, W. H., *Econometric Analysis* (5th edition), Upper Saddle River, NJ：Prentice Hall, 2003, pp. 162-210。

② 对于非连续的自变量，作者在模型中构建了虚拟变量。考虑到地域因素的影响，作者以北京作为参照系在模型中加入了城市虚拟变量。如此分类的依据在于北京市的人均低保金远远高于其他 5 个城市（北京为 226.2 元，重庆 141.7 元，长沙 104.1 元，中山 136.7 元，朝阳 72.2 元，天水 102.9 元）。

③ 调查中采用了 CES—D 抑郁自评量表测量了低保户的心理健康状况。

额、是否认为核定救助金额符合实际情况、对低保资格的审批过程是否满意、是否参加社区公益劳动、是否介意将低保名单在社区内张榜公布等。

我们用 Stata 软件对上述模型参数进行估计，回归结果如表 4—3 中第 2 列所示。考虑到有序 Probit 回归模型的特点，回归系数并不能说明各变量对基本生活需要满足程度的影响大小，甚至系数的符号也只能说明该变量对基本生活需要满足概率的影响方向，而不能说明对中间选择的影响方向。[①] 为进一步了解各变量对需要满足的影响程度和方向，我们计算了各个变量的边际贡献。变量 X_K 的边际贡献指的是在其他变量取均值时，该变量变动 1 个单位对样本某项选择的概率有多大影响。其计算方法如下：

$$\frac{\partial \operatorname{Pr}(y = m \mid X)}{\partial X_K} = \frac{\partial F(\alpha_m - X\beta)}{\partial X_K} - \frac{\partial F(\alpha_{m-1} - X\beta)}{\partial X_K}，\text{其中}$$
$$m \in (1, 2, 3, 4) \tag{4}$$

利用式（4）就可以计算每个变量对相应选项的边际贡献。表 4—3 的第 3—6 列中，同时给出每个变量对于选择四种不同满足情况的概率的边际贡献情况。

表 4—3　　　　　　　　　**有序响应 Probit 回归结果**

被解释变量	回归系数	边际效应（选择一）	边际效应（选择二）	边际效应（选择三）	边际效应（选择四）
男性	0.022 (0.077)	-0.42%	-0.47%	0.80%	0.09%
年龄	-0.004 (0.005)	0.07%	0.07%	-0.13%	-0.01%
教育程度（高中及以上）	-0.424* (0.240)	10.05%	6.57%	-15.48%	-1.15%

① Long, J. S. and J. Freese，*Regression Models for Categorical Dependent Variables Using Stata*，College Station，TX：Stata Press，2006.

被解释变量	回归系数	边际效应 （选择一）	边际效应 （选择二）	边际效应 （选择三）	边际效应 （选择四）
已婚	−0.008 （0.085）	0.16%	0.17%	−0.30%	−0.03%
健康状况良好	−0.005 （0.079）	0.10%	0.11%	−0.20%	−0.02%
被访时有工作或在学	0.231 * * （0.096）	−4.09%	−5.03%	8.05%	1.07%
家庭人均低保金额	0.001 * （0.001）	−0.02%	−0.02%	0.04%	0.00%
家中有病人	0.086 （0.088）	−1.59%	−1.82%	3.05%	0.37%
家中有学生	−0.046 （0.145）	0.89%	0.94%	−1.64%	−0.18%
认为低保发放符合实际	0.606 * * * （0.087）	−10.64%	−12.97%	20.59%	3.01%
张榜公布	0.005 （0.084）	−0.10%	−0.11%	0.18%	0.02%
审批程序满意度	−0.038 （0.092）	0.71%	0.80%	−1.35%	−0.16%
参加公益劳动	0.046 （0.100）	−0.88%	−0.95%	1.64%	0.18%
抑郁虚拟变量	−0.264 * * * （0.085）	4.96%	5.50%	−9.35%	−1.11%
轻度抑郁虚拟变量	−0.137 （0.119）	2.76%	2.71%	−4.96%	−0.51%
城市虚拟变量—重庆	0.013 （0.141）	−0.25%	−0.28%	0.47%	0.05%

续表

被解释变量	回归系数	边际效应（选择一）	边际效应（选择二）	边际效应（选择三）	边际效应（选择四）
城市虚拟变量—长沙	-0.302** (0.148)	6.45%	5.53%	-10.98%	-1.00%
城市虚拟变量—朝阳	-0.304** (0.153)	6.48%	5.60%	-11.07%	-1.02%
城市虚拟变量—中山	0.012 (0.157)	-0.22%	-0.25%	0.42%	0.05%
城市虚拟变量—天水	0.890*** (0.158)	-11.90%	-20.53%	25.51%	6.93%

样本数为946；关于阈值的估计，$\alpha_1 = -1.010$，$\alpha_2 = 0.144$，$\alpha_3 = 2.343$；概似比检定统计量（自由度=16）LR chi^2（20）= 252.49；Pseudo R^2 = 0.12。

注：括号内为回归系数的标准差；＊＊＊、＊＊和＊分别表示该系数在1%、5%和10%的统计水平上显著。

表4—3汇报了模型的统计结果。通过显著性检验的个体因素变量包括年龄、教育程度、在学或就业、心理健康状况，也就是说，这些因素会对低保家庭的基本生活需要满足的程度产生显著影响。其中，较为突出的是教育程度变量。统计结果显示，教育程度越高，越倾向于选择低保金不能满足需要（边际效应10.05%）或是仅能部分满足需要（边际效应6.57%），而不是勉强满足需要（边际效应-15.48%）和完全满足需要（边际效应-1.15%），这可能是由于教育水平较高的低保户对生活有更高的期待和要求所造成的；低保金则有正向的作用，亦即被访者家庭领取的人均低保金越高，其基本生活需要越容易满足；被访者正在就业或是读书的状态，也可正向地影响其需要满足的程度。值得注意的是，心理健康状况也明显制约着低保对象的需要满足程度，患有抑郁症的受访者更加不易满足。在制度层面，在控制住其他变量的情况下，如果被访者主观认为低保金在金额核定和发放方面符合其实际情况，就会更倾向于认为低保金可以满足其基本生活需要。

四　低保对象的心声：低保金满足基本
生活需要的定性分析

上述统计结果从数据层面揭示了低保金与基本生活需要满足之间的关系，但此项研究并不止步于此。通过开放式编码、轴心式编码和选择式编码，我们对个案访谈资料进行了处理。特别是以低保金满足基本生活需要为核心，对与其相关的重要概念和现象进行了挖掘。研究结果再次揭示，基本生活需要实质上是一个相对松散与灵活的概念。在大多数低保对象和低保干部眼中，低保金是用于保障日常生活起居，也就是简单的衣食需求的；对于一些身体较差需要就医的低保对象而言，医疗则是他们基本生活需要之一。另外，对于有子女正在读书的家庭而言，日常的教育费用也是首要的家庭支出。

首先，针对基本生活需要，受访者大体上持有三种态度：第一种认为低保制度是惠民利民的有效举措，保障了贫困人口的基本生活，内心感到十分知足并由此感谢党感谢政府；第二种基本认可低保制度是政府在财力有限的情况下的利民措施，但认为低保金较少，仅能满足最基本的吃饭问题，通常持此种观点的受访者大体上可以理解低保金的功能与限制，也认为低保金可以满足基本需要；第三种认为低保金远远不能满足生活需要，自己依旧在困窘生活中挣扎而并未得到足够保障。

其次，我们发现除了吃饭穿衣的基本生活需要，低保对象的其他需要主要集中在医疗健康方面。如果把医疗健康需要视为基本生活需要的话，那么对于一部分低保家庭而言，低保金则很难满足其需要——换言之，生病及医疗费用是许多贫困家庭的致贫原因与最大压力。除了医疗之外，低保家庭的低保金还集中花费在子女教育上。其实有一部分低保对象，正是由于低保资格可以为孩子减免一定学杂费而加入城市低保制度的。但在访谈中也有一些受访者表达了对子女完成学业后摆脱家庭贫困的未来憧憬："假如我孩子真要是上完大学工作了，这钱给我我也不要，因为那时候我也有退休金了，生活也就没什么后顾之忧了。"①

综上所述，访谈资料揭示低保金保障了城市贫困人口的基本生计，一方面显示出政府在社会公平方面所做出的努力，有利于社会稳定。另一方面，提高低保金水平的呼声也比较高。低保干部普遍认为，低保金可以保证低保对象满足温饱，但是绝大多数低保家庭的生活比较拮据，需要精打细算。如果有医疗、教育等大笔支出，低保金可能就只是杯水车薪。

再次，一部分访谈对象表示出了自尊与劳动的需要。访谈发现，低保对象的心理健康问题不容乐观。在我们的调查中，有关低保对象抑郁状况的量表（CES—D）显示，接近一半的低保对象存在抑郁症状。另外，我们也注意到，在基本生活需要之上，不少被访者还表述了自己渴望受人尊重、不希望被打上低保烙印的愿望。我们进一步推测，这可能与低保对象的自尊与劳动需要的满足有关。

与此相呼应的是，部分民政干部反映：有些低保对象骗保，或是态度蛮横，稍有不满就大吵大闹滋事。他们认为，处于劳动年龄且具有劳动能力的人，其实不太适合长期吃低保。这不是说这些低收入者不需要救助，而是要在救助的基础上激励其就业。正如北京市街道民政干部梅女士（编号 2—3）所言："对于在就业年龄段有劳动能力的，不是不救助，而应该以扶持为主，而不是以救助为主。……不是说一劳永逸地就这么下去了，应该属于扶持。就是说你困难的时候我帮助你，但是呢，有一个机制必须得激励你出去，还得让他们自食其力。"②

五　结论与讨论

经济的发展与物质的丰富并不必然消除贫困现象。瑞根指出，贫困并不会随着经济增长而消失，相反，西欧发达国家恰恰展示了

---

① 韩克庆主编：《中国城市低保访谈录》，山东人民出版社 2012 年版，第 189 页。
② 同上书，第 330 页。

富裕国家的贫困。① 因此在经济高速增长而社会呈现多元化发展的背景下，低保以及广义的社会救助制度不可或缺。我们的研究显示，低保制度看似仅仅是一张"安全网"、起着最基本的救助作用，但是它在保障国民的基本生活需要以及相应的心理安全感方面扮演着重要角色，对于维护社会稳定和促进社会和谐方面也具有不可替代的功用。

社会政策的设计从来都不可能是一蹴而就、一劳永逸的。而低保制度的执行与评估过程，也蕴含着发现新问题的起点。本章揭示出，在个体和制度层面都有若干因素影响低保对象对基本生活需要满足程度的主观认识。描述性统计结果显示，低保金额的高低并非影响基本生活需要满足度的唯一因素；回归模型的结果显示，教育程度、年龄、在学或就业、心理健康状况、认为低保金符合自己实际情况，以及制度的公平性等因素，对低保对象的基本生活需要满足的程度产生了显著影响。定性研究的结果显示低保对象有提高低保救助金额的愿望，同时进一步揭示了基本生活需要的模糊外延，也即医疗和子女教育的需要，以及自尊和劳动的诉求。立足于本章的研究结论，有几个相关问题是值得讨论的。

（一）关于基本生活需要的界定

如前文所言，在早期的贫困研究中，基本生活需要是从日常餐食，甚至细化到每日所需热量的方法来衡量的。时至今日，随着物质生活水平的提高，基本生活需要的概念和外延也在不断发展变化。特别是我国人口众多且存在显著地区差异，因此很难以一个量化的、纯客观的标准来界定基本生活需要。相反，基本生活需要具有一个模糊的边界。如果仅视基本生活需要为日常的穿衣吃饭的需要，那么低保金可以在极大程度上满足民众。但是对于体弱多病或年老残疾的低保对象而言，医疗也是其基本生活需要之一；对于家中有正在读书的子女的低保家庭而言，教育花费也是不可避免的重

---

① Ringen, S., "Direct and Indirect Measures of Poverty", *Journal of Social Policy*, Vol. 17, 1988, pp. 351–365.

大生活支出。值得注意的是，对于处于劳动年龄、有能力工作的低保对象而言，他们具有强烈的劳动和自尊的需要。理论上我们可以界定基本生活需要的概念，但是在现实生活中，它的外延却很难厘清。当然，在制度设计与执行中都可以简单处理，那就是不予考虑——但这些基本诉求又会实实在在地影响低保家庭的生活福祉，归根到底仍旧是不能回避的政府责任。

（二）关于低保金数额的调整

广义上讲，社会救助并不等同于简单的现金救助，它的终极目标是满足人们的基本生活需要。但是，在我国低保制度的实施过程中，低保金不仅是衡量贫困水平的标准，也是满足救助对象的主要方式。因此，在现有低保制度基础之上，随着工资增速、物价状况以及物质生活水平的提高，低保金的数额做出相应调整就显得尤为重要。

事实上，低保制度建立伊始，针对基本生活消费品价格上涨对低保家庭的影响等因素，低保金数额就在不断调整提高。例如，2008 年 2 月 3 日，民政部、财政部《关于进一步提高城乡低保补助水平　妥善安排当前困难群众基本生活的通知》要求，继续执行2007 年中央出台的提高城市低保对象补助水平的政策，进一步提高城乡低保对象补助水平，从 2008 年 1 月 1 日起，按每人每月 15 元的标准提高城市低保对象补助水平，按每人每月 10 元的标准提高农村低保对象补助水平。[①] 2011 年 5 月 11 日，民政部、国家发展和改革委员会、财政部、国家统计局联合发布《关于进一步规范城乡居民最低生活保障标准制定和调整工作的指导意见》，要求各地在制定和调整城乡低保标准时，可以采用基本生活费用支出法、恩格尔系数法或消费支出比例法。[②] 2012 年 9 月 1 日，国务院办公厅发出《国务院关于进一步加强和改进最低生活保障工作的意见》，要

---

① 中华人民共和国民政部：《民政部　财政部关于进一步提高城乡低保补助水平妥善安排当前困难群众基本生活的通知》，2008 年，民政部门户网站。

② 中华人民共和国民政部：《关于进一步规范城乡居民最低生活保障标准制定和调整工作的指导意见》，2011 年，民政部门户网站。

求科学制定最低生活保障标准，健全救助标准与物价上涨挂钩的联动机制，综合运用基本生活费用支出法、恩格尔系数法、消费支出比例法等测算方法，动态、适时调整最低生活保障标准，最低生活保障标准应低于最低工资标准。[①] 目前，全国各地低保金数额较之制度建立之初，均有了大幅度提高。民政部的统计数据显示，截至2012 年 9 月，全国城镇居民最低生活保障标准为每人每月平均318.23 元，[②] 而 2007 年 12 月份的数据为 182.40 元，[③] 低保金在不到 5 年的时间里增幅达 74.47%。

（三）关于制度的未来走势

低保制度本质上是以收入为标准、以现金救助为主要手段的福利制度，旨在解除贫困家庭的生活困境；而现行制度却正在演变成一个综合性的社会救助体系，承载了过多的救助责任。简言之，低保制度不是"万能良药"，不能期待它可以满足目标群体的所有需要，[④] 指望它可以"一揽子"满足所有基本生活需要也是不现实的。从社会保障制度顶层设计的角度考虑，应当在低保制度的基础上，建立统一的、普遍有效的综合性社会救助体系。[⑤] 着眼于低保制度的未来发展，与低保制度配套的劳动就业、医疗卫生、教育救助、住房保障，以及心理健康、社区服务和社会融入的相关政策设计都是必需的。

近年来，随着社会保险制度的逐步完善，尤其是城镇社会养老保险制度和城市低保制度的有效衔接，一部分下岗失业工人开始领取养老金，城市低保制度缓解城市贫困的应急性救助功能正在发生

---

① 中华人民共和国民政部：《国务院关于进一步加强和改进最低生活保障工作的意见》，2012 年，民政部门户网站。

② 中华人民共和国民政部：《城市低保标准（县级）》，2012 年，民政部门户网站。

③ 中华人民共和国民政部：《2007 年 4 季度全国县以上低保情况》，2007 年，民政部门户网站。

④ 韩克庆、郭瑜：《"福利依赖"是否存在？——中国城市低保制度的一个实证研究》，《社会学研究》2012 年第 2 期。

⑤ 洪大用：《中国城市居民最低生活保障标准的相关分析》，《北京行政学院学报》2003 年第 3 期。

转移，城市低保制度的覆盖对象相对固定化甚至开始萎缩。因此，应当进一步规范和明确城市低保制度的救助对象，适时调整城市低保制度的目标群体，使制度效能达到最佳水平。归根结底，一项保障制度只有同社会现实相适应，只有与目标群体的基本诉求相吻合，才能实现制度预期的社会功能。① 为了满足低收入人群的基本生活需要，须有针对不同人群的福利考量，而不能单纯依靠低保金解决所有问题。对于传统"三无"人员，低保金具有无可替代的救助作用；对于残疾人，除了低保金之外，还可以享受残疾人福利津贴；对于那些处于劳动年龄特别是中青年、具有健全劳动能力且有一定文化程度的贫困人口，应鼓励其就业，只提供短期的失业救济或收入补偿等，通过开展就业培训与服务，促进有劳动能力、受教育程度高的低保对象就业，满足其自尊需要，实现其自我价值；对于因失业、病患或子女教育而短期陷入贫困的家庭，不应该纠结于是否给予低保资格，而应考虑建立短期的专项生活救助制度，通过灵活的退出和重入机制，避免滋生"福利依赖"和"贫困陷阱"。

在经济改革的重大变迁背后，我国社会也正经历着一场范围甚广、程度极深且历时甚长的大规模社会经济变迁。在这种背景下，低保制度必须与时俱进。为了避免低保制度成为僵化的、集中的救济制度，则须考虑多重复合因素的不同影响，以及不同人群在不同生命周期阶段的现实需要与基本诉求。

---

① 郭于华、常爱书：《生命周期与社会保障——一项对下岗失业工人生命历程的社会学探索》，《中国社会科学》2005 年第 5 期。

第五章

城市低保家庭的教育救助[*]

一 研究背景和意义

（一）研究背景

改革开放以来，我国在经济、社会等方面得到了迅猛的发展，但伴随着改革的不断深化，许多企业由于经济体制变革而纷纷进行了产业结构的调整，一些企业因无法适应变革而倒闭，进而出现了数量十分庞大的下岗职工、失业人员群体，使得我国贫困人口数量急剧增加。为了有效解决这一现实问题，国务院于1999年审定并颁布了《城市居民最低生活保障条例》，为家庭人均收入低于当地城市居民最低生活保障标准的居民提供基本生活物质帮助。除此之外，政府还实施了"下岗职工再就业工程"、"送温暖工程"等一系列政策，以确保城市贫困人口的基本生活。然而，基本生活的保障并不能帮助低保家庭完全摆脱生活困境，教育、医疗、住房等问题依然困扰着这些家庭。特别是随着我国教育制度改革的深入，我国的受教育成本不断提高，再加上我国目前的教育救助制度不完善，从而使得大量低保家庭无力承担高额的教育费用，其子女的辍学率很高。目前，伴随经济、社会的不断发展，教育影响个体发展、经济发展、社会发展的重要功能得到了人们的广泛认可，同时也得到了国家政府的高度重视。为了更好地解决低保家庭子女的教育问题，近年来，政府对于低保家庭子女的教育救助问题给予了重

---

　* 本章执笔人：付媛媛、张璐。

视，如何建立和完善城市低保家庭子女教育救助政策的途径、解决城市低保家庭子女的教育问题已成为人们关注的焦点。

（二）理论基础

教育公平是社会公平在教育领域的延伸和体现。一般认为，教育公平包括受教育权公平和教育机会公平。随着义务教育在全世界范围内的普及，受教育权早已被各国视为公民基本权利之一，每个人都理所当然应该享受到这种权利。在现代教育体制中，受教育权是人的基本权利，而接受高等教育的权利则属于非基本权利，因此受教育权的公平是指平等地接受基本教育的权利以及比例平等地接受高等教育的权利。

罗尔斯在《正义论》中提出了两个正义原则：平等自由原则；机会的公平均等原则和差别原则的结合。这两个原则是按照先后次序安排的，第一个原则优先于第二个原则。从《正义论》的角度来看教育公平，则是义务教育阶段应遵循第一个原则，即平等自由原则：我们视接受义务教育为基本的政治权利和自由，因此所有人在接受义务教育时都被要求均等地对待。但是对于义务教育后的教育阶段来说，情况则不尽然。尽管近年来精英教育已经加快迈向大众教育，但由于整个义务教育后的教育市场供应仍然明显少于需求，因此不均等的分配是不可避免的。加之高等教育具有较高的个人收益率，因而，从某种程度上来说，高等教育入学机会的分配是一种收入和财富的提前分配。从罗尔斯的《正义论》来看，该领域的分配原则应该遵循机会的公平均等原则和差别原则。罗尔斯所主张的差别原则虽然不是补偿原则，但应用这一原则可以理解为，要分配教育方面的资源来满足处于最不利者的长期期望。[①] 罗尔斯认为："人们的不同生活前景受到政治体制、经济和社会条件的制约，也受到人们出生伊始所具有的不平等社会地位和自然禀赋的深刻影响，这种不平等是个人无法自我选择的。"他指出："社会和经济的

---

① 钟景迅、曾荣光：《从分配正义到关系正义——西方教育公平探讨的新视角》，《清华大学教育研究》2009 年第 5 期。

不平等（例如财富和权利的不平等），只要其结果能给每个人，尤其是那些最少受惠的社会成员带来补偿利益，他们就是正义的。"①罗尔斯的这一论述实质上反映了一种弱势群体的补偿理念。针对教育问题，则可具体化为通过将教育资源向弱势群体倾斜的方式，减少弱势群体在接受教育方面的不公正，从而提高社会教育整体效果的教育救助理念。无论是差别原则还是补偿原则，其实现的实质都是一种长远视野下的社会公平，而在现阶段对于如何保证城市低保家庭这一弱势人群受教育权以及机会公平的权利，都显得尤为重要。

教育机会的公平与否主要涉及社会提供的条件和非社会提供的条件两个方面，正是由于社会提供的教育机会相对平等，再加上非社会条件例如家庭情况、个人天赋等的差异，使得教育机会天然地具有不平等性，进而影响教育机会的公平。

因此，在教育公平的理论视角下，政府应该通过保证公民平等的受教育权、比例平等的接受高等教育权利，努力缩小由于非社会条件所带来的教育机会的不公平，促进教育制度更好地惠及所有国民。

（三）研究意义

从研究低保家庭教育救助的必要性上来看，首先，教育救助制度是解决贫困家庭子女教育问题的重要途径。学生辍学的最根本原因便是家庭无法负担学生的教育费用。政府通过义务教育阶段"两免一补"政策以及非义务教育阶段"奖、助、补、贷、减免"政策相结合的方式，为贫困学生提供学费和生活费用上的支持，从而避免由于贫困学生辍学而引起的"贫困循环"现象。教育救助制度作为实现教育公平的重要政策，其建立的基本目标在于，通过学费和生活费用上的帮助使学生能够顺利完成学业。因此，解决贫困家庭子女教育问题符合教育救助的根本目的，教育救助制度是解决贫困家庭子女教育问题的重要途径。其次，教育救助制度是我国经济发展的必然要求。在全球化的背景之下，国与国之间经济发展上的竞争，其最终成败往往取决于国民的文化素质和技能，再加上我国目

---

① ［美］约翰·罗尔斯：《正义论》，何怀宏等译，中国社会科学出版社 1988 年版，第 12 页。

前处于经济转型的重要时期，因此我国迫切需要大量知识技术型人才，而国民文化素质的提高和技能的增强则需要通过教育来实现。教育救助制度为贫困学生提供了平等的上学机会，使其能够通过接受教育来提高自身素养与能力，从而提升了国民整体教育水平，为我国经济的持续发展打下坚实的基础。最后，教育救助制度是我国社会发展的重要条件之一。教育救助制度通过为贫困学生提供平等的教育机会，不仅缩小了贫困学生与普通家庭学生之间的社会距离，而且使贫困学生接受教育、获得知识、提高自身素质，为今后的职业发展打下一个良好的基础，进而减少了贫困家庭对社会的排斥，减少了社会的不稳定因素，为维持良好的社会秩序提供保障。

从现实意义上来看，本研究力图一方面通过对教育救助政策的梳理和分析，使城市低保家庭对于教育救助体系形成更为深刻的理解，另一方面希望为政府管理部门和相关实施机构提供有价值的参考，使政府对于城市低保家庭的教育救助需求、制度运行中出现的问题以及制度本身存在的不足等获得更加充分的认识，从而完善城市低保家庭教育救助制度、提高教育救助制度的救助水平。

从理论意义上来看，目前关于城市低保家庭的教育救助方面的学术探讨比较少，且仅有的一些探讨也以从教育救助的政策制定方即政府的视角分析和阐述问题的居多。以教育救助的实际受助方即城市低保家庭为视角，通过问卷的定量分析和个案访谈的定性分析相结合的方式，分析并总结目前我国城市低保家庭教育救助所存在的现实问题，并据此提出对策的研究相对较少。因此，笔者认为本研究对于了解城市低保家庭教育救助现状、发现教育救助所存在的问题、提出合理的解决方案有着一定的理论价值。

二　研究方法和概念界定

（一）定量研究

1. 样本的选取

本次研究根据《民政事业统计信息管理系统——台账子系统》

内记录的低保人员信息，通过软件的抽样功能，采用随机分段抽样的方式，选取了1462名调查对象，回收有效问卷1209份，有效问卷回收率达到82.7%（1209/1462），问卷回收率高于70%，可以用于调查分析。

2. 问卷设计

本研究的调查问卷共分为四部分。第一部分为家庭基本状况部分，此部分主要涉及家庭成员、性别、年龄、文化程度、住房状况等基本信息的调查。第二部分为家庭接受最低生活保障情况部分，此部分共设置了34个问题，涉及教育、医疗、养老、就业、低保申领过程、低保待遇等多方面问题。第三部分则将低保家庭的收入和支出项目进行了细分，获得了低保家庭在各个方面的收入、支出的详细数据，此部分在教育上主要涉及了教育救助金额以及子女教育费用两方面的问题。第四部分则对低保家庭受访者的心理状态、生活满意度以及家庭关系通过量表的方式进行了调查。

3. 数据的统计与分析

本研究利用SPSS18.0统计分析软件对城市低保家庭教育方面的数据进行了统计分析。分析的内容包括低保家庭受访者基本状况和城市低保家庭教育情况。在城市低保家庭教育情况方面，利用以下几项指标进行了分析与说明：不同家庭结构下低保家庭子女基本教育情况、三口之家上月家庭收支情况、三口之家教育费用支出情况、三口之家教育救助与教育费用支出的比较、低保家庭对生活困难原因的主观认识。

（二）定性研究

定性研究部分依据中国人民大学劳动人事学院韩克庆教授主持的"中国城市低保制度绩效评估"项目的个案访谈和座谈会资料。其中，个案访谈部分，共从北京市宣武区、重庆市渝中区、湖南省长沙市天心区、广东省中山市、甘肃省天水市秦州区、辽宁省朝阳市双塔区抽取了访谈对象108人。其中，低保户90人，低保干部18人。除了个案访谈以外，还在上述几个城市分别以低保对象和低保干部为主召开了12个座谈会。本章内容的定性研究所运用的资料就是根据访谈记录筛选整理而成的。

（三）教育救助的概念

教育救助是指国家、社会团体和个人为了保障所有教育适龄公民均可以享有接受教育的平等机会，对贫困地区、贫困学生予以政策上的倾斜，为其提供物质和心理帮助的社会救助制度。教育救助政策的目的是通过对贫困地区、贫困学生提供帮助，保障其平等的受教育权利，进而使其获得发展的权利以及摆脱贫困的基本能力；教育救助不仅是政府的责任，同时也需要社会团体和个人的参与和支持，因此教育救助的主体是国家、社会团体、个人；教育救助主要针对的是社会中的弱势群体，其实施客体是贫困地区和贫困学生。

本研究将研究对象确定为城市低保家庭，因此本章所研究的教育救助制度即指为了保障城市低保家庭子女可以获得平等的受教育权、享有公平的受教育机会，而对其提供物质和心理帮助的社会救助制度。

三　文献综述

近年来，我国学术界针对贫困现象进行了较为深入的研究，其中亦有一些学者对教育救助问题给予了充分的关注。

（一）从教育公平的视角对教育救助问题进行的研究

国内很多学者对于教育救助问题的研究是以教育公平为视角展开的。

孙月鹤认为，教育公平即受教育机会的均等，其包括起点公平、过程公平和结果公平三个方面。针对教育公平的种种问题，社会各界采取了很多措施予以解决，其中最具有影响力的即为教育救助制度。但由于教育救助制度目前存在的临时性、随意性、主要针对义务教育阶段人群等缺陷，因此教育救助无法从根本上阻止新的教育公平问题的产生，应从制度上进行创新，用全纳教育的理念对现有的教育体制进行改造，从而从根本上解决教育公平的问题。①

邹海贵分析了高校贫困生教育救助的伦理困境。他将高校贫困生教育救助与教育权利和教育公平作为一个论证角度，对高校贫困生教育救助给予了道德合理性以及合法性的证明，并提出了解决高校贫困生问题的根本途径是建立政府主导型的教育救助模式，同时提出了社会正义视域中的高校贫困生道德教育的重要主题：给贫困生以尊严和力量。②

（二）从国际经验借鉴的角度对教育救助问题进行的研究

郭涛通过对美国大学生救助事业的多元混合救助理念的介绍和经验总结，为我国大学生教育救助事业提供了有益的借鉴。③ 李亚东则是通过对美国、新加坡的教育救助体系的介绍，总结出发达国家教育救助的核心在于消除教育机会的不平等，指出了教育公平追求的层次性问题，并结合国外的先进经验对我国教育救助制度的发展提出了建议。④

（三）从具体教育制度安排的角度对教育救助问题进行的研究

国内很多学者在从具体教育制度安排角度分析教育救助问题时，对教育救助的对象进行了细分。

杨风雷分析了我国低收入家庭儿童在学前教育中目前所存在的问题及原因，介绍了国内外在儿童学前教育救助方面的经验，重点针对我国低收入家庭儿童学前教育救助提出了加强学前教育救助立法、强化政府责任、合理配置学前教育资源等在内的一些建议。⑤

---

① 孙月鹤：《从教育救助到全纳教育——试论教育公平的制度安排》，《中国校外教育》2009 年第 3 期。

② 邹海贵：《社会正义视域中的高校贫困生教育救助探析》，《高教探索》2009 年第 4 期。

③ 郭涛：《论美国大学教育救助制度与镜鉴》，《郑州大学学报（哲学社会科学版）》2010 年第 4 期。

④ 李亚东：《教育救助：从机会平等到结果平等——以发达国家对教育公平的促进为例》，《文教资料》2010 年第 8 期。

⑤ 杨风雷：《对低收入家庭儿童学前教育救助问题的思考》，《教育导刊（下半月）》2011 年第 9 期。

胡旭昌通过对我国 20 世纪 80 年代中期中小学阶段贫困教育救助制度建立以来我国教育救助制度的发展进行梳理，提出通过加大政府财政投入、建立完善多元混合资助制度等方式进一步完善义务教育阶段的教育救助制度。①

此外，很多学者也从教育救助制度安排的整体方向上阐述了自己的观点。

纪国和、王传明通过对我国教育救助制度现状和问题的深层次探究，总结并提出了解决教育救助问题的三个关键点：形成起点、过程和结果全面救助的理念；通过制度保障教育权利；根据不同具体情况采取不同的救助措施。②

张小芳认为教育困境者存在着不同的类别，需要根据不同类别的特点有针对性地提出教育救助政策。她将教育困境者分成了贫困生、流动人口子女、残障学生、女性学生四个部分，并分别给出了教育救助方面的政策建议。③

四　相关政策梳理

（一）义务教育阶段

1986 年，第六届全国人民代表大会第四次会议通过了《中华人民共和国义务教育法》，其中第 10 条规定："国家对于接受义务教育的学生免收学费"、"国家设立助学金帮助贫困学生就学"。1992 年，国家教育委员会发布了《中华人民共和国义务教育法实施细则》，第 17 条规定："实施义务教育可以收取杂费"，"对于家庭经济困难的学生，应当酌情减免杂费。"2006 年，新修订的《中华人民共和

---

①　胡旭昌：《我国义务教育阶段教育救助制度的历史回顾与瞻望》，《文教资料》2010 年第 16 期。

②　纪国和、王传明：《关于我国贫困生教育救助问题的思考》，《教育科学研究》2008 年第 6 期。

③　张小芳：《教育救助问题探究——基于对教育困境者的救助现状分析》，《现代教育论丛》2008 年第 11 期。

国义务教育法》明确规定："实施义务教育，不收学费、杂费。"
2008 年 8 月，国务院《关于做好免除城市义务教育阶段学生学杂费
工作的通知》规定："从 2008 年秋季学期开始，在全国范围内全部免
除城市义务教育阶段学生学杂费。"对享受城市居民最低生活保障政
策家庭的义务教育阶段学生和家庭经济困难的寄宿学生补助寄宿生活
费；"对符合当地政府规定接收条件的进城务工人员随迁子女，在公
办学校就读，免除学杂费，不收借读费"。至此，惠及城乡义务教育
阶段所有贫困学生的"两免一补"教育救助制度已经初步形成。

（二）非义务教育阶段

此外，在非义务教育阶段方面，1996 年，国家教育委员会、国
家计划委员会、财政部发布了《普通高级中学收费管理暂行办法》，
第 2 条规定："高中教育属于非义务教育阶段，学校只能向学生收
取学费和住宿费。"第 7 条规定："对于家庭经济困难的学生应酌情
减免收取学费。"2001 年 9 月 24 日，教育部、财政部、国务院扶贫
开发领导小组办公室发布了《关于落实和完善中小学贫困学生助学
金制度的通知》。2010 年 9 月 19 日，财政部、教育部《关于建立
普通高中家庭经济困难学生国家资助制度的意见》规定："建立国
家助学金、减免学费、校内奖助学金、特殊困难补助，以及鼓励社
会面向普通高中设立奖学金、助学金。"2003 年，教育部建立了
"绿色通道"制度，2007 年，国务院办公厅转发教育部等部门《关
于〈教育部直属师范大学师范生免费教育实施办法（试行）〉的通
知》。至此，我国非义务教育阶段基本确立了以奖学金、勤工助学、
学生贷款、困难补助和学费减免为主，以绿色通道、师范生免费教
育等特殊教育救助制度为辅的多元化教育救助制度。

五　定量分析结果

（一）低保家庭受访者基本状况

表 5—1 从性别、年龄、文化程度、婚姻状况、健康状况、户

口性质、劳动能力、就业状况几个方面描述了受访者的基本情况。由表中数据可以看出,本次调查的受访者共1209人,在性别方面,男女比例大致平衡;在年龄方面,受访者的年龄主要集中在31—60岁之间,年龄在此区间内的受访者人数达914人,占总受访人数的75.6%,30岁及以下的受访者只占总受访人数的5%,61岁及以上的受访者只占总受访人数的19.4%;在文化程度方面,受访者的文化程度普遍偏低,平均受教育年限①仅为8.9年。绝大多数受访者的文化程度处于高中以下的水平,其中初中文化程度的人数最多为524人,学历在高中、职高及以下的人数占到了总人数的94.5%;在婚姻状况方面,已婚人士的比例最高,达到59.2%,其他婚姻状况按比例从高到低排列依次为:丧偶、离婚、未婚、分居;在健康状况方面,各种身体状况的分布比例相对平均,其中身体状况一般者最多,达到23.6%;在户口性质方面,拥有本地城市户口的受访者占到了绝大多数,达到94.7%;在劳动能力方面,受访者中劳动能力健全与劳动能力部分丧失的人数较多,分别为40.8%、39.8%;在就业情况方面,登记失业人口与灵活就业人口占到了一定比重,分别为27.3%、17.7%。

(二) 城市低保家庭教育情况

由于此次调查的对象不仅包括家中有在校学生的低保家庭,还包括家中无在校学生的低保家庭,因此,在对城市低保家庭教育救助问题进行进一步分析之前,有必要对1209个样本进行筛选。从数据库中将家中没有在校学生的低保家庭样本予以剔除,从而得到符合城市低保家庭教育救助资格的样本数。此外,为了保证本研究中对于低保家庭教育救助、教育支出等方面进行描述、比较时的合理性,本研究剔除了家中有两个或两个以上在校学生的样本,从而得到了本次教育救助情况调查的可用样本共630个。

---

① 平均受教育年限=(小学及以下×6+初中×9+高中及职高×12+中专中技×12+大专×15+本科×16+本科以上×18)/总人数。

表 5—1　　　　　　　　　　低保家庭受访者基本状况表

项目	频数（个）	百分比（%）	项目	频数（个）	百分比（%）	项目	频数（个）	百分比（%）
性别			婚姻状况			劳动能力		
男	608	50.5	未婚	120	9.9	健全	492	40.8
女	597	49.5	已婚	714	59.2	部分丧失	480	39.8
年龄			离婚	176	14.6	完全丧失	234	19.4
30 岁以下	60	5.0	分居	2	0.2	就业状况		
31—40 岁	234	19.4	丧偶	195	16.2	正规就业	32	2.7
41—50 岁	468	38.7	健康状况			灵活就业	213	17.7
51—60 岁	212	17.5	健康	233	19.3	登记失业	329	27.3
61—70 岁	111	9.2	一般	284	23.6	未登记失业	117	9.7
71—80 岁	80	6.6	体弱	209	17.3	个体私营	10	0.8
81 岁及以上	44	3.6	慢性病	216	17.9	离退休	71	5.9
文化程度			严重疾病	146	12.1	三无人员	49	4.1
小学及以下	374	30.9	其他	117	9.7	其他老年人	148	12.3
初中	524	43.3	户口性质			在校学生	21	1.7
高中及职高	246	20.3	本地城市	1145	94.7	学龄前	2	0.2
中专中技	35	2.9	本地农村	56	4.6	其他	211	17.5
大专	23	1.9	外地城市	3	0.2			
本科	7	0.6	外地农村	5	0.4			
本科以上	0	0						
样本总数			1209					

（三）不同家庭结构下，低保家庭子女的教育基本情况

由表 5—2 所示的家庭成员数量对上月家庭总收入的单因素方差分析结果可以看出，如果仅考虑家庭成员数量这一个因素的影响，当显著性水平 α 为 0.05，由于概率 P 值为 0.039，小于显著性水平 α，应拒绝原假设，即家庭成员数量的不同对上月家庭总收入产生了显著性的影响。

表 5—2　　家庭成员数量对上月家庭总收入的单因素方差分析

上月家庭总收入	变差	df	方差	F 统计量	Sig.
组间	2.528E8	17	1.487E7	2.129	0.039
组内	4.281E9	613	6.983E6		
总计	4.534E9	630			

同理，由表 5—3 所示的家庭成员数量对上月家庭总支出的单因素方差分析结果可以看出，如果仅考虑家庭成员数量单个因素的影响，当显著性水平 α 为 0.05，由于概率 P 值为 0.043，小于显著性水平 α，应拒绝原假设，即家庭成员数量的不同对上月家庭总支出产生了显著性的影响。

表 5—3　　家庭成员数量对上月家庭总支出的单因素方差分析

上月家庭总支出	变差	df	方差	F 统计量	Sig.
组内	1.616E8	10	1.616E7	0.867	0.043
组间	1.156E10	620	1.864E7		
总计	1.172E10	630			

由以上的统计结果可以看出，家庭结构的不同对上月家庭收入和支出均产生了显著性的影响，这会使教育救助金额占上月家庭总收入的比例、教育费用占上月家庭总支出的比例等指标存在较大差

异，从而影响到本研究对于低保家庭教育状况的描述分析。因此，笔者认为，在对低保家庭教育救助状况进行深入分析之前，有必要将 630 个个案按照家庭结构进行分组，选择家庭结构相同的个案进行比较，从而消除家庭结构因素对于本研究的影响。表 5—4 中数据反映出，在 630 个家中有在校学生的低保家庭样本中，三口之家的数量最多，达到 356 个，占样本总体的 56.5%，其中家中在校学生处于义务教育阶段的家庭为 196 个，家中在校学生处于非义务教育阶段的家庭为 160 个；四口之家的数量排在第二位，达到 131 个，占样本总体的 20.8%，其中家中在校学生处于义务教育阶段的家庭为 95 个，家中在校学生处于非义务教育阶段的家庭为 36 个；家庭结构为一口之家、六口之家、七口之家、八口之家的家庭数量较少，均未达到样本总体的 1%。由于三口之家的家庭数量达到了样本总体的 50%以上，为了消除家庭结构对于教育救助研究指标的影响，保证对于低保家庭教育救助情况研究的合理性与准确性，笔者选择了三口之家作为进一步研究的对象。

表 5—4　　　　　　　　　　　**低保家庭结构表**

家庭成员数量	样本数（个）	百分比（%）	子女处于义务教育阶段的样本数	子女处于非义务教育阶段的样本数
1	5	0.8	1	4
2	94	14.9	51	43
3	356	56.5	196	160
4	131	20.8	95	36
5	34	5.4	22	12
6	5	0.8	5	0
7	4	0.6	2	2
8	1	0.2	1	0
总计	630	100.0	373	257

（四）三口之家上月家庭收支情况

表5—5中数据反映出家中有在校学生的低保三口之家的上月家庭收支情况。在上月家庭收入情况方面，多数家庭的上月家庭收入集中在1500元以下，该部分家庭占样本总体的77.8%，其中上月家庭人均收入在501—1000元这一区间的家庭数量最多，达到162个，该部分家庭占样本总体的45.5%。在上月家庭支出情况方面，样本的分布出现了两极化趋势：一部分家庭的上月家庭总支出水平集中在1000元以下，该部分家庭占样本总体的52.5%，另一部分家庭的上月家庭总支出水平集中在2001元及以上，该部分家庭占样本总体的31.5%。经数据分析，笔者发现之所以会出现两极化趋势，是因为上月家庭总支出水平在2000元及以上的家庭的支出结构中，儿童医药费用和成人医药费用这两项指标相比其他支出区间的

表5—5　　　　　　低保三口之家的上月家庭收支情况表

	上月家庭收支情况					
	上月家庭收入情况			上月家庭支出情况		
	频数（个）	百分比（%）	累计百分比（%）	频数（个）	百分比（%）	累计百分比（%）
500元及以下	38	10.7	10.7	63	17.7	17.7
501—1000元	162	45.5	56.2	124	34.8	52.5
1001—1500元	77	21.6	77.8	46	12.9	65.4
1501—2000元	28	7.9	85.7	11	3.1	68.5
2001元及以上	51	14.3	100.0	112	31.5	100.0
总计	356	100.0	100.0	356	100.0	100.0
算术平均数	1347.1			2629.7		
中位数	959			1000.5		
众数	500			907		

家庭要高出很多，从而造成了支出水平偏高的现象。在上月家庭收入与支出情况的比较方面，收入水平低于支出水平，二者存在着一定的差距。从算数平均数来看，上月家庭收入的算数平均数为1347.1元，上月家庭支出的算术平均数为2629.7元，支出水平明显高于收入水平；从中位数来看，上月家庭收入的中位数为959.0元，上月家庭支出的中位数为1000.5元，可以看出支出水平高于收入水平；从众数来看，上月家庭收入的众数为500.0元，上月家庭支出的众数为907.0元，也可以看出支出水平高于收入水平。

（五）三口之家教育费用支出情况

表5—6反映了家中有在校学生的低保三口之家的教育费用支出占上月家庭支出的比例情况。在196个家中有义务教育阶段学生的低保三口之家中，有68个家庭在上个月没有教育方面的支出，占总体的34.7%；有63个家庭教育费用支出占上月家庭支出的比例在0.1%—10%这一区间内。总体来说，义务教育阶段教育费用支出

表5—6 低保三口之家的教育费用支出占上月家庭支出的比例表

项目	义务教育阶段			非义务教育阶段		
	频数（个）	百分比（%）	累计百分比（%）	频数（个）	百分比（%）	累计百分比（%）
0	68	34.7	34.7	54	33.8	33.8
0.1%—10%	63	32.1	66.8	32	20	53.8
10.1%—20%	27	13.8	80.6	13	8.1	61.9
20.1%—30%	13	6.6	87.2	13	8.1	70.0
30.1%—40%	11	5.6	92.8	12	7.5	77.5
40.1%—50%	7	3.6	96.4	8	5	82.5
50.1%及以上	7	3.6	100.0	28	17.5	100.0
总计	196	100.0	100.0	160	100.0	100.0

比例基本保持在 20% 以下。在 160 个家中有非义务教育阶段学生的低保三口之家中，有 54 个家庭在上个月没有教育方面的支出，占总体的 33.8%；有 32 个家庭教育费用支出占上月家庭支出的比例在 0.1%—10% 这一区间内；有 28 个家庭教育费用支出占上月家庭支出的比例达到了 50% 以上。总体来说，非义务教育阶段的教育费用支出状况呈现两极化。

（六）低保家庭对生活困难原因的主观认识

为了更好地了解低保家庭对生活困难原因的主观认识情况，笔者选用了问卷中"您认为造成您家生活困难的主要原因是什么"这一问题加以说明。调查结果如表 5—7 所示，在问到造成被访对象生活困难第一位的原因时，认为没有工作的人数最多，占总数的 36.5%；在问到造成被访对象生活困难第二位的原因时，认为孩子上学费用高的人数最多，占 30.3%；在问到造成被访对象生活困难第三位的原因时，认为上学费用高的人数最多，占 37.6%。总的来看，"孩子上学费用高"这一选项被选为第一原因的占 10.4%，排在第 4 位；被选为第二原因的占 30.3%，排在第 1 位；被选为第三原因的占 37.6%，排在第 1 位。由上述分析可以看出，大多数家中有子女上学的低保家庭认为，教育费用过高是造成家庭生活困难的一个十分重要的原因。

表 5—7　　　　　　　　低保家庭生活困难主要原因表

项目	第一原因		第二原因		第三原因	
	频数（个）	百分比（%）	频数（个）	百分比（%）	频数（个）	百分比（%）
没有工作	130	36.5	62	17.4	43	12.1
工作不稳定，无固定收入	50	14.0	57	16.0	44	12.4
工资太低，入不敷出	15	4.2	18	5.1	27	7.6
家里有病人、残疾人	98	27.5	89	25	33	9.3

续表

项目	第一原因		第二原因		第三原因	
	频数（个）	百分比（%）	频数（个）	百分比（%）	频数（个）	百分比（%）
家中被赡养人口多	2	0.6	9	2.5	22	6.2
孩子上学费用高	37	10.4	108	30.3	134	37.6
企业长期拖欠工资	1	0.3	0	0	14	3.9
养老保险金少	1	0.3	1	0.3	1	0.3
其他	22	6.2	12	3.4	38	10.7

（七）基本结论

通过以上分析，可以初步得到以下结论：

对家中有在校学生的低保三口之家教育情况的研究发现，在上月家庭收入情况方面，多数家庭的上月家庭收入集中在1500元以下；在上月家庭支出情况方面，支出的分布出现了两极化趋势，一部分家庭的上月家庭支出水平集中在1000元以下，另一部分家庭的上月家庭支出水平集中在2001元及以上；在上月家庭收入与支出情况的比较方面，收入水平低于支出水平，二者存在着一定的差距。通过义务教育阶段与非义务教育阶段教育支出占上月家庭支出比例的比较可以看出，义务教育阶段，教育费用支出占上月家庭支出的比例基本保持在20%以下；而非义务教育阶段，教育费用支出状况呈现两极化。通过对教育费用支出与教育救助金额之差的分析可以看出，无论是义务教育阶段还是非义务教育阶段，低保三口之家教育费用支出大于教育救助金额的家庭都占有绝对的比重，且教育费用支出与教育救助金额之间的差距较大。大多数家中有在校学生的低保家庭认为，教育费用过高是造成家庭生活困难的一个十分重要的原因。

六　定性分析结果

（一）家庭教育负担依然沉重，教育救助专项资金不足

低保家庭教育救助资金远不能满足其子女教育费用基本需求，已经成为教育救助制度的一个主要问题。通过对低保家庭进行个案访谈可以了解到，许多低保家庭子女的教育费用除了学杂费之外，大部分开支来自于学校的一些额外收费（校服费、书本费、班费、军训费等）以及校外补习费用，这些费用的金额远高于每月的学杂费金额。因此，很多受访者表示，即使享受到教育救助"两免一补"等政策，其子女的教育费用仍然使家庭背上沉重的经济负担。一些家长由于无力承担教育费用，而选择将子女送入农村学校学习。在子女教育费用给低保家庭造成沉重负担的同时，由于经济发展水平的限制，很多地区的地方政府属于"吃饭财政"，不会将大量资金用于贫困学生的救助方面，进而造成了教育救助资金的紧缺，无法满足低保家庭子女教育费用支出的需求。

【案例5—1】袁女士，重庆市上清寺街道居民

问：上个月支出有多少？

答：我的支出大得不得了，孩子要上学，她一学期的学费就要950。上个月的学费，要补习这些的，学校倒是花不了多少钱，但是没有办法，起码有五百多，有五六百。孩子教育就是只要学校喊交就得交，可能随便也有四五百块钱。

【案例5—2】谢女士，长沙市天心区书院路居民

问：您还希望有什么帮助吗？

答：还有，就是那个读书的费用啊。现在这个小孩子读书的钱真的贵。反正我们现在就是觉得有很大的压力。现在除了学费之外，就是一直要交钱、交钱。

问：那您现在作为低保户学费有减免吗？

答：就是有一两百块钱的减免。有减免还是好些不？! 但是一个月坐车、吃饭不是要几百块钱不？! 有减免还是好些，但是就是说，有了减免还是贵。我崽一放假了，我就把他放到乡下去了。现在就是赚学费，他下个学期就要两千多啊，是不啰？! 现在就是医药费讲得清，这个学费讲不清啊，你该要花的还是要花是不？!

【案例5—3】周女士，甘肃省天水市天水郡街道居民

问：那现在咱们这儿的学校，比如说小学大概要花多少钱，一个月？

答：小学，市上的花得多，像这次市上一学期要花上一千多块钱呢！我报到农村的小学了，一学期80元，市上一学期一千块钱，像我这样的家庭养活不住。

（二）教育救助管理不系统，责任主体不明确

目前，我国没有出台对于教育救助的申请程序、审批依据、时限等做出详细规定的统一的法律条例。根据教育救助的实践，较为规范的做法为：低保家庭在申请教育救助时，首先由低保家庭持低保证、书面申请材料等到子女所在学校登记，垫付学杂费，等待教育费用的减免和返还；然后，由学校统一上报到教育行政部门进行资格审核，待审核批准后将教育费用返还给低保家庭。在教育救助的实践中，由于各个地区在教育救助方面的规定、重视程度以及行政效率不同，因此会出现教育救助制度在不同地区执行时的差异。以教育费用的返还为例，在本次调查的六个城市中，只有北京市出台了详尽的教育救助申请审批程序，能够做到在每学期期末时进行教育费用的返还，而其他地区则基本没有固定的返还时限，有的家庭甚至并不清楚垫付的学杂费政府是否能够返还回来。教育救助管理的不规范，给各地政府在执行政策时的不作为提供了空间，增加了教育救助的不确定性。

【**案例**5—4】李女士，北京市宣武区大栅栏街道居民

问：孩子上学的费用是什么情况？

答：学校现在是，交的100多饭钱，140吧，学校好像一个月补助100，800块钱学费就是，比如就是开学先交了，等到快放假的时候都给你返回来了又，知道吧？就等于高中这块，800学费，再退500，等于饭钱在学校这块包了，知道么？500块钱等于添不了（多少钱），一个学期上5个月的学吧，等于自己才添200。

【**案例**5—5】孙先生，北京市宣武区天桥街道居民

问：比如您孩子这儿有没有什么（优惠）？

答：她好像也交学费，然后给退，人家好管理，这个不是当时就说"你别交了"，不是那意思，也是先交，人家按那名单再退你，整体地先收上来，她学费不花钱，你交了人家退你。

【**案例**5—6】陶女士，甘肃省天水市天水郡街道居民

问：这个没有给减免什么的吗？因为您是低保户，就没有给您些什么照顾吗？

答：学校没有减免嘛。低保户也去登记了嘛。一个是娃放假了嘛，学校都没退的嘛。开学就把低保证拿去了啊，交了一百多学费，到现在也没有退嘛。就是拿去登记了一下，也没说退，光是拿本子去登记了一下。

我国目前教育救助制度的实施存在着一定的随意性，缺乏对于制度整体上的把握、管理资源的整合以及制度发展长期上的规划，教育救助制度的管理工作并没有系统地展开。以教育救助责任主体为例，关于教育救助的责任主体是民政部门还是教育部门的问题，我国目前的法律条例中并没有明确的规定。在教育救助的实际操作过程中，民政部门主要负责低保资格的审查以及低保金的发放，而

教育部门主要负责低保家庭子女学杂费的减免，并不负责资格的审查。由于在日常行政过程中两个部门缺乏沟通，教育部门对于有多少低保家庭子女应该获得学杂费减免，以及每个获得减免的家庭是否符合资格并不十分清楚，这便造成了一些需要获得减免的家庭得不到教育救助，而另一些不符合资格的家庭却可能得到教育救助的现象出现。

（三） 教育救助对非义务教育阶段学生的救助效果欠佳

2008 年，国务院《关于做好免除城市义务教育阶段学生学杂费工作的通知》规定："从 2008 年秋季学期开始，在全国范围内全部免除城市义务教育阶段学生学杂费。"至此，惠及城乡义务教育阶段所有贫困学生的"两免一补"教育救助制度已经形成。相比之下，国家对非义务教育阶段的学生的教育情况则关心较少，教育救助对于非义务教育阶段学生的救助效果欠佳。在对低保家庭进行个案访谈时，家中有非义务教育阶段子女的家庭普遍反映，非义务教育阶段教育费用过高，无法承受，许多人希望政府能够延长义务教育时间，减缓家庭的经济压力。就高中阶段而言，虽然 2010 年财政部、教育部《关于建立普通高中家庭经济困难学生国家资助制度的意见》规定："建立国家助学金、减免学费、校内奖助学金、特殊困难补助，以及鼓励社会面向普通高中设立奖学金、助学金"，从而确立了以"奖、助、补、贷、减免"为主体的高中阶段教育救助制度，但由于教育救助资金十分有限，因此高中阶段教育救助金的发放有十分严格的标准。例如很多奖学金、助学金只有少数成绩优秀的学生才能获得，大部分需要教育救助资金的学生则无法得到支持。同样，就高等教育阶段而言，虽然，自 2000 年以来全国普通高等学校普遍建立了"绿色通道"制度，国家亦先后出台了《关于进一步完善国家助学贷款工作的若干意见》（国办发〔2004〕51号）、《教育部、财政部关于印发〈国家助学奖学金管理办法〉的通知》（教财〔2005〕75 号）、《共青团中央、教育部关于进一步做好大学生勤工助学工作的意见》（中青联发〔2005〕14 号）、《教育部关于认真做好 2006 年高等学校新生入学"绿色通道"等有关工作的通知》（教财〔2006〕4 号）等一系列教育救助政策，但是，从近些年的实践来看，高等教育的教育救助政策仍存在着对于学生救助效果不佳的情况，例如各项教育救助政策偏向成绩好的学生、银行发放助学贷款积极性不高、不同高校获得教育救助资源的差距较大等问题。

【案例 5—7】龙先生，长沙市天心区新开铺街道居民

问：除了您说的给您一些政策开店、医疗，还有哪些其他方面是你有所希望的呢？

答：教育方面。像我们呢，都是学不进东西了，就是希望我们小孩，那时可以十几年义务教育制，国家说了这么久实施下来一直没有实施下来。像外国啊，我们国内有些还是不行。

【案例 5—8】高女士，辽宁省朝阳市双塔区燕北街道居民

问：说说孩子上学费用吧。

答：我孩子上大学一年得一万五六千元。

问：你孩子上学，你想让政府怎么帮你？现在不是有助学贷款，贫困家庭的孩子不是可以享受吗？学费什么的，不都有优惠措施吗？

答：我都找了，我家孩子助学贷款的事，我该跑的全跑了。他爸不是残疾嘛，残联我也去了。这些我都没法找，像你这样跟我谈谈的都没有。我现在没信心再去找了。

（四）教育救助政策宣传不到位

通过访谈资料，笔者发现，目前城市低保家庭的教育救助问题在宣传上存在着很多漏洞，许多低保家庭并不能及时、准确地获得教育救助政策的相关信息，从而影响了教育救助制度的实施效果。受教育权作为公民重要的权利之一，理应得到国家政府的保证，但是现阶段一定程度上存在着救助对象对教育补助不了解或者了解不全面的现象，这造成了制度实施的漏洞，导致很多本应受益于这一制度的救助对象，并没有通过该制度而获得帮助。

【**案例** 5—9】孔先生，北京市宣武区大栅栏街道居民

问：您已经是低保户了，对低保里面的政策还是不知道？

答：这个，好多政策是不是应该有本书啊。我希望有个什么呢，给我们发一本小册子，就是具体点的，我们要看病啊，或者购物啊什么，各方面啊，孩子上学啊，还免什么啊……到现在我还不知道，因为孩子还小，我还不关心这个呢。

问：好像学费有减免。

答：嗯，有减免。但是什么样的减啊、什么样的免啊？是减还是免啊？是学费还是杂费啊？

问：要根据你去的那个学校，看那个学校有没有政策，有些学校没有给这样的政策的，给低保户的政策的。

答：那像这个就是提出了一个问题啊，还是宣传不到位。就是，宣传册。

七　完善城市低保家庭教育救助的基本构想

（一）强化政府的主体责任，增加财政投入

教育救助的实施主体是政府，政府通过承担教育救助主体责任的方式实现教育公平。为城市低保家庭子女提供教育救助作为为城市低保家庭子女提供平等受教育机会的基本途径，是维护教育公平的重要举措，也是政府体现其教育救助主体责任的重要方式。政府应在中央及地方的财政中划拨专项资金用于教育救助，并在教育救助资金中划拨固定比例用于城市低保家庭子女的教育救助，以此来保证教育救助资金的连续性和稳定性。与此同时，政府应设立专门机构来具体负责城市低保家庭子女教育救助资金的管理和发放，从而使城市低保家庭子女教育救助制度摆脱教育救助管理不规范、责任主体不明确的现状，进而使制度走向系统性、制度性。

（二）救助资金的多渠道筹集

解决低保家庭子女教育问题的关键环节，便是如何解决教育救助资金的筹集问题。笔者认为，在教育救助资金的筹集上，我国应该以政府筹集为主，鼓励多渠道的筹集方式。政府应在实行中央与地方财政负担为主的基础上，鼓励社会各界参与到教育救助中来，从而实现教育救助筹集主体的多元化。在具体的筹资渠道方面，政府除在教育救助专项基金中划定一定比例的资金用于低保家庭子女的教育救助事业外，还应为参与教育救助的企业和个人提供一定的政策优惠，并鼓励社会各界建立私人教育救助基金，为教育救助资金提供有力的补充。

（三）加强低保家庭教育救助的宣传工作

城市低保家庭子女教育救助的宣传工作主要体现在两个方面：其一，通过社区平台对教育救助政策进行宣传与普及。调查发现，许多城市低保家庭对于申请教育救助的资格、流程、待遇等都不是十分了解。针对此种情况，笔者认为政府应该以社区宣传为主，通过低保工作人员入户宣传、社区张贴等形式，使城市低保家庭对于减免学费、助学贷款、生活补助等具体的教育救助政策获得更为详细的了解，避免对于教育救助政策的模糊认识。其二，动员全社会参与教育救助的宣传。政府可以通过电视、广播、报纸、网络等渠道，使社会了解教育救助的政策目的，鼓励社会各界发扬互助精神、积极参与到教育救助中来。与此同时，政府可以将来自社会各界的教育救助款项的具体用途向全社会公布，对教育救助资金实行公开、透明化管理，从而提高社会各界对于参与教育救助事业的积极性。

（四）加强教育救助制度立法

目前我国教育救助制度在具体实施的过程中存在着很大的随意性，缺乏相应的法律法规对教育救助制度的资助对象、待遇状况、申请程序、审批程序、待遇发放时间等具体细则进行法律上的明确规定。教育救助政策在管理机构方面也缺乏相应的法律法规，从而出现了教育救助多头管理、相互推诿的现象。针对以上问题，政府必须加强教育救助政策立法，通过出台相关法律法规的途径规范教育救助制度的具体实施过程，确立以政府投入为主、社会支持为辅的教育救助资金筹集方式，加快组建专门的教育救助管理机构，建立专业化的教育救助工作人员队伍提供法律保证。

（五）分阶段救助，延长义务教育时间

在义务教育阶段，政府应该承担贫困学生的教育救助责任，重视落实惠及城乡贫困学生的"两免一补"政策，义务教育阶段的救助经费应由公共财政负担。在非义务教育阶段，政府应从完善非义务教育阶段教育救助体系和鼓励社会参与教育救助两方面入手，确保贫困学生能够获得平等的教育机会。在完善非义务教育阶段教育救助体系方面，首先，政府应增加助学贷款的投放金额、放宽助学贷款的申请条件，使更多的贫困学生能够得到帮助；其次，政府应通过增加奖学金种类数量、适当提高补助金额的方式，减轻非义务教育阶段贫困学生的经济负担，吸引更多的贫困学生接受更高层次的教育；最后，政府应努力增加勤工助学的机会，使贫困学生可以通过自己的努力减轻生活负担。需要指出的是，政府在非义务教育阶段教育救助方面，除了承担完善教育救助体系、为该阶段教育救助提供资金的责任外，还应该注重鼓励社会参与到教育救助中来，从而建立起以公共财政资助为主、社会资助为辅的非义务教育阶段教育救助体系。针对调查对象普遍反映的延长义务教育时间问题，从国际经验上来看，随着我国经济的不断发展、政府对于教育领域的投入的不断增加，将高中教育纳入到义务教育的范畴之内是大势所趋。

第六章

城市低保家庭的医疗救助[*]

一 研究背景和方法

（一）问题的产生

生老病死，人概莫能外。而在这四种现象之中，唯独疾病的发生不局限于人生的某个阶段，且常常十分突然，患病主体在患病后将在一段时期内受到影响，并且也很难自主化解这一风险，多需要消费专业的医疗服务。此外，疾病亦会使患者的收入下降，正常生活受阻，而且由于我国目前医疗卫生资源的稀缺与分布不均，疾病以及疾病带来的支出与病患照料同样困扰着很多普通民众。

"看病难，看病贵"是我国普通民众对于就医困难的高度概括，虽然在各方面的努力下，公共卫生服务体系正不断健全，这种困境正在不断扭转，但是对于低收入群体来说，这两大难题依旧存在，而城市低保家庭可以算得上这一群体中的代表。由于城市低保家庭本身收入微薄，缺少良好的生存环境，其衣食住行的条件较差，这都使其家庭成员更容易受到疾病的侵袭，而且在疾病发生之后恢复正常生活的能力也相对低下，再加上城市生活成本较高，医疗费用也相对高昂，低保家庭的收入在疾病来临时更加显得苍白无力。

低收入与高医疗支出形成了一种恶性循环或说是困难的叠加，最低生活保障制度是我国保障低收入群体基本生活的基本举措，但"最低"二字也显示出这一制度本身对低保家庭的医疗支出并不会

---

* 本章执笔人：吕翔涛、付媛媛。

给出很好的补偿水平，因此低保制度与相关医疗保障制度的有效衔接是解决这一问题的关键。有家庭成员患病的低保家庭可以享受专门的医疗救助，低保家庭成员参加城镇居民医疗保险也可以享受政府补助，这都是最低生活保障制度的有效补充。

虽然政府出台了以上各种收入保障及医疗保障政策，但是这些制度安排是否合理，在实际运行中是否与低保家庭的医疗需求相契合，低保家庭的生活在这些保障措施的合力之下有了多大改观，以及有没有可行的改良方案等问题，都需要在对低保家庭的调查中寻找答案。

（二）研究方法

本研究主要通过文献研究法掌握了与城市低保家庭相关的医疗现状与政策，确定了调查的形式和重点。在调查过程中，笔者通过发放自填式问卷调查与结构式访谈两种调查研究法完成数据的收集；在后期的分析过程中，笔者主要采用了定量与定性相结合的研究方法。由于本次实证调查包括问卷调查和个案访谈两部分，对于问卷调查得来的数据，笔者采用了 SPSS18.0 软件进行定量分析，采用的显著水平 $\alpha = 0.05$。对于个案访谈结果，笔者采用了定性分析的研究方法。

二　文献综述

目前国内有关最低生活保障制度的研究层出不穷，低保家庭的医疗问题也是研究的热点，国外对低收入群体的医疗问题也有很多研究，笔者将围绕城市低保家庭的医疗需求与已有医疗保障政策情况对现有研究进行简单综述。

（一）对城市低保家庭医疗现状的研究

城市低保家庭的主要社会特征是其收入低，国际上并无低保的概念，而是将居民按照收入划分收入组并对各组人群进行研究。麦金泰尔、希德、达尔格伦（Diane McIntyre、Michael Thiede、Göran Dahlgren）与怀特海德（Margaret Whitehead）等人对中低收入国家家庭在家庭成员患病后的经济后果进行综合分析，认为这些国家在20世纪80年代进行的医疗体制市场化改革推动了医疗费用即疾病的直接成本的上涨，考虑到疾病的间接成本也就是劳动能力的下降，中低收入国家的居民越来越多地因疾病而陷入贫穷，并且对于穷人来说，医疗的相对负担更重，比如中国大陆和台湾地区。[1] 而对于西方国家而言，这种类似马太效应的现象也同样存在。莫伯利（H. Dean Moberly）的研究发现，美国的低收入者与更高收入的人对医疗护理有同样多的需求，而且为了达到医疗护理市场的均衡，政府不需要全额补贴低收入者的医疗费用，而是与其共担费用。[2] 而斯科菲尔德（Schofield）通过对澳大利亚的公共医院支出进行分析，发现收入处于最低的1/5的老年人花费了医院最多的公共支出。[3]

　　由以上国际研究可以发现，穷人的医疗需求不容忽视，而国内学者对中国低保制度下的低收入者的医疗现状研究也有很多。

　　早在1998年，中国社会科学院社会政策研究中心和民政部政策研究中心进行的调查显示，城市贫困家庭中家庭成员患有慢性病和遗传病的要占30%—60%，但是生病时不去医院看病的要占50%—70%。[4] 而许新三2002年对杭州市261户低保户的调查显示，低保户中有病能立即就医的仅占2.4%，而小病不医大病医的占20.4%，能拖则拖的占22%，一般不上医院的占44.4%，不管大病小病都不就医的占10.8%。[5] 从这些数据也可以看出，仅仅靠

　　[1]　Diane McIntyre, Michael Thiede, Göran Dahlgren & Margaret Whitehead, "What are the Economic Consequences for Households of Illness and of Paying for Health Care in Low and Middle-income Country Contexts?", *Social Science & Medicine*, Vol. 62, 2006, pp. 858-865.

　　[2]　H. Dean Moberly, "Health Care for Low Income Persons: An Analysis of Demand", *Journal of Economic and Finance*, Vol. 15, 2001, pp. 56-63.

　　[3]　Schofield D., "Public Hospital Expenditure: How Is It Divided between Lower, Middle and Upper Income Groups?", *Australian Economic Review*, Vol. 33, 2000, pp. 303-316.

　　[4]　唐钧:《当前中国城市贫困的形成与现状》,《中国党政干部论坛》2002年第3期。

　　[5]　许新三:《城市低保户群体脱贫前景和扶贫思路》,《浙江社会科学》2002年第5期。

"吃低保"无法解决城市贫困家庭的后顾之忧，化解因疾病带来的经济风险。

尹海洁、赵莉与关士续在对哈尔滨256户贫困家庭的实证调查中发现，疾病或残疾是导致城市家庭陷入贫困的最主要原因，而城市贫困家庭最主要的经济支出则是医药费和子女教育费，其中医药费占月均消费的33.6%，政府发放的低保金作为这些家庭最重要的经济来源，占月均收入的56.8%。[①] 由此可见，在当时的政策环境下，城市贫困家庭面临着比较严重的医疗问题，但是却没有享受到除低保之外的有针对性的制度保障。

郭婷婷在对山西省太原市的低保户和普通户的整体抽样调查中发现低保人口的两周患病率明显高于普通人口，且其两周就诊率远低于其两周患病率，并且有38.91%的未就诊被调查者是因为经济困难而完全未救治，而普通人口的两周就诊率与两周患病率基本持平，在调查中低保人口的应就诊而未就诊比例以及应住院而未住院的比例分别高达59.65%和69.64%。[②]

蒋积伟在对八个省会城市的低保家庭的患病就医情况调查中指出，城市低保家庭患病比例较高，其中患大病与患常见病的比例分别为25.19%和24.35%；另外，八个城市低保家庭的致贫原因中，疾病占了很大的比例，且其医疗费用仍然存在很大的缺口；同时，费用分担比例不合理，大部分费用都是由患者自负，政府补助所占比例较小。[③]

以上研究距离今天已经有相当长一段时间，在最近的研究中，李小菊等对新疆城市贫困人口的健康状况和卫生服务需求进行了定量分析，发现接受调查的贫困人口有38.4%没有社会医疗保险，两周就诊率远低于两周患病率，年住院率仅为83.78‰，且未住院率

---

① 尹海洁、赵莉、关士续：《医疗与教育：城市贫困家庭最沉重的经济负担——来自哈尔滨市256户贫困家庭的调查》，《中国民政》2003年第11期。

② 郭婷婷：《城市贫困人口卫生服务状况及医疗保障研究》，硕士学位论文，山西医科大学，2006年。

③ 蒋积伟：《当前城市低保家庭的医疗困境——以部分城市为例》，《哈尔滨工业大学学报（社会科学版）》2007年第2期。

高达 45.14%，其中因经济困难而未住院的比例更是占到了
96.88%。[1] 方黎明、张秀兰的研究也反映出了这些现象，比如低保
户的残障率相当于非低保户的 3 倍，放弃住院治疗的低保户的比例
也远高于非低保户，多数放弃住院治疗的低保户是由于经济困难，
同样原因的非低保户只有 25%。[2]

从这些研究中不难发现，中国城市低保家庭的医疗需求相对较
大，需要公共政策的倾斜，但他们现实中医疗费用缺口也较大，这
表明政府在其中起到的作用还十分有限，需要政府更多地介入。

（二）　对城市低保家庭医疗保障的研究

根据前文提到的研究，笔者推知，低保家庭存在迫切的医疗需
求，但是由于其收入很低，政府提供的医疗保障对于他们的医疗需
求能否得到满足起着非常关键的作用。卫生部统计信息中心的数据
表明，我国医疗服务的可及性呈现出了不公平性，无任何医疗保障
的城市居民比例随收入水平的降低而明显增加：1993 年最低收入组
中的城市居民有约 50%没有任何医疗保障；到了 1998 年，这一数
字攀升到大约 72%的水平；至 2003 年底，这一比例进一步升高至
76%的水平。[3] 而目前针对城市低保家庭的医疗保障政策主要是医
疗救助。

（三）　对城市低保家庭医疗救助的研究

医疗救助是专门向低收入群体提供的医疗保障措施，很多学者
对医疗救助的实施进行了大量的研究。

在有关医疗救助的必要性方面，饶克勤、陈育德认为，居民收

---

[1]　李小菊、秦江梅、唐景霞、毛璐：《新疆城市贫困人口卫生服务需求与医疗救助
现状分析》，《中国卫生事业管理》2011 年第 1 期。

[2]　方黎明、张秀兰：《城镇低保户医疗服务利用和医疗保障制度设计对就医行为的
影响——基于兰州、西宁和白银城镇家庭调查数据的分析》，《财经研究》2011 年第
6 期。

[3]　卫生部统计信息中心：《中国卫生服务调查研究：第三次国家卫生服务调查分析
报告》，中国协和医科大学出版社 2004 年版，第 82—86 页。转引自顾昕、高梦滔、张
欢《医疗救助体系与公立医疗机构的社会公益性》，《社会学研究》2006 年第 3 期。

入差距的拉大，城乡贫困人口的存在且不断增加，均表明社会公平
程度的下降，这一变化势必影响到健康公平，而健康权的公平是公
平权利的基本内容，对贫困人口实施医疗救助的目的是保障公民的
健康权利。① 韩雷亚、张振忠认为，对贫困人口的健康投资具有更
高的边际产出，对贫困人口的健康投资更富有成本效果，"需方投
入"模式有利于激励供方的技术效率，而对贫困人口的医疗救助能
够在一定程度上提高有限的卫生资源的使用效率。② 而许可等人认
为，医疗救助具有公益性和正外部性，具有公共产品的性质，因此
政府应该对贫困人口提供基本的医疗救助。③

　　在有关医疗救助的运行效果方面，高红霞、夏芳珍调查发现，
贫困家庭的平均住院费用高达 23000 元，但是医疗救助款过低，无
异于杯水车薪。④ 白维军认为城市医疗救助制度在实际运行中存在
职能归属认识不清，资金筹集困难，救助形式单一以及救助病种界
定存在漏洞等弊端。⑤ 贾维周认为，城市医疗救助资助了大量的贫
困居民，对其获得医疗服务有帮助，且有效降低了城市贫困家庭的
疾病经济风险程度；但城市医疗救助同时有资金筹集水平不足、资
金利用率低、覆盖面不全等缺陷。⑥ 张聪颖则在其对辽宁省朝阳市
的实证调查中发现，当地城市医疗救助存在门槛过高和水平过低的
问题，高额医药费用则是医疗救助对象和医疗救助制度面临的共同
问题。⑦

---

　　① 饶克勤、陈育德：《当前卫生服务供需基本状况和值得注意的问题》，《中国卫
生经济》1999 年第 6 期。
　　② 韩雷亚、张振忠：《对贫困人口实施医疗救助》，《中国卫生经济》1999 年第
11 期。
　　③ 许可、龚向光、应晓华、胡善联、叶露：《对城市贫困人口医疗救助的理论探
讨》，《中国卫生经济》1999 年第 1 期。
　　④ 高红霞、夏芳珍：《城市贫困人口医疗保障问题研究》，《中国卫生事业管理》
2004 年第 6 期。
　　⑤ 白维军：《城市医疗救助制度实施中的问题分析与政策建议》，《中国民政》
2007 年第 6 期。
　　⑥ 贾维周：《我国城市医疗救助制度的现况与对策研究》，《人口与经济》2008 年
第 1 期。
　　⑦ 张聪颖：《朝阳市贫困群体医疗救助研究》，《辽宁行政学院学报》2008 年第
9 期。

（四）对城市低保家庭参加医疗社会保险的研究

按照已经开展的城镇居民基本医疗保险的相关规定，低保家庭可以自愿参保并获得政府的缴费补贴。[1] 芦国庆对太原市低保对象进行了抽样调查，考察了其卫生服务需求与利用水平，以及其所享医疗保障尤其是低保人群基本医疗保险水平，并认为太原市的低保人群基本医疗保险存在起付线设置过高，封顶线不合理，赔付项目不全等问题。[2]

顾海和李佳佳从医疗服务的可得性与可及性来考察对不同收入的城镇居民医疗保险参保人的受益公平性，在将参保人按收入高低分成五组之后发现，最低收入组卫生服务需求得到满足的程度最低；同时研究也发现，城镇居民医保制度的开展释放了居民特别是低收入者被压抑的医保需求，降低了医疗服务的门槛和个人疾病负担。[3]

通过对现有研究的梳理，可以发现，城市低保家庭的医疗需求相对较大。同时，医疗保障政策并没有很好地满足城市低保家庭的需求。但是，目前鲜有研究同时考察城市低保家庭的医疗需求与享受到的医疗保障水平，并对两者联系起来做出供需对比。因此本研究将基于对城市低保家庭的实证数据，利用一个更直观的计算方式，将低保家庭所享受到的医疗保障与其医疗需求之间的缺口做出初步描述，并通过访谈发现问题产生的原因，分析解决之道。

三　定量分析结果

根据本次在北京市、重庆市、湖南省长沙市、广东省中山市、

---

[1]　参见《国务院关于开展城镇居民基本医疗保险试点的指导意见》，国发〔2007〕20号。

[2]　芦国庆：《太原市城市低保人群医疗保险现状研究及对策建议》，《中共太原市委党校学报》2006年第S1期，第28—29页。

[3]　顾海、李佳佳：《江苏省城镇居民医疗保险受益公平性研究——基于收入差异视角》，《学海》2009年第6期。

甘肃省天水市、辽宁省朝阳市等六地进行的城市低保家庭调查，课题组从医疗需求和医疗保障政策享受程度两大方面考察了低保家庭的医疗现状，具体结果可以表现为以下四点。

（一）健康状况

在本次调查调查中，受访者的健康状况见表6—1。

表6—1　　　　　　　　受访者健康状况统计表

项目	频数（个）	有效百分比（%）
健康	233	19.3
一般	284	23.6
体弱	209	17.3
慢性病	216	17.9
严重疾病	146	12.1
其他	117	9.8
合计	1205	100.0

由表6—1可知，1205名受访者中身体"健康"或"一般"的仅占42.9%，47.3%的受访者的身体状况为"体弱"或患有"慢性病"甚至是"严重疾病"。而根据2008年卫生部的统计数据，男性城市居民两周患病率为202.6‰，女性为240.4‰[①]，这一数据虽然不能完全说明城市人口的健康状况，但通过与本次调查数据的对比，仍可以看出低保对象与城市人口总体之间的差别，这与以往学者的研究是类似的，即低保对象的患病率较高。而如图6—1所示，有54.9%的受访者对自己的身体状况持不满意态度，且根据身体状况满意度与总体生活满意度的列联分析，$x^2 = 172.120$，P值为

---

① 中华人民共和国卫生部：《2009年中国卫生统计提要》，2011年3月1日（http://www.moh.gov.cn/publicfiles/business/htmlfiles/mohbgt/s8274/200905/40765.htm）。

0.000，即受访者的身体状况满意度与其总体生活满意度有显著的正相关关系，因此解决低保家庭的医疗问题对于其生活满意度的提高有重要的意义。

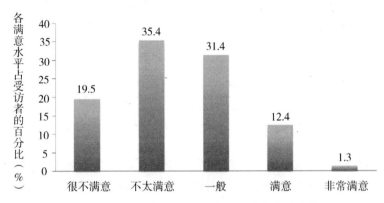

图6—1　受访者对自身健康状况满意度分布图

（二）因病致贫比

所谓因病致贫，即家庭成员患有疾病，由此导致医疗开支上升或劳动收入下降进而使得家庭陷入贫困的现象。本次调查在问卷中采取排序的方法，考察了造成受访家庭生活困难的原因，在题目中受访者分别选出造成其生活困难的第一、第二和第三原因，本题的统计结果见表6—2。

表6—2　　　　　　造成受访者家庭生活困难的原因统计表

项目	第一原因	第二原因	第三原因
	有效百分比（%）	有效百分比（%）	有效百分比（%）
没有工作	40.3	23.7	10.4
工作不稳定，无固定收入	9.8	16.2	16
工资太低，入不敷出	2.8	4.4	8
家里有病人/残疾人	31.9	24.5	10.8
家中被赡养的人口多	0.9	3.8	6.6

续表

项目	第一原因	第二原因	第三原因
	有效百分比（%）	有效百分比（%）	有效百分比（%）
孩子上学费用高	6.4	18.2	28.1
企业长期拖欠工资	0.3	0.3	2
养老保险金太少	0.3	0.8	1.2
其他（请注明）	7.4	8	16.9
合计	100.0	100.0	100.0

由表6—2可以看出，有31.9%的受访家庭生活困难的第一原因是"家里有病人/残疾人"，而选择这一项为第二、第三原因的受访家庭也分别有24.5%和10.8%。可见，低保家庭的困难现状很大程度上是由家庭成员的病残造成的，这也显示出低保家庭对于医疗服务的购买能力与其需求之间的巨大缺口，并且需要有针对性的医疗保障政策发挥作用。

（三）医疗支出情况

课题组在本次的调查问卷中设计了受访家庭过去一个月支出项目的题目，其中在医疗方面涉及了儿童医药费（包括看医生和自购药品）与成人医药费（包括看医生和自购药品）两项支出，图6—2、图6—3展示了这两项支出的存在情况。

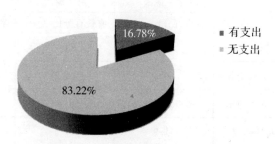

图6—2　受访者家庭上个月是否存在儿童医药费支出分布图

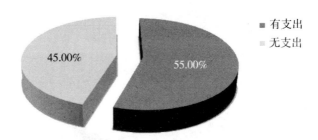

图6—3 受访者家庭上个月是否存在成人医药费支出分布图

在图6—2、图6—3中，浅色部分表示在上个月的家庭支出中没有该项支出，深色部分表示有该项支出，有儿童医药费支出和成人医药费支出的家庭分别占受访家庭的16.8%和55.0%。由前文可知，受访家庭中的患病比例为47.4%，存在医疗支出的家庭比例也为这一患病比例提供了佐证。

（四）医疗救助与医疗保险利用率与医疗费用自付比例

城市低保家庭医疗救助与医疗保险的利用率，指的是城市低保家庭中实际享受到医疗救助或医疗保险补贴的人群比例。本次调查在问卷中通过考察受访家庭在过去一个月的收入中是否有医疗救助和医疗保险的收入，来评价这两项医疗保障政策发挥作用的程度，并结合前文提到的医疗支出情况，分析医疗保障政策与医疗行为的发生是否匹配。图6—4、图6—5分别展示了受访家庭这两项收入的存在情况。

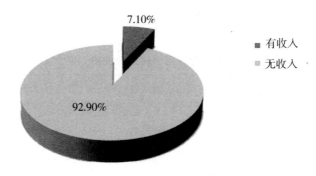

图6—4 受访家庭上个月是否有医疗救助收入分布图

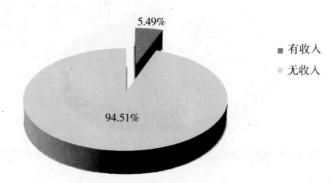

图6—5   受访家庭上个月是否有医疗保险收入分布图

图6—4、图6—5中浅色的部分表示上个月收入中没有医疗救助或医疗保险收入的家庭占受访家庭的比例，深色部分表示上个月收入中有这两项收入的比例，由此可见，绝大多数受访家庭在上个月并没有获得过医疗救助与医疗保险。

由图6—2和图6—3可知，有很大比例的受访家庭都存在医疗支出，并且低保家庭生活困难的主要原因之一就是家庭成员病残，但仅仅有少数家庭获得过医疗救助或医疗保险的经济补偿，这都显示了医疗保障政策的缺位。

为了精确表示医疗保障政策的实际缺口，笔者将医药费支出的具体数额减去医疗救助及医疗保险收入数额，得到的差值即医疗费用的自付部分，作为城市低保家庭享受到的医疗保障政策与其医疗需求之间的现实缺口，并计算自付部分占总医疗支出的比例，即自付比，以表示医疗救助与医疗保险对城市低保家庭的保障程度，表6—3、表6—4给出了部分统计数字。

表6—3   城市低保家庭医疗费用自付部分的绝对额（n=740）

自付部分（元）	频数（个）	有效百分比（%）	累计百分比（%）
-4539	1	0.1	0.1
0	3	0.4	4.2
100	66	8.9	56.1

续表

自付部分（元）	频数（个）	有效百分比（%）	累计百分比（%）
500	21	2.8	89.5
1000	12	1.6	95.7
5000	1	0.1	98.9
10000	2	0.3	99.6
16600	1	0.1	100

表6—4　　　　城市低保家庭医疗费用自付比（n=740）

自付比例	频数（个）	有效百分比（%）	累计百分比（%）
0	3	0.4	4.2
0.5	1	0.1	5.5
0.8	3	0.4	8.5
0.9	2	0.3	10.9
1	647	87.4	100.0

　　从表6—3可以看出，医疗保障政策带给低保家庭的收入足以满足其医疗支出的比例只占4.2%，而缺口在100元以上的家庭高达56.1%以上；缺口在500元以上的家庭占10.5%，甚至有1.1%的家庭面临着5000元以上的缺口，这对于靠领低保为生的低收入家庭来说无疑是天文数字。由此可见，在医疗保障政策进入低保家庭之后，低保家庭仍旧面临着极其严峻的医疗支出压力。同时，根据表6—4中的数据，在存在医疗支出的家庭中有87.4%完全靠自付，只有5.5%的家庭的自付比例小于等于0.5。可见，医疗救助与医疗保险政策在低保家庭实际医疗支出中只占很小的比例，仍是杯水车薪。

（五）小结

根据前文的定量分析，我们可以得到以下几个基本结论：首先，城市低保对象健康状况并不理想，而且他们对自身健康状况的满意度与对生活的满意度呈显著正相关；其次，家庭成员患有疾病是造成城市低保家庭生活困难的重要原因，因病致贫现象突出；再次，有医疗支出的城市低保家庭只有很少比例享受到了医疗救助或医疗保险，针对低收入群体的医疗保障政策"缺位"严重；最后，城市低保家庭享受到的医疗政策补贴占其医疗费用比例较小，自付金额和自付比例均较大，这对于低收入者来说压力巨大。

四　定性分析结果

通过前文对问卷数据的分析，我们可以对低保家庭的医疗现状有一个基本的认识，并可以得到医疗保障政策与现实需求之间存在巨大缺口的判断。但是，在制度供给是既成事实的前提下，要探求问题的具体症状和解决之道，就需要从对低保家庭的个案访谈中归纳总结。下面，笔者将根据本次调查中的一些典型个案在医疗方面的谈话，对城市低保家庭在享受医疗救助或医疗保险政策时出现的问题进行分析。

（一）与低保配套的医疗政策宣传不力

通过对城市低保对象的访谈记录的梳理，笔者发现很多低保对象并不了解他们可以享受到的医疗补助政策，比如北京的孔先生。

【案例6—1】孔先生，北京市宣武区大栅栏街道居民，四口之家，一对夫妻，一对子女，家庭的主要经济来源为低保收入和孔先生做临时工的工资。

问：嗯，主要就是工作？没有别的吗，比如说医疗保险啊，像其他家庭的一些减免之类的。

答：其实这个，我太关心了，你说到我心里去了。像去年我孩子看病，俩孩子花了……关键是我对低保这个报销不太了解，后来才知道。后来我孩子花了两千多，我没辙了。

问：您刚才讲到还是有很多人对这个低保不了解，是政府对这个的宣传力度不够吗？还是？

答：我当时是没辙了，跟街坊来诉苦，街坊才告诉我这个的，我才知道，以前我就潜意识里知道有这个东西，但是当时我觉得这个东西离我比较遥远。包括现在享受的那么多政策优惠什么的，这我知道，我孩子如果不必花那么多钱的话我还不知道呢，如果花了几百块钱之内，就是说自己能接受了，这个，我就不知道了。

这个案例中的孔先生一家是非常典型的由于对医疗保障政策了解不足而没有享受到本该享受的医疗费用报销的实例。虽然民政部门有相应的宣传材料，但是并没有完全尽到告知义务，致使低保家庭的待遇不能达到制度设计的初衷。低保家庭由于其弱势地位，掌握的信息有限的同时，对获取信息的渠道也知之甚少，而很多救助政策要求自己申请，这就在无形中缩小了制度的覆盖面。因此，低保工作人员在实际工作中不仅要注意宣传材料的可得性，还要重视宣传材料的可及性，使政策安排能够为政策客体所了解。

（二）低保对象享有医疗保障的同时仍需压缩生活开支

我国的社会保障体系有"保基本"一说，对于低收入群体来说，极需要更加慷慨的社会保障，因为他们自付能力低，正如以下案例中的马女士一家。

【**案例**6—2】马女士，北京市宣武区大栅栏街道居民，重组家庭，双方子女分别跟双方的原配生活，马女士居住的院落干净整洁，皮沙发、宽屏电视、家庭影院、崭新的空调、摆着洋酒的酒柜等陈设一应俱全，但是夫妻双方均没有工作，靠领低保为生。

问：你觉得低保金刚够吃，那你觉得政府在哪些方面多帮助些才能让你们生活更好呢？

答：就说煤吧。（无关内容省略）

问：除了煤还有别的吗？

答：其他的就是看病。反正我只要是有病就肯定拒绝医疗，然后我说了，我死了后骨灰不要。

马女士的情况在低保家庭中比较常见，即夫妻双方都没有正式工作，经济来源主要是低保金，但是低保金的金额是固定的，且水平较低，仅够生存，一旦出现临时性或非常规的需求，低保金就显得捉襟见肘。马女士的家庭就面临着冬天烧煤取暖与饮食之间非此即彼的难题。至于疾病，马女士更是直接拒绝医疗，因为专项的医疗救助也并不慷慨，仍需自付一定医药费。这个案例虽然比较极端，但小病吃药大病忍的态度在对低保家庭的访谈中还是很普遍的，医疗救助如果不能负担大部分的医疗支出，那么必然会挤压低保家庭正常的生活支出，这不利于低收入群体基本生活的保障，也不利于其自食其力脱贫致富，只会使其陷入恶性循环，对社会救助形成更大的依赖。

（三）低保家庭申领医疗救助难度大

程序问题一直以来都是政府行政饱受居民诟病之处，环节繁复、所需材料办理困难、办事人员随意性大、裙带关系突出等，都是需要在行政过程中切实解决的问题，以下案例中的张先生就向调查员反映了这些问题。

【案例6—3】张先生，北京市宣武区广安门外街道居民，三口之家，张先生工作，妻子患有慢性病，孩子读本科，居住条件很清贫，家电齐全但十分老旧。

问：那觉得这个程序是不是挺复杂的？

答：程序复杂，而且呢，因为我就看啊，因为等于我办这个，作为我来讲，不懂政策，咋办咱不懂，人家呢，就是说这个问题啊，你就不知道怎么回事儿。

问：咱这完全是陌生的？

答：完全是陌生的，因为他完全掌握这里。他熟得不能再熟，他要是说，直接收，咱说白话，要是一个认识不错的，他要给你出点招儿，你就很好办，他要不给你出招儿，你自个儿傻办，你根本就（没办法），再不咨询点。我也是通过咨询啊，甭管是到了上级，上级咨询给你答复都特别好。那个街道办事处那儿不错的，他可是，就是他是按照他那个政策，可是到了底下呢政策就全分啦，细则多了，你知道吗，假如说一句话，低保人均，每个人不够310的，都允许吃低保，现在这口号是人均不够330都可以吃。可是到了底下，好多情况，没有丧失劳动能力的，你就不行，就这条就够你……干吗非得给你办，它都可办可不办。

张先生在整个访谈中多次提到申领的复杂与曲折，其情况集中反映在申领低保，尤其是有关疾病认定的程序问题上，程序烦琐复杂，申领的自助性差，所需材料办理难度大等，都导致了他在申领过程中多次碰壁，另外张先生也反映了民政工作人员的故意刁难和照顾裙带关系的情况，这属于低保队伍建设和职业伦理方面的漏洞。低收入人群在进入低保政策或医疗救助覆盖面时，要跨过这些障碍非常困难。因此，低保工作需要在这些方面做出改进，以降低低收入人群获取低保或医疗救助的难度。

（四）针对低收入群体的公共医疗资源不足

上马大项目已经成为全国各地政府的潮流，这可以拉动 GDP 增长，并彰显政绩。在医疗方面也有这种趋势，虽然国家鼓励居民小病在社区等基层医疗机构解决，但是现实是大医院不断扩张，基层医疗机构不能满足普通群众的医疗需求，低收入群体在购买医疗产品或服务时的弱势地位也十分突出。以下两个案例，反映了城市低保家庭所在的低收入群体对医疗资源分配的一些意见与建议。

【**案例 6—4**】王先生及其爱人，北京市宣武区天桥街道居民，王先生声称患有甲亢，其爱人眼睛也有毛病，夫妻都没有工作，而且对低保制度很不满意，希望国家多考虑他们的医疗住院和子女教育的支出。

问：那咱们在医疗方面（有没有花销）？

答（男）：没有。

答（女）：我们什么都没有，像我得这些病，因为甲亢，心脏也有毛病，带着内分泌也不好，但是到医院花钱是不给报销的，看病就别想吃饭，就自己扛着。

答（男）：就建议在对特困群体的医疗方面，慢性病的这些，国家要多点关注，尤其有些慢性病，刚开始一得，本来早点看看，就能看好了，就是特困群体没钱，拖延下来，一拖就三天两头犯，而且说不看也得看看，吃不起好药，吃点次药；而且这病不但没治好，人还会说，你怎么不早治啊？我们能说什么，要是看病不要钱，我们早治了，天天治去，您说是不是？治好了，出去工作去，比 300 多块钱强。好歹在外面干干也能有千儿八百的。

【**案例 6—5**】唐先生，重庆市渝中区人民支路居民，离异，孩子和住房判给了前妻，唐先生居住在哥哥家的阳台上，下岗之后没有收入，靠领低保为生。

问：生活方面，还需要政府出台什么政策吗？

答：……国家以后应该出台，像这种弱势群体，应该保障他们的最低生活，一个是最低的生活保障，一个是最低的医疗保障，我就希望这一点。我们这种要求是不过分的。最低的生活保障是吃饭，最低的医疗保障就是生了病，不会被医院拒之门外，你还可以搞一点平民医院、简易病房，让我们这些没有钱的人去看。你有钱，你可以去住医院比较豪华型的、贵宾型的，几百块钱一个晚上，冰箱彩电什么都有，那实际上是养病，那是有钱人去的地方。

王先生及其爱人对疾病的态度与马女士类似，都是选择自己扛着，但是王先生的案例反映出了国家的医疗支持政策的着力点还存在问题，正如顾昕等人在其研究中表示的那样，相当一部分公立医疗机构，不但没有承担理应担负的社会责任，而且还常常出现诱导患者过度消费医疗服务和药品的行为，对于患有诸如慢性病这种特殊病种的低收入患者来说，仅靠公立医疗机构不能满足需求，医疗服务的可及性呈现不公平性。[①]

相比前几个案例，唐先生没有自己单独的住房，同时没有收入，这种情况在访谈的个案中也十分常见。通过唐先生的访谈记录，我们可以看出低保对象对于医疗的需求确实存在，但是也局限在比较低的水平，希望国家可以提供最基本的医疗保障，并不奢望国家能给他们提供与"有钱人"同等的医疗设施和服务。可以说，王先生一家提出了医疗资源要向低收入群体倾斜的要求，而唐先生则进一步解释了这种倾斜的具体措施，即投入充足的低门槛的基本医疗资源，这是一个理性和清醒的认识。但是实际情况是，这种为低收入群体量身打造的简易医疗设施和机构并不完善，相反，大医院和豪华的医疗设施不断兴建，从福利经济学的角度来讲，这并没有考虑到边际效用递减的规律，同时，也不符合扶助弱势群体的社会救助原则。

五 政策建议与总结

（一）政策建议

前文通过定量与定性两个视角，对本次调查所获得的第一手资料进行了分析，发现了城市低保家庭在医疗方面遇到的一些问题，这些问题集中反映了医疗保障政策供给与城市低保家庭的医疗需求之间的矛盾。这种矛盾的存在，一方面是由于政策设计没有考虑到

---

① 顾昕、高梦滔、张欢：《医疗救助体系与公立医疗机构的社会公益性》，《江苏社会科学》2006 年第 3 期。

低收入群体的实际情况，另一方面是由于政策执行中出现了漏洞使得政策效果打了折扣。这些问题不利于政策目标即保障城市低收入群体生活的实现，因此笔者认为，针对这些问题，可以从以下几个方面入手，对低保家庭的医疗保障政策的设计与执行进行改进。

1. 扩大报销范围与负担比例，提高对低保家庭医疗救助的慷慨程度

根据上文的分析，问卷中反映出了有医疗支出的家庭多，但有医疗救助或医疗保险的家庭少的问题，这一方面是由于宣传不到位，低保对象不了解自己可以享受到的政策；另一方面也是由于医疗救助和医疗保险在制度设计上存在问题，比如门诊与住院两种行为的报销区别、不同病种之间的报销区别、起付线与封顶线的设置等。根据本次调查中的长沙市天心区与中山市的医疗救助相关文件规定，医疗救助负担比例低，且分别有年度封顶线和每月额度①，这些都导致了实际享受到医疗救助或医疗保险的低保患者比较少而且数额不多。对此，笔者认为，打破门诊与住院报销办法差异的限制，增加对患有慢性病等长期消耗性疾病的低保对象的资金支持，使低保对象尤其是没有劳动能力和收入来源的人所获医疗救助与其微薄收入相适应，让其能够真正摆脱疾病支出的困扰，安享基本生活，甚至恢复劳动能力以自力更生。

为配合医疗开支报销比例的上升，应做好两方面的配套工作。首先是加大财政支持力度，把消极的生活费用补偿，更多地转向针对不同需求的专项救助，这样不仅可以提高资金使用效率，也可以向城市低保对象赋能，使其不至于因就医等消费行为而影响基本生活；其次是民政部门与人社部门联动，积极对有劳动能力的低保对象进行职业培训和工作转介，用更加积极的政策，弥补消极低保补偿的弊端，推动有能力的低保对象摆脱贫困，退出低保，减轻财政压力，实现低保对象以及高报销比例的低收入医保政策的可持续发展。

---

① 长沙市天心区人民政府办公室关于印发《天心区城乡特困家庭重大疾病医疗救助实施办法（试行）》的通知，天政办发〔2005〕13 号；以及中山市人民政府办公室《关于建立完善城乡基本医疗救助制度的通知》，中府办〔2002〕103 号。

2. 加强政策宣传，做好告知工作

除了制度设计上覆盖面不全、补贴额不高等问题会导致很多低保对象享受不到医疗救助与医疗保险的优惠外，政策宣传的不到位也是又一重要原因。而政策宣传的不到位又具体表现为没有宣传措施、宣传材料不便于群众领取和接受、工作人员没有向困难群众做好告知工作等。中央和地方政府出台医疗救助和医疗保险制度的初衷是好的，但是再好、再全面的政策，如果得不到有效的宣传，不能为政策客体所了解，也无异于一纸空文，难以实现政策目标。所以，应该在政策宣传中注意向有医疗需求的群体进行定向宣传。

3. 改变现有家计调查思路，综合考量家庭收支

现有的家计调查一般局限于收入与财产的核查，但是这只是静态地考察一个家庭的财富，而且只是单方面地考察了家庭的进项，并不能正确表示一个家庭的可支配收入，对收入与支出进行综合考量才能全面反映一个家庭的经济状况。正如问卷调查中反映出的医药费支出，有的家庭月医疗支出高达数万元，这与几百元的低保金形成巨大反差，如果将医疗、教育等方面的支出纳入家计调查，并缩短审查周期，定期更新家庭经济状况，将会使有医疗等特殊支出的家庭需要得到更好的满足，而不是产生非此即彼、非吃饭即就医的尴尬局面，大大提高其生活待遇，使政策更好地满足城市低保家庭的实际需求。

4. 优化低保及配套保障政策的申领程序，增加医疗社会保险的可及性

低保以及与低保配套的医疗救助等政策目前存在申领程度烦琐、所需材料办理难度大等问题，这增加了低收入群体进入制度覆盖的成本和难度。以长沙市天心区为例，申请低保需要填写和审批的表格包括申请书、入户调查表、收入证明、低保金审批表等，如需申领医疗救助，则要另外填写特困家庭医疗救助申请表、特困家庭重大疾病医疗救助申请审批表、医疗救助（常见病）申请审批表等多份材料，且均需多方审核确认。笔者认为，医疗救助审查程序的复杂，在一定程度上可以通过民政部门与医疗机构等专业机构之间的联动与沟通来解决，患有特定疾病的人在经过诊疗之后，可以

直接进入申领低保或医疗救助的流程，并扩大医疗救助与医疗保险报销的病种范围，将慢性病的预防支出纳入考量范围，这样低收入患者将会更容易获得也将获得更多的医疗补贴。同时，随着城乡居民医疗社会保险制度的建立和完善，逐步增加医疗保险制度的待遇水平和覆盖范围，提高医疗保险制度的可及性，最终以医疗保险制度涵盖医疗救助制度。

5. 弘扬职业道德，推动低保工作人员职业化

注重低保工作人员的职业道德与职业伦理培养，是提升低保及相关民政工作质量的必由之路。作为扶贫济困的第一线人员，低保工作人员尤其是基层工作人员的作风，直接影响到政策的实施效果。裙带之风盛行与刁难低保申请者，很大程度上是由于低保工作人员没有设身处地为自己的服务对象考虑，没有体会到低收入者的艰辛和自己使命的高尚所造成的。让低保工作人员充分了解低收入人群生活的困难，意识到自身工作的意义，发挥职业伦理与道德的约束作用，是对低保工作人员进行职业化建设的关键内容，对于减少实际工作中的权力滥用与不公现象有着重要意义。

（二）总结

本研究通过对定量数据的处理，分析了城市低保家庭的医疗需求，发现其对医疗服务的需求规模远超其收入水平，并以此为参照，考察了政府提供的医疗救助与医疗保险发挥作用的程度，发现无论是医疗保障的资金补贴力度，还是制度本身与实施过程，都存在很大的不足，远远不能满足低保家庭的医疗需求，而且制度上的"吝啬"在一定程度上抑制了低保家庭的医疗需求，"小病扛，大病拖"的现象非常普遍。为了释放城市低保家庭的潜在医疗需求，笔者提出了扩大医疗保障政策补助范围、提高补助比例、加强制度宣传、将家庭支出纳入家计调查、强化民政工作人员责任和服务意识等政策建议，以期达到完善低保政策、改善城市低收入群体民生的目的。

城市低保家庭是需要外界关注和关怀的群体，其医疗问题正如前文提到的那样，需求现实存在，政策的缺口也现实存在，但缺口

产生的原因和表现各不相同，因此需要从多个方面弥补这一缺口，使城市低保家庭的基本生活不受医疗风险的挤压。从医疗方面引申来看，这个群体常常由于一方面能力的缺乏，使得生活多个方面出现困境，从而出现困难的叠加。很多学者往往根据国际经验，超前地考虑到福利的叠加下会出现"福利陷阱"、"福利病"等畸形现象，但是要解决这个群体的贫困问题，必须要从单纯的基本生活保障转向基本生活、医疗、教育、养老等多管齐下的全套帮扶，只有福利的叠加才能解决困难的叠加。针对由此可能出现的"悬崖效应"，需要对不同的专项救助设定不同的进入标准，在同一标准下实施多项救助必然会出现陡峭的"悬崖"，没有低保金收入的家庭一样也会存在医疗的支出并面临随时落到贫困线之下的风险。因此，依靠不同的分类标准，将贫困边缘群体也纳入医疗救助等专项救助中来，可以在现实中将陡峭的"悬崖"改造得更加和缓。

第七章

城市低保家庭的住房救助[*]

一 研究背景和文献综述

（一）问题的提出

古有"安得广厦千万间，大庇天下寒士俱欢颜"，今有"居有其屋"。住房问题一直以来是关系个人福祉和国计民生的大事，尤其是对社会底层来说，更是插在心头的一把重剑，其重要性和困难性不言而喻。

20世纪80年代以来，随着我国经济体制深入改革和全方位社会政策变迁，城镇人口的收入和实际生活水平发生了较大的分化。其一，随着经济体制结构调整和企业经营机制转变，一些国有企业和集体企业由于不能与市场机制接轨，逐步被淘汰，很多职工下岗失业；其二，物价的不断上涨，使相当一部分城市居民尤其是低收入居民生活越发困难。因此转型阶段出现了很多新型城镇贫困人口，随之带来了不可避免的问题，形成社会发展的后遗症。每一次社会变迁的危机都是我国社会保障体系发展和完善的契机，应对改革中的社会问题，我国逐步建立了针对城镇的社会保障体系，最低生活保障制度作为社会保障体系的"最后一道安全网"，对满足人们生存需要、维护社会的稳定起着不可替代的作用。

住房问题是现代城市面临的主要社会经济问题之一。我国城镇化建设的过程中，人口大量涌入城市，对城市住房产生巨大需求。

---

　* 本章执笔人：林欣蔚、杨兰。

住房供应的短缺和住房价格的上涨，使广大中低收入家庭无力通过市场自主购买住房，大批低收入居民无房可住。建设部、民政部2005年的一项调查显示：全国城市低保家庭中约有400万户住房困难，截至2006年底解决了26.8万户的住房困难，仅占6.7%。另据建设部测算，目前全国有人均建筑面积10平方米以下的低收入住房困难家庭近一千万户，占城镇家庭总户数的5.5%。① 解决居民的住房困难是政府的重要职责。政府应当优先解决低收入家庭的住房困难，对其中属于最低生活保障对象的住房困难家庭，根据实际情况对其予以救助。

（二）住房救助政策沿革

住房体制改革在我国进行了30多年，经历了从传统的福利住房体制向住房市场化体制的转变。随着住房市场的发展及政府在保障性住房建设领域的政策推动，形成了多层次的住房保障体系。

新中国成立后，我国长期实行住房实物分配制度，住房由政府和单位统一建设分配。改革开放后，住房商品化和市场化的趋势越来越明显，住房供应开始"双轨制"运行，福利性住房分配和商品房建设共同存在。1994年《关于深化城镇住房制度改革的决定》首次提到"建立以中低收入家庭为对象、具有社会保障性质的经济适用住房供应体系"。1998年国务院发布《关于进一步深化城镇住房制度改革加快住房建设的通知》，明确提出要停止住房实物分配，逐步实行住房分配货币化。在住房救助方面，廉租住房制度于1998年被首次提出来，"最低收入家庭租赁由政府或单位提供的廉租住房"。2003年《关于促进房地产市场持续健康发展的通知》，提出"货币补贴为主，实物配租和租金减免为辅"的保障方式。2003年建设部出台了《城镇最低收入家庭廉租住房管理办法》，至此廉租住房制度基本建立。

2007年8月《国务院关于解决城市低收入家庭住房困难的若干

---

① 孙玉波：《住房保障政策如何解决城市低收入家庭住房困难》，2013年4月5日（http://news.xinhuanet.com/newscenter/2007-08/26/content_6605870.htm）。

意见》提出，加快建立健全以廉租住房制度为重点、多渠道解决城市低收入家庭住房困难的政策体系，将住房救助建设重点由经济适用住房转向廉租住房，明确提出"把解决低收入家庭住房困难作为维护群众利益的重要工作和住房制度改革的重要内容"。11月，《廉租住房保障办法》出台，《城镇最低收入家庭廉租住房管理办法》同时废止，明确规定新建廉租住房面积不得超过50平方米，并要求地方政府将土地出让净收益用于廉租住房建设的比例由5%提高至10%。同年，《廉租住房保障资金管理办法》、修订后的《经济适用住房管理办法》、《关于改善农民工居住条件的指导意见》等文件相继出台，体现出我国住房制度建设过程中政府责任的回归，[①] 标志着我国初步建成了新时期的住房救助体系。此后，地方性住房救助法规也逐步建立。

2008年国家多部门联合印发《城市低收入家庭认定办法》，进一步规范廉租住房、经济适用住房保障的核定标准。此后，中央出台了一系列城镇保障性住房规划，加大住房建设力度和对低收入家庭的住房保障力度。2009年5月，住建部、发改委、财政部联合印发《2009—2011年廉租住房保障规划》，提出"2009—2011年内再新增廉租住房518万套、新增发放租赁补贴191万户"的目标。2010年10月通过的"十二五"规划提出，要在"十二五"期间建设3600万套城镇保障性安居工程住房。[②] 截至2014年9月，全国城镇保障性安居工程合计已经开工3800万套，基本建成2417万套。[③]《国家新型城镇化规划（2014—2020年）》还提出，要将农民工纳入城镇住房保障体系。

在住房保障的标准和提供形式方面，《2009—2011年廉租住房保障规划》提到廉租房保障标准控制在人均13平方米左右，套型

---

① 宋士云：《新中国城镇住房保障制度改革的历史考察》，《中共党史研究》2009年第10期。

② 城镇保障性住房包括公共租赁住房（含廉租房）、政策性商品住房和棚户区改造安置住房等。

③ 国家统计局：《2010—2013年国民经济和社会发展统计公报》，2014年10月24日，中华人民共和国住房和城乡建设部网站（www.mohurd.gov.cn/zxydt/201410/t20141013—219292.html）。

50 平方米以内。2011 年 9 月国务院办公厅出台的《关于保障性安居工程建设和管理的指导意见》中强调重点发展公共租赁住房，单套面积控制在 40 平方米左右，继续发展经济适用房和限价商品住房建设，前者面积控制在 60 平方米左右，并提到要加强棚户和危房改造。从制度走向看，住房提供逐步由 20 世纪 90 年代的以建设经济适用房为主，转为实物配租和租赁补贴并重，以建设廉租房为主，再转为以公共租赁住房为重点，廉租房和公共租赁住房并轨运行，一步步扩大住房保障面和提高住房保障的政府责任。

（三）已有的相关研究

针对低收入群体的住房救助的政策实践，也带动了学界对此问题的研究。各派学者对此研究的内容，大致围绕住房救助筹资和用地来源、准入及退出审核机制、住房分配、监督管理机制等方面。

朱亚鹏通过回顾中国住房保障政策发展历程，从社会政策分析框架视角，分别对住房公积金制度、经济适用房制度、廉租房政策和限价房政策的现状和问题进行了分析，并从整体上分析了我国的住房保障政策，认为：①住房保障政策缺乏明确的社会价值和目标；②一些服务的形式具有社会轻视性、效率低、成本高的问题；③财产资格审查过于严厉，福利性较弱；④住房政策重决策、轻执行；⑤住房保障资金的来源虽然是多渠道的，但各个渠道都存在问题，都不能成为可靠的保障；⑥住房保障的政策互动上，不论是中央和地方还是政府与民众间的互动都比较缓慢。[①]

莫连光、郭慧芳提到，由于廉租房的福利性，政府应当在其建设过程中承担多重角色，包括廉租房产权拥有者、建设资金信用担保者、廉价土地提供者和协调人。[②] 徐成文、朱德开对经济法视野下的住房救助制度建设问题进行了研究，认为提供住房保障的责任主要是政府，并从经济法的角度对我国住房保障制度的建设提出了

---

① 朱亚鹏：《中国住房保障政策分析——社会政策视角》，《公共行政评论》2008 年第 4 期。

② 莫连光、郭慧芳：《关于我国廉租房建设的思考》，《改革与战略》2006 年第 8 期。

自己的思路，包括设定住房救助标准，强调功能优先，健全廉租房制度，规范经济适用住房制度。① 葛扬、贾春梅在论述我国廉租房供给不足问题的根源时，强调了公共物品供给对于经济持续发展的必要性，认为廉租房的供给是政府义不容辞的责任和义务，而地方政府是住房救助政策理所当然的执行主体。

李东卫剖析了我国住房保障制度存在的问题，分析了日本、新加坡等发达国家住房保障制度可供借鉴的经验与做法。在此基础上，提出了加快我国住房保障制度建设的建议，包括尽快建立完善住房保障法律体系，健全以政府为主体的住房保障体系，建立健全廉租住房保障制度体系，改进和规范经济适用住房制度体系，综合运用多种配套手段完善住房政策体系。② 陈灿煌以"三市场住房过滤模型"为基础，就我国目前城市低收入群体住房救助的两种供给形式——实物补贴和货币补贴——的实施效果进行了分析，认为实物补贴虽然可以迅速解决部分群体的住房问题，但是政府投入大且存在较多政府干预，不利于住房救助体系的持续发展；而货币补贴是直接补贴消费者，相对比较有效率。因此，他提议由以实物补贴为主逐渐向货币补贴过渡，并将经济适用房逐渐并入廉租房中。③

何灵、郭士征以上海市为例，对廉租住房退出机制的现状、问题与对策进行了研究，指出退出机制对于有效利用公共资源、维护低收入住房困难群体的居住权益具有重要意义。④ 唐旭君、姚玲珍同样以上海市为例，重新设计了廉租房的退出机制：以有能力购买经济适用房为退出标准，将资产和收入两个指标设计到退出公式中。他们重新衡量了上海市廉租房的退出标准，发现目前上海市的收入和资产标准太低，低保户在退出廉租房后没有能力购买经济适

① 徐成文、朱德开：《经济法视野下的住房保障制度建设》，《特区经济》2010 年第 1 期。

② 李东卫：《对我国住房保障制度建设的思考》，《改革与开放》2010 年第 1 期。

③ 陈灿煌：《城市中低收入群体住房保障制度效果分析及建议——基于"三市场住房过滤模型"的研究》，《价格理论与实践》2009 年第 12 期。

④ 何灵、郭士征：《廉租住房保障退出机制：现状、问题与对策——以上海市为例》，《华东经济管理》2010 年第 2 期。

用房，需要适当调整。①

　　综上所述，我国学者从多个角度对住房救助问题进行了研究与探索，取得了许多有价值的研究成果，这些研究深化了对我国住房问题的认识，也为以后的进一步研究提供了理论依据。同时，目前的研究中也存在一定的不足，已有研究中定性研究较多，小部分的定量研究也是以小样本的数据为支撑。

　　本章意在通过对问卷数据的定量分析，发现城市低保家庭住房现状及救助实施情况，对比住房需求和制度供给之间的缺口，对个案访谈资料的定性分析探究问题原因，最后提出相应的政策建议。

二　定量研究结果

　　本章使用的数据来自中国人民大学劳动人事学院韩克庆教授主持的"中国城市低保制度绩效评估研究"项目。该项目的调查问卷共分四个部分。其中，第一部分设置了家庭住房情况的问题，包括居住面积、房屋性质、房屋类型和新旧程度四个方面；第二部分为家庭接受最低生活保障的情况；第三部分"家庭收入与支出情况"中设置了房租减免或补贴及房租支出的问题；第四部分中也涉及居住情况与生活满意度等问题。根据课题组在北京、长沙等 6 个城市问卷调查的数据资料，下面从定量的角度，分析城市低保家庭的住房现状、救助情况（住房补贴收入与房租支出），并对不同居住情况与生活满意度的交互关系等进行探究。

（一）城市低保家庭的住房现状

1. 调查对象的住房面积及新旧程度

　　在被访的 1209 个样本中，住房面积的有效样本为 1198 个。根据每户家庭人数和住房面积计算人均住房面积，其分布情况如表

---

① 　唐旭君、姚玲珍：《城镇廉租住房退出机制的重新构建——以上海为例》，《经济与管理研究》2014 年第 3 期。

7—1。可以看到，受访户人均住房面积均值为 18.5 平方米，明显小于当年的全国城镇人均住房建筑面积 30.1 平方米，[1] 样本最大值为 150 平方米。[2] 人均住房面积小于 15 平方米的比例在一半以上，可见低保群体内部的住房大小存在较大差异。

表 7—1　　　　　　　　　　人均住房面积分布情况

人均面积（平方米）	频数（个）	有效百分比（%）	累计百分比（%）
小于等于 5	118	9.8	9.8
5—10	275	23.0	32.8
10—15	235	19.6	52.4
15—20	229	19.1	71.5
20—25	114	9.5	81.0
25—30	77	6.4	87.4
30—35	41	3.4	90.8
35—40	22	1.8	92.6
大于 40	87	7.3	100.0
合计	1198	100.0	100.0

从住房的新旧程度看，在被访的 1209 个样本中，住房新旧程度的有效样本为 1197 个，其分布情况如表 7—2 所示。可以看到，59.2%的家庭住在旧房中，还有 5%的低保户住在危房当中，这一

---

① 数据来自 2013 年《中国统计年鉴》第 410 页，由于调查时间为 2007 年，因此全国人均住房建筑面积取的是 2007 年的数据。

② 最大值样本住房为自建两层小楼，单身居住，女性，86 岁，本地农村户口，每月低保金为 170 元，除此之外还有子女资助和农村分红，调查前一个月总收入为 570 元。此外，还有两个样本人均住房面积在 100 平方米/人以上，一个 120 平方米/人的住房性质为租房或借房，单身居住，男性，60 岁，本地城市户口，患有重病，每月低保金为 365 元，除此之外还有 100 元卖废品的收入，调查前一个月总收入为 465 元。另一个 130 平方米/人的住房性质为自建住房，单身居住，女性，84 岁，本地城市户口，患有重病，每月低保金为 180 元，除此之外还有 600 元出租房屋收入，调查前一个月总收入为 780 元。

部分人群的住房状况亟待改善。

表7—2　　　　　　被访低保户住房新旧程度分布情况

新旧程度	频数（个）	有效百分比（%）
新房	116	9.7
一般	312	26.1
旧房	709	59.2
危房	60	5.0
合计	1197	100.0

2．调查对象的房屋性质

调查问卷将房屋性质分为祖传私房、自购商品房、自购房改房、自建住房、租房或借房、廉租房和其他七类。为了更直观地分析住房对低保户的影响，我们将住房按照来源分为四类：第一类型是公房、廉租房等政府提供的住房；第二类型是福利分房和单位宿舍等单位提供的住房；第三类型是祖传私房、自购商品房、自购房改房、自建住房、拆迁安置房、小产权房、集资房等私有住房；第四类型是租房、借住、寄住、敬老院等住房相对不确定的其他类型的住房。这四类住房的分布情况、平均面积和人均面积如表7—3所示。

表7—3　　　　　　　住房性质与面积分布情况

住房性质	频数（个）	有效百分比（%）	平均面积（平方米）	人均面积（平方米/人）
政府提供的住房	112	9.4	36.7	15.9
单位提供的住房	74	6.2	43.8	17.4
私有住房	578	48.3	53.9	22.2
其他	433	36.2	32.8	14.5
合计	1197	100.0	44.0	18.5

可以看到，受访低保户中，享受到政府提供住房的仅为9.4%，其中，属于廉租房的占5.0%，住房相对不确定的其他住房比例高达36.2%。在住房面积上，通过单因素方差分析发现，这四类住房性质的平均面积和人均面积的均值都存在显著差异。

在廉租房方面，根据《2009—2011年廉租住房保障规划》中提到的廉租房保障标准，人均住房面积要控制在13平方米左右，套型要控制在50平方米以内。样本中住房性质属于廉租房的受访对象的人均住房面积小于13平方米的占40.0%，人均住房面积均值为15.9平方米，略大于规定标准；套型方面，83.3%的受访户住房面积在50平方米以下，均值为37.2平方米。此外，样本中住房性质为廉租房的，人均住房面积超过当年全国人均住宅建筑面积的有5户，① 这些住户可以视情况合租，进一步合理安排、充分利用廉租房。

3. 调查对象的房屋建筑类型

住房建筑类型的有效样本为1195户，如表7—4所示。其中，老式单元楼房和平房居多，房屋类型为平房的占总数的37.1%，为老式单元楼的占42.3%。调查中发现，大部分低保家庭的住房面积小而且屋内摆设简单，除了基本的生活用具外，很少有大宗消费品，装修状况普遍较差。住房类型为其他情况的占5.8%，多为20世纪90年代修建的新式单元楼，还有办公用的商品房、违章建筑、杂屋、自建房等多种类型。

表7—4　　　　　　　　受访户房屋类型分布情况

类型	频数（个）	有效百分比（%）
平房	443	37.1
筒子楼	61	5.1
老式单元楼房	506	42.3

---

① 这五户情况如下：1户是一家三口，夫妻俩都是三无人员，孩子在上学；1户是丈夫残疾的夫妻俩，妻子有工作；1户是离异的母子，母亲灵活就业，孩子上学；1户是独居重病老人；1户是离异妇女独居，灵活就业。独居的2户住宅面积都小于50平方米。

续表

类型	频数（个）	有效百分比（%）
新式塔楼或板楼	116	9.7
其他	69	5.8
合计	1195	100.0

（二）城市低保家庭的住房货币补贴情况

1. 住房补贴的分布情况

通过对住房补贴的统计（见表7—5）可以看出，在所调查的有效样本中，有5.1%享受到了住房减免、补贴。在这些上月获得了住房补贴的家庭中，仅有5户家庭享受到300元及以上的住房补贴，最多的得到了824元，[①] 七成以上的住房减免或补贴在100元以内。住房补贴的均值为97.0元，方差为155.1，可见，获得了住房补贴的低保户内部的补贴差异也是很大的。

表7—5　　　　　　**上月获得的住房补贴分布情况**

住房补贴（元）	频数（个）	有效百分比（%）
0	1145	94.9
1—99	45	3.7
100—299	11	0.9
≥300	5	0.4
合计	1206	100.0

2. 按住房性质分类的住房补贴情况

由表7—6可以看出，在少数的享受房租减免或补贴的人中，住

---

① 这一家庭为五口之家，儿子儿媳有工作，两个孙女上学，住的公房，人均住宅面积为3.3平方米，上月低保金为640元，总收入为6400元，其中有1100元的工作收入、3000元亲友借款和其他救助。

房性质近七成属于租房、借房或其他，其余大部分是住政府提供的住房，廉租房占到23.3%，还有少量房子是私人的。可以看到住房来自政府的，不论是住房补贴均值还是人均住房面积，都要比私人和住房不确定的更高。

表7—6　　　　　　　　　受访户房屋类型分布情况

住房类型	频数（个）	有效百分比（%）	住房补贴均值（元）	人均住房面积（平方米）
政府提供	23	38.3	130.2	16.8
廉租房	14	23.3	124.4	19.0
公房	9	15	139.2	13.4
私有住房	4	6.7	51.5	14.2
不确定或其他的	33	55	81.73	12.1
合计	60ª	100.0	98.3（均值）	14.1（均值）

注：a 原本为61户领取住房补贴，但其中一户的住房性质是无效值，因此这里只有60个样本。

总体来看，存在住房困难的低保户比例依旧很高，还有很多低保家庭处于借住、寄住的状态，住房没有保障。人均住房面积小于15平方米的低保户占了一半以上，且低保户群体内部的住房大小存在很大差异，大的特别大，小的特别小。享受到住房补贴的住户比例很低，仅占5.1%，且补贴差异很大，一半以上低保户享受到的补贴是在50元以下的，总体来说补贴水平偏低。

三　定性研究结果

通过问卷数据分析，我们可以对低保家庭的住房现状及救助情况有一个总体的认识，可以看出城市低保家庭在住房救助方面的需求是巨大的。住房救助措施并不到位，也就是制度供给是不能满足需求的。下面用定性的方法，通过分析访谈材料中的个案，来进一步探究城市低保家庭在住房救助方面的问题。

（一）低保家庭住房条件差，基础设施配套不足

在调研过程中，我们发现很多住户住房条件很差，缺乏基础设施，有些甚至难以满足基本的居住要求，例如缺少必要的供暖、供气、供水等。政府提供的廉租住房，有一些是腾退的老房子，条件较差。

【案例7—1】任先生，北京市宣武区大栅栏街道，因病失业，三口之家，妻子有临时工作，儿子在上职高，每月有低保金600元左右，亲人接济300元，妻子收入300元左右，但是没有保障，支出要900元以上，主要花在吃饭上，住廉租房，月租51元。

问：这房子有多大呢？

答：23点多吧？！总共的面积好像应该是23.7好像是，这间房就是过去，你知道，老筒子楼，这都是五几年六几年盖的楼，什么都没有，暖气没有，煤气没有，煤气罐子自己楼下扛，暖气呢，到冬天取暖就烧炉子，往上搬煤，搬那蜂窝煤，这是老筒子楼。

问：就是以前都没有铺这种相关的管道啊？

答：没有啊，这是，这好像是六几年建的吧，应该是，外面都能看到都是砖头建的，现在哪有砖头建的楼啊，都是一层层盖起来的。

【案例7—2】杨女士，长沙市天心区人，无固定工作，丈夫去世，女儿上初中，和80多岁的婆婆住在一起，婆婆腿脚不便，每月有低保金220元，家庭经济压力大。

问：那您觉得政府啊，就是国家，还应该在哪些地方帮助您，帮助您家里解决哪些困难呢？

答：困难就是没有房子住。房子到处都开拆，一到下雨就

好恐怖的，一下雨我就怕，怕房子垮了。

问：哦，希望政府能够帮你解决住房的困难。

答：嗯，希望解决点眼前的困难。平房吧，住还是好住，就是到处都开拆，你看，就像这样的。现在搞开发，房子拆是肯定会拆，就不晓得什么时候拆。是奶奶的房子，我可以住。

（二）住房救助资金补贴不充分，房租压力大

充足的资金是建立住房救助制度的后盾，它直接关系到住房救助制度的受益对象和受益水平，尽管住房救助规章中规定了许多资金来源渠道，但实践中未能充分利用。国家明确规定财政支出是廉租住房最主要的资金来源，但实际情况是地方财政投入不到位致使许多廉租住房无法开工建设，廉租住房的数量根本无法满足低收入家庭的需要。国家划拨的住房救助补贴，虽然能起到缓解住房困难的作用，但对于房租支出已成为家庭的重大负担的低保对象来说，仍起不到解渴作用。①

【案例 7—3】刘女士，辽宁省朝阳市双塔区，房子是租借住别人的，共有三间，进门一大间，放着木柴和一些杂物，然后是狭窄的走廊，连接着厨房和卧室，卧室里面布置很简单，除了两张床和一个桌子之外，几乎没有什么家具。

问：那你觉得现在家里最大的困难是什么？

答：最大的困难就是买不起房子，我们现在就住的是别人的房子。

问：这是谁的房子？

答：我们租邻居的房子。

问：你们租别人的房子，一个月房租要用多少钱？

答：一个月房租要 180 块钱，那点低保金连房租都不够。

---

① 夏建中：《健全廉租房制度的关键：强化政府公共服务职责》，《教学与研究》2008 年第 1 期。

（三）地方财政难支撑，政策执行不到位

我国东、中、西部区域发展存在差异，经济上的失衡现象明显，对低保家庭的住房救助而言，也存在明显的政策渐进性，得到的住房救助不是同步的。中央政策目标是统一的，但在具体实施中，地方财政对政策执行的支撑能力是差别很大的，资金支持的不到位导致政策实施有偏差。

【案例7—4】姜先生，辽宁省朝阳市双塔区，三口人，手有残疾，丧失部分劳动能力，屋里比较窄小。

问：政府现在出台了好些政策，可是不太好实施。

答：地方的事那咱就不清楚了。低保户也分三六九等。你比方说在朝阳，我这样的情况就和人家差了10多万。因为我没房子，这是一大问题。人家有房就可以坐地，坐在家房子就值10多万。

问：但是你们领取的低保金额也是不同的嘛。

答：没什么不同的，都一样。政策规定住楼房的不能超过80平方米，那样就不能领取低保。80平方米，就是50平方米咱也没有。我房子还是租朋友的，租金还比较少，一月150元，要不然……慢慢来吧，面包会有的吧！

（四）住房救助标准不清晰，难以保证公平性

在实际运作中，对低保家庭收入核查和住房标准的确定都存在较大差异，造成了政策实施的漏洞，其中也存在违规操作的现象，使救助没有用到真正需要的对象身上。我国公民的个人收入尤其是隐性收入很难统计，为获得保障性住房，一些家庭会通过伪造家庭收入材料、隐瞒家庭住房情况等诸多方式来取得救助资格。社会救助的方方面面涉及了多个责任主体，单住房救助这一块就涉及住建部、人社部、民政部、财政部等多个部门，但落实到基层，低保户相关的各种补贴资格的审核工作实际上是交由居委会进行的，但居委会却又缺乏监管的合法性，责权不一致，容易造成监督缺位、分

配不公，以下两个案例体现出廉租房办理中的这一现象。

【案例 7—5】王先生，北京市宣武区天桥街道，有一点甲亢，爱人眼睛有毛病，两人都没有工作。住拆迁后的"房改房"。

问：那您有没有发现周围有谁家庭经济条件比较富裕的，还在吃低保？就像夫妻两人感情很好，故意离婚，把车房都给一个人，然后让另一个吃低保？

答：没听过，这些事情也不好去说它，比如我在家吃低保，我不吃了，我到外谋生，但我并不给国家单位干，只给私人单位干，你给我两三千都可以。碰到年检呢，让开个证明，说我工资 600。这样从证据上没法说，公安局做事不都还得拿出证据来么？怎么取证呢？这样不就纸上谈兵么？也不是说你制定什么政策就可以了。像我们住这房子，拆迁补的，像有些户口还在，还在吃低保；有的一家，兄弟姐妹一大家，拆迁给个总数，又吃着低保，没有买房，拿着拆迁的钱，人家在底下盖个房子，又享受廉租房的钱，这个怎么说？

问：像你们可以享受廉租房么？

答：我们不可以，我们以前有个 10 多平的。

（五）依赖单位住房的群体面临住房困难问题

20 世纪八九十年代经济体制改革浪潮中，国有企业改制在转变经营方式、激发自我活力的同时，造成了一大批结构性失业者，给他们的生活带来颠覆性的变化，下岗工人不仅断了收入来源，而且住房安全也受到了一定的威胁，过去对单位福利的过于依赖，造成他们脆弱的独立应对风险的能力，大部分住在原单位提供的福利住房的员工，在企业破产时面临住房问题的严峻挑战。

【案例 7—6】肖先生，60 多岁，退休近 10 年，老伴没有工作，两个女儿，其中一个有精神病，需要全天候照顾。另一个女儿下岗，家里情况不好。退休收入 600 元，孩子低保金

220 元。

问：那您觉得还有没有情况政府还可以帮助的，除了您这个女儿的问题之外？

答：我自己有什么困难，我自己解决。我现在要求不高，最大的问题是房子的问题。

问：您说您住的是公房啊？

答：是啊，是单位的。现在单位破产要卖掉，卖掉我们就要搬家。

问：卖房子还是卖土地？

答：卖土地，卖房子，都卖掉。

问：那怎么办呢？

答：房子是公家的，公家的以后看政府提供什么廉租房，买房子肯定是买不起的啊！看政府安排什么廉租房。

问：企业要把厂子卖掉，还有住宿楼都卖掉，肯定有很多意见，那怎么反映的呢？

答：意见肯定是有的咯！现在还没有，就是说没有安排，我们就拖。我现在这里吃饭，你现在要把房子都卖掉，卖掉的钱来分给职工。

问：企业是把房子卖掉，把钱分给职工？

答：就是买断工龄走路，解决问题。就是我们的房子是公家的。他要卖掉了，我就要搬走。他得给我安排住的地方，不然我不得走。

【**案例**7—7】王女士，辽宁省朝阳市双塔区，"房改房"，64 平方米左右，两室一厅，2001 年买这户房子时，向亲戚朋友借了不少钱，至今未全部还完。家里布置简单，家具很旧，有一些是亲戚用过的旧家具。

问：给了买断钱之后呢？工厂还负责你们的养老保险吗？

王：没有，不管养老保险，工厂什么都不管了。那时候平房动迁，刚买了楼房，用买断钱还了一部分债，又借了钱买房子。刚下岗时，还借了钱做买卖，全都赔了。没有经验，又没有关系，不会做买卖。

问：能说得详细些吗？

王：2003 年下岗了，那时年轻，我才 34 岁，就想做点长久的营生，就向亲戚朋友借钱。那是 2003 年年末，2004 年年初，借了 2 万多，开了个小店，半年的时间，全都赔了。刚买房子时，还借了 4 万多，上班时，我一个月才挣 300 多块，我爱人才挣 400 多块，本来就没什么积蓄。这么多年，一直还钱，借钱，再还钱，到现在还欠了别人 3 万多。（沉默）加上养老保险一共欠了 5 万多。

问：还有其他的条件吗？住房条件有吗？

王：有。房子不能超过多少面积，我不知道。但是我家房子符合条件。

（六）住房救助措施宣传力度不足，认知有误

不论是顶层设计还是具体实施，政府一直在努力做好住房救助工作，维护低收入人群的住房权利，但由于信息不对称、宣传不到位等原因，致使不少低保户对现行的住房救助政策不了解，不能有效申请、享受应有的住房救助。

【案例 7—8】李女士，回族，天水市大城街道，五个孩子，靠低保金生活。最担心的事情是房子。现在住的房子是汉族的，因为处于市中心，年底就准备收回拆迁，怕到时候找不到合适的地方住。

问：还有这个廉租房，你也可以享受一些优惠，可以住的比这好一点。还有就是如果一个月是 100 块钱的话，政府可以给你报销 60 块。你可以过去问一下我们这个社区有没有廉租房，你还可以享受一些补贴。这个制度现在已经实行了，你可以去争取一下。

答：我去了，我的这个房子是公家的，人家现在就要呢，我也是没有办法。人家限我在两年内搬出去呢。但廉租房要 12 万呢，我哪有钱呢。

问：不是，大娘你搞错了，那是廉租房，廉租房是让你在街上呀什么的租个房，如果一个月是 100 块钱，政府给你报销 60 块钱。

答：没有。那我就不知道了！

【案例 7—9】杨女士，长沙市天心区，丈夫去世，一个女儿，没有固定工作，身体不好。

答：希望能够解决的就是，希望多拿点钱，让小孩把书读出来，读完初中，读完高中出来，将来小孩走上社会。我想我的身体不蛮好呀，可以达到我的条件啊。再一个就是住的是危房，房子一些地方都开拆，住着好恐怖的。有时候听说什么特困户，危房呀什么的，电视里都报了。

问：您住的是经济适用房，还是廉租房还是什么的？

答：我也不晓得什么房。电视里有个时候讲了一些，我也说不全。电视我也看不得，有时候看一点点。

问：您在电视里看了什么？

答：看了，有个时候就是不记得，说不出来。

四　政策建议

综合上述分析，可以看出我国城市低保家庭的住房需求与住房救助供给存在一定的差距，不能有效满足低保家庭的住房需求。借鉴国外经验并结合实际，建立并完善针对城市低保家庭的住房救助制度，是保障低收入人群住房权利的基本要求，也是适应经济社会发展的客观需要。

（一）强化地方政府的财政责任和救助责任

提高地方政府在住房救助工作中的责任意识，将保障性住房建设和低收入家庭住房补贴指标纳入政绩考核体系。住房救助资金来源应当以财政支出和土地出让金净收益为主，与英国、美国、泰国、印度等国家相比，我国政府在住房救助上的财政支出比例还很低，政府的财政责任完全可以进一步提高。首先要加强对省市一级地方政府在住房保障上的财政投入、土地出让收益和公积金收益投入的行政规制，尽快制定相应的行政处罚条例规范有关资金的落实。其次，要明确县镇一级基层行政部门的救助责任，制定相关条例，将改善低保户住房情况的一些必要措施细则化，明确责任主体。

（二）规范住房救助的退出标准和对住房救助对象的监管力度

地方政府应当明确住房救助的准入和退出标准，及时吸收新的救助对象。各地区的标准可以差异化，但是要明确是和哪些指标挂钩，并及时向民众普及住房救助的有关政策条例，让更多的中低收入家庭认识救助政策，并知道申请住房救助的条件以及流程，减少因为对政策不了解而无法申请的情况。考虑到住房作为生活必需品的重要性和目前房屋租赁买卖的难度，对于低收入家庭腾退保障性住房和停发补贴应当采取弹性处理、逐级退出的办法，给退出住房救助的家庭留出相对充分的缓冲期。

（三）根据消费能力建立多层次的住房救助体系

住房市场的阶段性发展会影响住房保障体制的覆盖范围和程度，影响住房救助运作模式的选择。在不同的经济发展阶段，住房消费的水平和需求不同，住房救助措施的侧重点也是不同的，要制定出适应不同阶段消费需求的住房救助发展规划。政府应当在住房救助体系中承担"兜底"作用，供给对象是存在住房困难的低保户；对于一些收入水平相对较高的中低收入家庭和从低保进入非低保的低收入家庭，可以鼓励他们购买由政府提供的保障性住房。

（四）做好新建保障性住房的监管工作

国家《2009—2011年廉租住房保障规划》和《国务院办公厅关于保障性安居工程建设和管理的指导意见》等一系列政策的出台，给我国的保障性住房建设提出了明确目标，强化了政府责任。

但相关的住房建设工作仍需进一步落实，尤其是新建房屋是否符合标准、有没有不达标或是超标建筑，都需要住建部门跟进监督；违规操作保障性住房建设的惩戒措施也应尽快跟进，防止出现新建房屋单套面积过大的情况，落实各级监管责任，确保新建住房资金到位、建设到位、分配公平。

五　结语

经济社会转轨过程中出现了许多社会问题，结构性失业带来的贫困人口增加，"住房难"成为困扰城市低保家庭生活的重大问题。政府实施了多样的住房救助政策保障低保家庭的住房权利，起到了一定的效果，但同时也存在不少问题，需要进一步完善。实施住房救助制度是解决贫困家庭住房问题的必要方法，是切实解决最低收入家庭居住问题的重要举措。

在住房救助体系建设中，发挥政府的主导作用，构建起完善的住房救助体系，使广大低收入群体能够享受经济发展的成果，是关系国计民生的大事。通过政府对住房市场的有效干预，能更好地解决城镇低收入居民家庭的住房问题，保障城镇居民的基本居住条件。让低保家庭"居有其屋"，让社会底层成员分享经济社会发展成果，有助于促进社会公平，维护社会稳定，推动经济和社会协调发展。

第八章

城市低保家庭的就业救助[*]

一　研究背景

（一）问题的提出

中国在反贫困的目标上不遗余力，并取得显著成果，这在贫困发生率、绝对贫困人口等方面都有所体现。[①] 在 20 世纪 90 年代经济高速发展期间，上海市政府于 1993 年率先试行城镇最低生活保障制度，让低于一定收入比例的家庭领取最低生活保障金。[②] 该政策得到各省的仿效以及中央政府的支持，在 1999 年《城市居民最低生活保障条例》出台后得到进一步的完善。[③]《中华人民共和国宪法》中规定，公民在年老、疾病或者丧失劳动能力的情况下，有从国家和社会获得物质帮助的权利。1999 年国务院颁布的条例真正将其落实为一种法定权利，被誉为居民的最后一道安全网。[④]

---

　　[*]　本章执笔人：林辰乐、吕翔涛。原文《影响城市低保受助者就业的政策因素分析——就业的双项逻辑回归模型及访谈实证研究》，《中国软科学》2012 年第 8 期。

　　[①]　张秀兰、徐月宾、王韦华：《中国农村贫困状况与最低生活保障制度的建立》，《上海行政学院学报》2007 年第 3 期。

　　[②]　唐钧：《最后的安全网——中国城市居民最低生活保障制度的框架》，《中国社会科学》1998 年第 1 期；Gao Q., Yoo J., Yang S. M., Zhai F., "Welfare Residualism: A Comparative Study of the Basic Livelihood Security Systems in China and South Korea", *International Journal of Social Welfare*, Vol. 20, 2011, pp. 113-124.

　　[③]　洪大用：《当道义变成制度之后——试论城市低保制度实践的延伸效果及其演进方向》，《经济社会体制比较》2005 年第 3 期；韩克庆：《社会安全网：中国的社会分层与社会福利建设》，《社会科学研究》2008 年第 5 期。

　　[④]　林莉红、李傲、孔繁华：《从宪定权利到现实权利——我国城市居民最低生活保障制度调查》，《法学评论》2001 年第 1 期。

　　无法否认的是，领取低保金有利于缓冲人们紧急时的基本需要，例如一部分残疾、刑满释放的低保对象在市场上较难立刻找到工作。尽管低保金只能满足他们的生存需要，但是目前中国最低工资与低保金的差距不大，不利于激励低保对象就业。[①] 相反，英国1834 年的新济贫法（*Poor Law Amendment Act*，1834）即提出劣等处置原则（Less Eligibility），即最低保障不能超过最低工作报酬水平以及创造工作职位来保证工作的积极性。[②] 其实，世界各地也有鼓励促进弱势群体就业的再培训工作，协助他们自力更生，融入社会。一些较为成功的例子可以作为参考，比如香港的雇员再培训局，其主要职责是为新到港人士、残疾及工伤康复人士等，提供相应的培训课程及服务。现在该局的服务对象已经提升至 240 万名香港居民，其中也包括了 14 万失业人士。2010 年，共约 94000 人次完成相关的课程，55000 人次完成就业挂钩课程，学生就业率为80%。[③]

　　中国最低生活保障制度有 20 年的发展历史，许多学者和多类型的研究对此政策做出详尽的讨论和分析。首先，不少学者认为，最低生活保障提供一个真正意义的安全网，也明确了政府的责任和凸显公民的宪制权利。[④] 学者们开始提倡除了安全网的消极性保障外理应推广积极性的保障，比如就业促进政策。[⑤] 不少学者和研究表

---

　　① 林志伟：《我国城市居民最低生活保障标准实证研究》，《人口与经济》2006 年第 6 期。

　　② Besley，T. and Coate，S.，Workfare versus Welfare：Incentive Arguments for Work Requirements in Poverty-Alleviation Programs，*The American Economic Review*，1992，pp. 249 -261.

　　③ 香港雇员再培训局：《2009—2010 年度年报》，2011 年。

　　④ 林莉红、李傲、孔繁华：《从宪定权利到现实权利——我国城市居民最低生活保障制度调查》，《法学评论》2001 年第 1 期；洪大用：《当道义变成制度之后——试论城市低保制度实践的延伸效果及其演进方向》，《经济社会体制比较》2005 年第 3 期；韩克庆：《社会安全网：中国的社会分层与社会福利建设》，《社会科学研究》2008 年第 5期。

　　⑤ 参见洪大用《如何规范城市居民最低生活保障标准的测算》，《学海》2003 年第 2 期；徐月宾、张秀兰《我国城乡最低生活保障制度若干问题探讨》，《东岳论丛》2009 年第 2 期。

明，就业能够有效促进居民的生计发展。① 关信平指出，中国正逐步创造消除贫困的经济和社会条件，包括促进就业条件。②

就业对贫困人士有重要的意义，能够保证他们的可持续生计和增加他们可持续的发展机会。中国政府已经于 2007 年通过实施就业促进法，明确政府在就业促进中的责任，其第四条明确指出，县级以上人民政府把扩大就业作为经济和社会发展的重要目标。

结合上述的研究和学者的观点，本研究的目的在于对影响低保对象就业的政策变量进行分析，这些政策变量包括是否参加过登记失业、就业培训、职业介绍和公益岗位。同时加入政府就业促进政策与社会经济背景的因素，考虑低保对象的就业仍受哪些因素显著影响，以及因素影响的强度和方向。

（二）文献综述

政府推出就业政策时，必须要考虑影响居民就业的各种社会经济因素，包括性别、年龄、教育、健康。在加入低保金给付的因素下，学者们对就业的影响因素也做了详尽的分析。

1. 影响就业的社会经济因素

性别方面，潘锦棠和张抗私说明了中国女性劳动参与率较男性为低，且工资也较低，而且随经济发展正在增大差距。③ 都阳的贫困农户调查也发现，男性参与非农业职位较女性强，且已婚的人更容易参与非农业的职位。④ 潘锦棠进一步指出主要原因包括生理的

---

① Moser, C. O., "The Asset Vulnerability Framework: Reassessing Urban Poverty Reduction Strategies", *World Development*, Vol. 26, 1998, pp. 1-19；唐钧：《城市扶贫与可持续生计》，《江苏社会科学》2003 年第 2 期；唐钧：《"可持续生计"与就业》，《中国劳动》2004 年第 2 期；华迎放：《城市贫困群体的就业保障》，《经济研究参考》2004 年第 11 期；李迎生、韩央迪、肖一帆、张宁：《超越统合救助模型：城市低保制度改革中的分类救助问题研究》，《学海》2007 年第 2 期；黄晨熹：《城市低保对象求职行为的影响因素及相关制度安排研究——以上海为例》，《社会学研究》2007 年第 1 期。

② 关信平：《现阶段中国城市的贫困问题及反贫困政策》，《江苏社会科学》2003 年第 2 期。

③ 潘锦棠：《经济转轨中的中国女性就业与社会保障》，《管理世界》2002 年第 7 期；张抗私：《劳动力市场性别歧视行为分析》，《财经问题研究》2004 年第 4 期。

④ 都阳：《中国贫困地区劳动供给研究》，华文出版社 2001 年版，第 92 页。

差异，比如生育、哺乳；法律对产假的保护也削弱了企业聘请女员工的积极性等。①

年龄方面，人力资本理论提出人们在经验和人际关系的积累下，年轻至中年阶段的年龄上升可以提升人们的就业收入。然而，国内外学者指出，年龄歧视的现象普遍。很多时候年轻工人较有活力，且身体机能较佳，更容易受到劳动服务雇主的青睐。②

教育方面，王德文提出教育发展对于中国转型期有关键作用，且对就业促进有直接关系。③ 都阳的贫困地区农户调研也发现教育程度上升，参与非农业职位的机会也会上升。不过，都阳的 Probit 模型就业分析中发现，教育投资和就业工资呈现反效果。他认为贫困人口无法满足教育投资期长和巨大的要求，而且他们的就业一般不太需要教育的资格。④

健康方面，魏众研究发现，入职时无严格的筛选可能导致健康对工资的影响并不显著。⑤ 换言之，健康是入职时的一道门槛。缺乏劳动力和体弱的劳动参与者很多时候找不到工作。

上述研究主要面向一般大众和贫困人士，没有针对受低保金因素干扰的低保对象。综合以上学者对就业的研究，可以得出一些基本判断：对于贫困人士来说，年轻、学历高、男性、健全劳动能力对就业有正面影响。

2. 低保对象的就业研究

洪大用指出，低保制度有一定程度的延伸效果。⑥ 低保金的替

①　潘锦棠：《经济转轨中的中国女性就业与社会保障》，《管理世界》2002 年第 7 期。

②　Finkelstein, L. M., Burke, M. J., Raju, M. S., "Age Discrimination in Simulated Employment Contexts: An Integrative Analysis", *Journal of Applied Psychology*, Vol. 80, 1995, p. 652.

③　王德文：《教育在中国经济增长和社会转型中的作用分析》，《中国人口科学》2003 年第 1 期。

④　都阳：《中国贫困地区劳动供给研究》，华文出版社 2001 年版，第 98、106、108 页。

⑤　魏众：《健康对非农就业及其工资决定的影响》，《经济研究》2004 年第 2 期。

⑥　洪大用：《试论中国城市低保制度实践的延伸效果及其演进方向》，《社会》2005 年第 3 期。

代和收入效应均给予就业以负激励作用。① 除非达到一定的收入水平，否则低保金和收入完全替代，且带来工作成本。② 因此，低保金在很大程度上对低收入人士的就业进行了负面干扰。低保金的计算公式导致的福利依赖对低保对象的就业有负面影响。而且，附带福利也是负面激励就业的主要原因。③ 韩克庆的实证分析则指出，低保对象的就业意欲十分强烈，但是受到年龄、健康状况影响而无法稳定就业。④

黄晨熹已经利用分层多元回归分析针对上海市的低保居民做出求职行为的因素分析。加入个人和情境的控制变量后，社会背景因素只有教育年限保持着正向的显著关系，性别和年龄却没有显著的统计意义。⑤

（三）研究意义

本次研究直接以就业与否作为因变量去测量不同因素对就业的影响。政策的影响因素是一个值得挖掘的因素，而整个研究的意义在于加入政府就业促进政策与社会经济背景，在综合考虑多种因素的同时影响下，考察低保对象的就业仍受哪些显著的政策与背景因素所影响，以及因素影响的强度和方向，并根据实证结果提出适当的就业促进政策建议。

为了进一步强调政策与受助者经济背景资料的整合，自变量均保留定类（Nominal Scale）和定序（Ordinal Scale）的测量进行双项逻辑回归模型分析，例如教育会分为小学及以下、初中和高中来进行之间的对比，而不只是一个单纯的越高越好或越低越好的结论。做

---

① 曹艳春：《城市"低保"对象就业决策分析》，《经济论坛》2005 年第 24 期。
② 陈亚东：《推进低保与就业联动的对策建议》，《社会保障研究》2008 年第 3 期。
③ 黄晨熹、王大奔、邱世昌、蔡敏：《让就业有利可图——完善上海城市最低生活保障制度研究》，《市场与人口分析》2005 年第 3 期。
④ 韩克庆：《转型期中国社会福利研究》，中国人民大学出版社 2011 年版，第 295 页。
⑤ 黄晨熹：《城市低保对象求职行为的影响因素及相关制度安排研究——以上海为例》，《社会学研究》2007 年第 1 期。

出定量分析后，通过定性的访谈和小组讨论，希望可以为定量结论提出一定的佐证并进行更深入的探讨。

二　研究方法

（一）研究假设

根据理论文献，提出研究假设：经济背景因素（年龄、教育程度、性别、住房、劳动能力、婚姻）和就业政策因素（是否参加过登记失业、就业培训、职业介绍、公益岗位）均影响低保对象是否就业。因素的选项如表8—1所列。

表8—1　　　　　　　　　预期因素和变量对就业的影响

变量类型	变量名称	变量取值	对就业的预期影响
社会背景因素	年龄	青年（25—39岁）；中年（40—60岁）	青年就业优于中年
	性别	男性；女性	男性就业优于女性
	婚姻状况	未婚；已婚	已婚就业优于未婚
	教育程度	小学或以下；初中、高中或以上	教育程度的提升有助于就业
	劳动能力	健全；部分丧失；完全丧失	劳动能力的下降有损就业
就业政策因素	登记失业	曾经登记；未曾登记	曾经登记就业优于未曾登记
	免费的就业培训	曾经参加；未曾参加	曾经参加培训就业优于未曾参加
	免费的职业介绍	曾经参加；未曾参加	曾经参加介绍就业优于未曾参加
	公益岗位	曾经参加；未曾参加	曾经参加公益岗位就业优于未曾参加

（二）定量研究

1. 样本来源与调查方法

本次研究所采用实地调查数据源于中国人民大学劳动人事学院韩克庆教授主持的"中国城市低保制度绩效评估"项目。由于低保政策在不同地区有一定的差异性，所以本次研究根据经济和地域差异进行了主观抽样，从全国选取部分典型地区作为抽样单位，包括北京市宣武区、重庆市渝中区、湖南省长沙市、广东省中山市、甘肃省天水市和辽宁省朝阳市。基于《民政事业统计信息管理系统——台账子系统》内记录的低保人员信息，通过软件随机分段抽样，选取了 1462 名调查对象，得到有效问卷 1209 份。由于主要研究就业状况，故只保留适合就业年龄的受访者。为了减少年轻人刚就业的不确定性，研究的年龄界限是 25—60 岁。同时为了确保每一独立样本数据的完整性，去除所有任何在研究统计量上有缺失值的问卷，最后得出有效样本数为 797 个。

2. 问卷设计和统计方法

本次研究除了直接询问受访者的就业状态（就业、失业）外，也通过问卷分析其相关因素再做双项逻辑回归模型（Binary Logistic Regression Model）分析。因素包括两项主要的类别，分别是社会经济背景和政府就业援助。问卷中的变量根据假设中的变量进行设计。

除一般叙述性分析及双项统计比较外，研究亦会分析哪些因素会影响他们就业的状况，因此将会引用双项逻辑回归模型。双项回归分析是建立因变量（Dependent Variables）与（多于一个）自变量（Independent Variables）之间关系的数学模型，可以反映自变量与因变量之间的相关方向与强度，便于观察特定变量来预测研究者感兴趣的变量。另外，由于居民就业状态直接分为就业（包括正式就业和灵活就业）和非就业的双项选择，因此还将使用双项逻辑回归模型来分析居民就业情况的因素，将因变量其中一个类别设为"参照组"（Baseline Category / Reference Group），那么回归系数解读为"当自变量增加一个单位，因变量 A 相对因变量 B 的概率会增加/减少几倍"，此时因变量 B 为选定的参照组（分母，或说被比较的那一组），参照组可随意设定，因为结果会完全一样。利用双项逻辑回归分析，比较是否就业的被访者，当中存在什么因素具有显著性的影响。这里将以后退法（Backward Method）作为筛选方法，即逐一剔除没有影响力的因素，直至剩余变量均有显著统计意义。该统计方法用以了解一个以上自变量与两组或以上因变量的函数关系。优势比（Odd Ratio，OR）就是说明自变量与因变量间之关联，优势比值越高，表示自变量与因变量之关联程度越强。

（三）定性研究

1. 样本来源与调查方法

在问卷调查的基础上，研究选取部分低保对象和邀请低保干部作为个案访谈对象。为了确保数据的代表性，研究从 6 个地区均抽取了访谈对象共 108 人。其中，低保户 90 人，低保干部 18 人。定性研究将会以个人深度访谈（In-depth Interview）和焦点小组讨论（Focus Group Discussion）来进行。

2. 深入访谈法

深入访谈的关键在于依据定量的结果设计问题，与低保受助者和干部展开话题，主要的话题包括就业的困境、政府的失业援助等。低保户的议题主要涉及低保对象无法就业的困境和因由。与此同时，访谈也会关注他们的就业意向和低保、就业政策对就业的影响。对于干部则访问他们执行低保就业政策的做法和困难。课题组成员将所有访谈录音，并把所有录音编为文字稿录入电脑，进行相关内容分析（Content Analysis）以把握问题要点。

3. 焦点小组讨论

在深入访谈了解各方的反应之后，还举行了焦点小组讨论。内容主要设定在就业方向方面，干部之间相互讨论，受助对象则提出他们的想法、要求和响应。同样采取内容分析以把握问题要点。此小组讨论可以让居民和干部互动，通过讨论得出新的启发。

三　定量分析结果

（一）双项描述性及方差统计

从表 8—2 来看，有效样本共有 797 人，其中有 3/4 的被访者年龄是 40 岁及以上，男女各占一半，超过六成被访者为已婚人士，近五成被访者的文化水平为初中程度；若以劳动能力看，近四成被访者有健全的劳动能力，但有四成半被访者却为丧失部分劳动能力者。从被访者社会经济状况看，只有年龄、文化程度和劳动能力表示之间存在着显著的差异。与就业政策有关的事项中，有三成被访者曾参加过失业登记和就业培训，两成被访者曾参加过"公益岗位"，一成被访者曾参加过职业介绍。其中只有曾参加过公益岗位和就业情况存在显著性差异。

表 8—2　　　　被访者社会经济因素和就业政策因素
双项描述性及方差统计（N＝797）

社会经济背景因素				就业政策因素			
		就业情况		P 值		就业情况		P 值
n	就业（%）	非就业（%）	P 值	n	就业（%）	非就业（%）	P 值
年龄			<0.001**				
≤40　190	64.90%	35.10%		受访者或家人（仅选 1 人）参加过：			
≥40　607	44.20%	55.80%					
性别				登记失业			0.051
男　436	49.10%	50.90%	0.648	是　234	43.40%	56.60%	
女　361	51.00%	49.00%		否　563	52.50%	47.50%	

续表

社会经济背景因素				就业政策因素			
		就业情况				就业情况	
	n	就业（%）	非就业（%）	P值	n	就业（%）	非就业（%）	P值

社会经济背景因素				就业政策因素			
结婚			0.006**	接受过免费的就业培训			0.381
是	526	53.90%	46.10%	是	251	52.60%	47.40%
否	271	41.40%	58.60%	否	546	48.80%	51.20%
教育程度			0.007**	接受过免费的职业介绍			0.844
小学及以下	149	42.40%	57.60%	是	88	48.90%	51.10%
初中	412	55.90%	44.10%				
高中或以上	236	43.10%	56.90%	否	709	50.10%	49.90%
劳动能力			<0.001**	接受过公益岗位			0.002**
健全	372	65.00%	35.00%	是	172	36.10%	63.90%
部分丧失	329	37.90%	62.10%				
完全丧失	96	3.10%	96.90%	否	625	53.20%	46.80%

注：**代表5%的显著性水平。

（二）双项逻辑回归统计

从表8—3中，年龄、已婚、文化程度、劳动能力、参加过登记失业和接受过免费的就业培训显著地影响被访者的就业情况。其中年龄大于40岁、劳动能力较差、参加过登记失业的被访者有较小的机会就业。相反，已婚、文化程度处于初中和接受过免费的就业培训者有较大机会就业。

表 8—3 双项逻辑回归分析结果

项目	B 值	标准偏差	优势比	P 值
年龄（≥ 40 岁）	−0.62	0.17	0.54	<0.001＊＊
已婚	0.53	0.17	1.71	0.002＊＊
文化程度（初中）	0.52	0.16	1.69	0.001＊＊
劳动能力（部分丧失）	−1.03	0.16	0.36	<0.001＊＊
劳动能力（完全丧失）	−3.81	0.72	0.02	<0.001＊＊
参加过登记失业	−0.40	0.16	0.67	0.012＊＊
接受过免费的就业培训	0.39	0.16	1.48	0.013＊＊
敏感度（Sensitivity）	76.4%			
明确性（Specificity）	65.2%			
Nagelkerke R^2	0.240			

注：＊＊代表5%的显著性水平。

（三）定量结果对假设的检验

研究结果表明，社会背景因素中，年轻、已婚、初中程度、劳动能力健全对就业有正面的影响。就业政策因素中，就业培训则对就业有正面影响，登记失业反而负面影响低保就业。检验结果如表8—4所列。

表 8—4 对假设的检验结果

因素	变量名称	预期因素对就业的影响	结果
社会背景因素	年龄	年轻人就业优于中年人	成立
	性别	男性就业优于女性	不成立，没有显著的统计意义
	婚姻状况	已婚就业优于未婚	成立
	教育程度	教育程度的提升有助于就业	不成立，初中优于其他学历
	劳动能力	劳动能力的下降有损就业	成立

续表

因素	变量名称	预期因素对就业的影响	结果
就业政策因素	登记失业	登记失业就业优于 没有登记失业	不成立， 登记失业反而更差
	免费的就业培训	参加培训就业优于未参加	成立
	免费的职业介绍	参加介绍就业 优于未参加	不成立， 没有显著的统计意义
	公益岗位	参加公益岗位就业 优于未参加	不成立， 没有显著的统计意义

四　定性分析结果

（一）受助人士访谈

定量研究的结果亦可以从定性研究结果中反映出来，例如年龄（徐先生1、马先生、马太太、陶女士）和劳动能力（徐先生2、陶女士）会降低受助家庭找到工作的机会，而家庭结构也会对工作机会带来影响（陶女士）。从下述的简单对话中可以看出，受访者期望找到一份可以养家糊口的工作，摆脱最低生活保障数百元的月收入。不过在现实情况中，受助者对工资也有相应要求，例如工资不能过低，否则很难提升受助者的工作积极性（孔先生、徐先生1）。除了金额外，在访谈内容中也有关注技术培训和合适的职业安排议题（徐先生1、马太太、陶女士）。另外，失业后两年的失业保险已经领完也是申请低保的原因之一（唐先生）。对话节选如下。

孔先生：一个工作，能养家糊口的工作啊，这个是前提啊，你不能给我一个月几百块钱，养不了家。

徐先生1：我一点也不愿意领低保，说良心话，如果我有工作，有几百千把块钱，我就不会领。我觉得领这个低保，对于我来说，岁数偏大了，真正来说，我身体各方面都是好的。

所以组织我参加这样那样的培训班，我都积极参加，你看我参加的证明嘛，我都是很不错的，都是合格的。这是我的低保证，专门办的低保证。

徐先生2：如果我有800块钱的收入以上，我有工作，我肯定就不会吃低保。工作，只要不是重体力的，像我们这种年龄，说老实话，只要不是重体力的，我都能干得下来。不管能力各方面。搞保卫也好，搞企划也好，搞销售、运营也好，我都是这方面的人才。原来我就搞这方面的工作。这方面我自己就非常清楚，所以做得下来，只要不是搞重体力。

马先生：我们也出去找过很多工作，可是一听我们四十，人家不要。

马太太：对，又没有什么技术。年龄较大又缺乏足够的技术，这些都是受访者找不到工作的主要原因。

陶女士：就一些一天挣个20来块的还没人要呢。年龄大，做啥不方便，手脚不方便还没人要。就洗个碗做个啥挣个三四百的。看娃开学啊，就基本上用了。想找，但还找不上。要就要长期的，临时的不要。我只能干半个月，娃开学了后就干不了嘛。

唐先生：2001年离开单位过后，有一个社保中心，我们单位解聘过后，就交到社保中心，社保中心当时就给我们210，给两年。2003年底，我就开始申请低保，2004年初就批下来了。

（二）低保干部访谈

从干部访谈的内容中，一方面可以看出政府也已经注意到"福利依赖"问题（某市干部、黄某），例如职业配对是有上限的，当配对次数超过这些上限，便可能影响受助人士接受低保福利，还有要求每个受助家庭至少有一位家庭成员在外面工作（黄某）；另一方面，为了提高受助人士的工作积极性，政府等到他们在就业情况稳定后才逐步取消低保资格（某市干部）。对话节选如下。

某市干部：就业方面，我们就是这样的啰，就是某市正在做一个工作叫零就业家庭，使零就业家庭实现百分之百的就业。就是你家庭没有一个人就业的话，就是至少要保证一个在外面工作。这是第一点。第二点就是，只要你是就业年龄段的人员，社区工作人员就是长期推荐你就业，就是社区的一个任务，必须要实现就业的。为什么流动性比较大，就是这个样子的？他的就业呢就是增加了他的家庭收入。我们呢，也不是说你就业了就取消了你的低保，而是你就业稳定了以后，再来减少或者逐步取消你的低保。

黄某：我们现在要求的国务院的条例也有，我们市里也有，给你介绍就业一年两次，你不去就业的话，我们就取消你的低保。你给他介绍就业，他去了，去了之后，他想方设法说这里痛、那里痛，现在都是私人老板，你这里痛那里痛，他就不要你了。结果你给他介绍之后，他说："这不是我的原因，我愿意去，他不要我的嘛。"所以搞得我们这个政策也是白搞了，很多也落不到实处。

（三）小组讨论部分

在小组讨论部分中所得出的结论与前文分析是一致的，不少干部都很关注"福利依赖"问题（杨1），而且都采取一些积极的方法，例如介绍工作（李1），并向一些劳动能力较强的受助者做出说明（杨2），甚至积极根据受助者身体状况做出适当的安排（周1），亦有提供公益性的工作（胡2）。但是对与会者来说，这些措施（包括工作配对和公益工作）成效都普遍存在怀疑，甚至认为只是政府花钱买岗位而已（众人），而且在评估过程中都存在不少困难（姜1）。这也可印证定量研究的发现，公益工作和工作配对均未能提升受助者的工作机会。对话节选如下。

胡1：对就业没有激励措施，这就是"花钱养懒汉"。

李1：来申请低保，我们都会做工作说，你应该先就业，社区给你介绍工作，一次，两次，三次，如果是对方反映你没有办法就业，这也没有办法。

问：你们推荐就业的多不多？

杨2：那还是多。就是协调和配合。

周1：就是身体状况好的，就是先推荐就业，身体不行的，再考虑让他进（低保）。如果是不能就业，那我们就让他进来，如果是自己原因不想做的话，我们就不让他进来。身体原因是没有办法，我们社区就给你想办法。

问：你们说过公益性岗位就业的情况是什么样的？

胡2：是（某市市委）为了解决零就业家庭，就提供了几百个公益性的岗位，交通协管员、卫生、巡防，我们社区讲的是治安。他们的工资是由财政拨款发。他们那些人的素质和我们低保员的素质不一样。我们是考进来的，他们是零就业家庭的，社区推荐的，他们的劳动技能不是很高，所以就是说他们的知识面要窄一些。

戴1：以4050人员为主。

众人：其实就是政府花钱买岗位。

姜1：低保就业的方式相比，（某地区）就是两次给你就业的机会，你不就业，就给你取消低保。社区的时候我们鼓励就业，怎么就业啊，就是层面上的居多，还有就是劳动部门给公益岗位，打个零工。我们建楼的，一天给你一个40块钱。就是这几天在那里做几十块钱，你不好评估他，所以我们有个行业评估。根据一个个地区的不一样就不一样。

五　研究结果讨论

研究分析的数据发现，年轻、已婚、初中教育程度、劳动能力健全等因素对就业有正面影响。政策变量方面，职业培训有正面影响、登记失业则有负面影响。下文便从居民社会经济背景先做讨论，接着讨论政府的就业救助政策。

（一）居民社会经济背景

收入十分有限是低保对象的一大特征。劳动能力作为经济生产要素之一，也是他们获得生计的主要来源。人力资本的定价很多时候和他们的生产力有关系。[①] 在年龄方面，低收入中年人口（40—60 岁）的就业较青年差（B 值 = -0.62），很有可能是与身体机能不及年轻人有关。由于身体机能的下降和技术的发展，很多时候他们的劳动能力不及年轻人，所以就业情况也较差。他们在劳动力市场上的竞争能力并不强，在失业保险领取期限到期后依然找不到工作的情况下只能转而申领低保。[②] 不幸的是，中年人很多时候有更多的家庭和子女负担。他们的生活压力更大，而子女缺乏适当的经济和家庭支持，也会对下一代产生不良影响。[③] 身体状况良好就是维持生产力的基本指针，对于从事体力劳动的人更是如此。从研究分析中得出，丧失劳动能力确实对就业有着不良影响，尤其是严重丧失劳动能力，其对受访者就业状况负面影响最大（B 值 = -3.81）。访谈对象（徐先生 1、陶女士）也提出他们的身体状况和年龄是目前就业的困局，他们的可持续生计受到极大的威胁。

已婚人士相对于未婚人士的就业较佳（B 值 = 0.53），家庭责任和就业也有很大关系。家庭的建立和发展，必须有稳定的现金流维持生计。处于贫困环境的低保对象，很难通过资产回报获得现金流。尽管低保金本身是一个稳定的现金流入，但是未必能满足家庭开支的需要，低保家庭在家庭分工释放一部分劳动能力后，希望通过工作进行补贴。不过，访谈对象（陶女士）指出照顾小孩和全职工作有一定的冲突。然而，研究指出，家庭对儿童的照顾所创造的

---

① Conrad, A. H., "Productivity, Prices, and Income", *The Review of Economics and Statistics*, Vol. 40, 1958, pp. 169-172.

② 黄晨熹：《城市低保对象求职行为的影响因素及相关制度安排研究——以上海为例》，《社会学研究》2007 年第 1 期。

③ Dodson, L. and Schmalzbauer, L., "Poor Mothers and Habits of Hiding: Participatory Methods in Poverty Research", *Journal of Marriage and Family*, Vol. 67, 2005, pp. 949-959.

价值是学校无法取代的。① 对于学历教育与职业培训作为研究的主要发现，后文将单独进行详尽讨论。

（二）政府就业救助政策

由于低保金有一定的维持生计的作用，访谈（孔先生、胡1、杨1）发现，低保金和工作收入有一定的替代性，并形成一定的福利依赖。单纯支出法的公式确实没有考虑他们是否有工作收入来源，设计上本身存在着一定的福利依赖效应。在更深入的小组讨论中，受访者（李1、周1）指出，政府已经采取一些措施防止福利依赖，不过也有受访者（李1、姜1）表示，在评估上仍然遇到障碍。干部访谈（黄某）也提到了一些政府就业措施得不到预期效用的一个主要原因是与福利依赖有关。受访者（孔先生）直接指出，除非工资和低保金有显著差异，否则不会选择工作。

统计中发现，登记失业不利于就业（B值＝－0.40）。唐先生在访谈中表示，受助者参保的很大原因是失去工作，登记失业过了领取失业保险金后，再转领低保金。华迎放也说明了失业下岗是城市贫困的主要原因。② 不过，地区对于登记失业的作用有不同的解读。《城市居民最低生活保障条例》确实在第11条列明，地方有关部门应当对享受低保居民在就业方面给予必要的扶持和照顾。不同地区实施就业扶持政策会因地制宜，但是手法的不规范有可能引致相反效果，例如干部访谈中黄某提到的不是鼓励就业而是必须介绍三次后就业，否则取消低保，结果受到不愿意工作的低保户敷衍。低保对象登记失业某种程度上可以自我标签为失业等待工作，很有可能因为得到低保降低他们寻找工作的积极性，产生一定的道德风险（Moral Hazard），他们会直接登记失业而不会非常积极地自主寻找工作，在保证生存需要的时候降低继续发展的积极性，从而减少他们的就业。

---

① Lareau, A., *Home Advantage: Social Class and Parental Intervention in Elementary Education*, Lanham: Rowman & Littlefield Publishers, 2000, p. 2.

② 华迎放：《城市贫困群体的就业保障》，《经济研究参考》2004年第11期。

政府为低收入人士提供公益岗位。但是研究发现，公益岗位目前对于他们的就业起不到积极的作用。在发展路径并不清晰的时候，无法产生一定的激励让他们更愿意积极工作，反而在访谈中被众人认为是"花钱买岗位"。

政府的职业介绍没有起到很大的作用。主要因为职业介绍没有考虑到他们的就业发展路径，目前机制也无法得知他们的发展意向，形成信息不对称，而且没有事前对他们进行一定的培训和辅导。

（三）学历教育与职业培训

中国传统思想中，教育可以改变命运，对事业发展和生计有很大的帮助。定量研究却发现，初中文化程度的受访者的就业较其他教育程度为高，包括高中或以上（B 值 = 0.52）。此外，方差及描述的统计看到，初中的就业显著地优于其他学历（P 值 = 0.007；初中就业率 55.9% 大于其他）。由此可见，高中的受访者就业率没有显著优于初中，这或可从两方面解释：第一，较高文化水平的受助者可能因"面子"问题对工作存在一定要求，在得到基本保障后宁愿在找到合适的工作后才做；第二，工作配对方面未能有效根据受助者的不同文化背景进行安排。另外，中国高中大多以高考作为主要目标，提升大学入学率成为学校间的竞争战场。[1] 不过，单纯的书本知识未必符合社会实践。高中毕业生向往的职位，大多被大专及以上学历所占据，又不太愿意从事低下阶层的工作，形成"高不成、低不就"的状况。较高文化程度的人接受的理论教育，很多时候无法直接提供他们的谋生技能，初中学历的受访者却愿意付出更多的劳动获得回报。本次研究，较都阳和黄晨熹的教育年限研究，有进一步的发现。[2]

本研究得出的结论是，要提升低保对象的就业并非单纯以不断

---

[1]　王慧：《高考招生与高中教育分离》，《教育旬刊》2011 年第 7 期。

[2]　都阳：《中国贫困地区劳动供给研究》，华文出版社 2001 年版；黄晨熹：《城市低保对象求职行为的影响因素及相关制度安排研究——以上海为例》，《社会学研究》2007 年第 1 期。

提升教育年限为基础，对低保对象的职业培训可以从中得到启示。根据定量分析结果，职业再培训对低保就业有正面影响（B = 0.39)，假设雇主根据员工的经济贡献值来确定工资，提升经济贡献是员工受到聘用和加薪的主要原因。在一定的学历基础上，职业培训的作用在于提升他们的工作技能。雇员在经济贡献提升带动薪酬的增长直接给予了他们工作的意欲。对于低保对象来说，提供职业再培训可以提升他们的技能，使他们更容易找到合适的工作。况且，工作的实践也能使他们从中学习进步，对其融入社会也有一定的帮助。相对高中、大专的教育，这是一个直接减少人力资本投资成本的方式，较为适合低保对象。除了上课学习技能外，低保对象也通过与外界的交往增强了社会化，避免了边缘化。

六　相关政策建议

经过定量和定性的结果讨论，本研究得出一些主要的结论。首先最低生活保障的受助者很大程度受到身体、健康状况影响而困扰他们的工作积极性。其次，中年人口的就业也较差，但他们同时负担较大的家庭责任，他们理应受到更多关注。职业培训所引导的工作及机会是扶贫政策的一个重要的研究方向。最后，低保制度设计与就业的激励也有直接的关系。现就上述结论提出相关的建议。

（一）强化职业培训机构的功能

中国近年大力发展职业教育，就业促进法也提及政府的培训责任。尽管目前职业教育仍在起步阶段，但是发展势头强劲，吸引了不少学员加入，例如有研究发现，北京市培训后的失业者就业率高于六成。[1] 不过，当前中国的教育观念相对保守，政策重点集中在传统的学历教育上，职业教育并未受到广泛的重视与认可。而加拿

---

① 吴江、王欣：《北京市失业保险金支出与公共就业服务联动机制研究》，《北京社会科学》2011 年第 6 期。

大的职业教育发展较为成熟，可做参考。① 加拿大学生的升学大多以职业为导向，直接选择喜欢的职业项目作为升学目标。职业培训的学生较本科生的毕业就业率更高，这形成了职业和学历的两个导向。政府则通过联邦人力资源与培训部（HRSDC）拨款设立多样的职业技能培训项目，同时向招收实习生的单位提供资金补助和一系列税收优惠政策。香港的职业培训则主要源自政府的政策鼓励，比如职业培训局和"展翅计划"等，其中一些课程直接是职业挂钩课程，完成课程合格实时上岗，这些项目取得了很大的成功，对学员的就业有很大帮助。

中国每年职位创造的压力非常大，对于中年人士的结构性失业更是如此。为了适应社会的变迁和技术的进步，政府确实有必要充分实施职业培训来增加中年人士的就业机会。政府可以考虑通过政策鼓励企业和部门将一些服务外包给专业的职业培训机构，使现实工作成为他们培训的基础。此外，鼓励招收实习生也是另一直接解决职业培训学员的就业出路。职业培训后的工作推荐比现在的职业配对更有效果。更好的就业前景提升了职业培训机构的认可度，可以吸引更多的学员加入，增加企业对学员的青睐，形成培训机构和学员双双提升认可度的良性循环，而通过工作获取收入也成全了中年人口的就业理想和家庭责任，从而具备了内部激励性。

（二）增加职业培训机构对低保对象特点的照应

最低生活保障对象的困境，很大程度上是由他们的身体健康和劳动能力较弱而引致的。② 他们的生计很大程度因为缺乏工作收入而无法维持。不少学者指出，政府对于弱势群体的保护负有主导的责任。而根据弱势群体的不同致困原因，政府可以"因材施教"，趋利避害，提供适应其自身条件的培训项目与工作机会，比如政府可以根据残疾人士没有丧失的功能，更改培训机构的条件，以有针

---

① Lyons, J. E., Randhawa, B. S., Paulson, N. A., "The Development of Vocational Education in Canada", *Canadian Journal of Education*, Vol. 16, 1991, pp. 137−150.

② Calman, K. C., "Equity, Poverty and Health for All", *British Medical Journal*, Vol. 314, 1997, p. 1187.

对性地维持或提升他们的工作能力。[1]

香港对于弱势群体的就业议题也有较为先进的经验可供借鉴。香港的各种慈善组织向政府社会福利署和慈善基金申请资助设立庇护工场（Sheltered Workshop），目的在于为未能公开就业的残疾人士提供有意义的工作训练和机会。截至 2011 年 3 月，香港的 35 个工场遍布各主要小区，并提供了约 5000 个名额供弱势群体工作。职业培训机构的设施应需要经过特殊设计，适合不同残疾、智障人士的需要。而它们的主要作用是提供工作和训练机会，同时介绍社交等技巧，为他们寻找工作时做好准备。为了进一步提升他们的工作机会，庇护工场会签下外包合约，让培训机构考察他们的工作表现，这同时成为学员的实习机会。培训机构同时会进行一些心理辅导，让学员了解社会上的生活交际，使学员进一步融入社区。社区建设型的就业指导是值得思索的路径（中国城市居民最低生活保障政策研究课题组，2005）。针对行动不便的弱势群体，政府需要以无障碍设施与环境的配合来提升行动范围。[2] 各国支持残疾人士就业的立法经验，也可供中国借鉴。[3]

低保对象中除身体机能而导致的弱势以外，还有很多由于其他各种原因而致贫，政府应针对社会上不同的弱势群体进行培训机构的条件设置。母亲（如陶女士）很多时候要照顾儿童无法全职工作，为了改善生活环境，接受访谈的已婚女性均表示愿意工作。对于照顾家庭的妇女，工场可以通过弹性的上班时间让他们的家庭、就业两兼顾。工场可以提供营养便餐，减轻他们的食物支出成本，这也是参加工作的激励机制。

（三）建立激励就业的低保金机制

访谈中受助者和干部都提出了福利依赖的问题。一些受助者认

---

[1] Hasenfeld, Y. and Rafferty, J. A., "The Determinants of Public Attitudes Toward the Welfare State", *Social Forces*, Vol. 67, 1989, pp. 1027-1048.

[2] McCluskey, M. T., "Rethinking Equality and Difference: Disability Discrimination in Public Transportation", *The Yale Law Journal*, Vol. 97, 1988, pp. 863-880.

[3] 中国残联教育就业部：《国外残疾人就业立法情况概述》，《中国残疾人》2007年第 4 期。

为，低保金较工作更有吸引力。针对低保金的发放和工作激励，受访干部（某市干部）提出，目前已有延迟与停止发放低保金的机制。不过，这机制引来了他们的投机行为。一部分人通过间断工作来维持低保金的发放，而其工作收入并没有中断。

黄晨熹等提出了逐步调整救助标准，建立让就业家庭有利可图、隐性就业得不偿失的经济机制以促进就业和救助的联动。① 为了增强低保对象的就业意愿，政府的低保金额计算方式，可以对有工作收入的受助者进行累退的计算。政府理应鼓励有工作的受助者自力更生创造经济价值，以吸引包括高中及以上学历的受助者积极就业努力工作。低保金的计算方式不能只有支出而不考虑人们的劳动成果。

然而，监测低保户的真实收入也是重要的议题。刘喜堂指出，一个较为完善的贫困监测系统可以了解他们的背景资料，对低保金额计算的调整有重要意义。② 为了进一步核实受助者的收入情况，低保条例已经列明对虚报低收入的受助者进行追究，以确保人们的诚信得到公平的对待。洪大用指出，由于部门化现象导致了中国政府部门之间的联系不够紧密，所以实施效果不太明显。③ 上海市政府已经开始吸取英国等经验，进行信息电子化建设，与民政、税收、银监、证监等 14 个部门进行信息分享，以确保将有限的公共财政资金投向那些最需要救助的人群。④ 相对于公众监督，这些措施能有效核查低保家庭的经济状况且不会影响邻里之间的关系。

① 黄晨熹、王大奔、邱世昌、蔡敏：《让就业有利可图——完善上海城市最低生活保障制度研究》，《市场与人口分析》2005 年第 3 期。

② 刘喜堂：《当前我国城市低保存在的突出问题及政策建议》，《社会保障研究》2009 年第 4 期。

③ 洪大用：《我国城市居民最低生活保障制度的实践与反思》，《社会科学研究》2002 年第 2 期。

④ 黄晨熹、王大奔、邱世昌、蔡敏：《让就业有利可图——完善上海城市最低生活保障制度研究》，《市场与人口分析》2005 年第 3 期；杨山鸽：《试论北京市低保资格审核的规范化》，《北京社会科学》2011 年第 3 期。

第九章

城市低保人群的养老服务[*]

一 研究背景

（一）问题的提出

随着我国社会转型加快，社会救助制度发生了根本性的变化，最低生活保障在上海首次作为试点建立。现今，最低生活保障制度已经成为社会救助制度的一个核心组成部分。作为我国维护社会稳定、保障人民基本生活的最后一道"防护网"，城市低保救助对象是全国城市收入最低的人群，这不仅对城市贫困人口的基本生活实现了较为有力的保障，而且对维护社会稳定、实现社会公平、建设和谐社会都起到了举足轻重的作用。没有低保，贫穷问题将成为国家发展的一个重要障碍。

根据民政部的统计数据，城市低保对象大致可分为灵活就业人员、老年人、登记失业人员、未登记失业人员等几大类，分类方法以其中人数比例为主要考虑。虽然老年人占城市低保对象中的比例不是最大，但基于他们的独特性，容易产生老年问题。所谓老年问题，实际上指的是老年人的需求与社会供给的矛盾。根据生命周期的特点，人们对于老年群体一般存在两种看法：其一，由于退休年龄这个硬性规定，绝大多数老年人口都已经退出了经济生产和社会竞争领域，只要解决好"老有所养"及"老有所医"的问题，就不会引发严重的社会矛盾及危机；其二，以生理机能为基础的衰弱使

* 本章执笔人：郭俊显、苏璐。

老年群体等同于弱势群体，他们在方方面面都需要关怀与照顾，社会必须给予特别的关注，否则将会引发一系列严重的社会问题及危机。[①] 无论是哪一种看法，主要的核心价值都是以解决老年人的需求以维持社会和谐。目前，老龄化在世界各地都有严重的倾向，我国也不例外。

中国面临着严重的老龄化问题。到 2050 年，中国 60 岁以上的老年人口数量将从目前的 1.67 亿增长到 4 亿以上，占中国人口总量的 30%以上。[②] 老年问题突出，老年人具有哪些需要，他们的需要满足状况如何，是我们进行老龄问题研究必须关注的。目前，人们对贫困人口只注意到地区差别、城乡差别而忽视了年龄差别，老年贫困人口较少有人留意。值得反思的是，这群人正是我们最需要去帮助、了解他们需要的一群。国家民政部社会救助司在 2010 年发表有关全国城市低保情况的数据显示，城市低保人数为 2305 万人，当中有 14.7%是老人，[③] 全国的城市特困老人约有 339 万人之多。这些城市特困老年人有与其他人不同的特点。由于年龄、社会地位、经济收入、文化思想等因素而具备一些与其他群体不同的特殊性。[④] 另外，他们是老年人当中生活最为困难的一群，除了一般老年人的需要以外，他们对经济以及医疗等的需要比非特困户老年人多，令这一群人的需求变得多样而复杂。

（二）理论基础

本研究以城市特困老人的需要为研究中心，因此有必要先对需要理论做理论性的探讨。对需要做过研究的学者很多，基本上可以分为两派。一派是以凯恩斯及新右派为主的一方，他们从经济人的角色出发；另一派是以马斯洛、多依和高夫（Doyal and Gough）、

---

① 梁宏：《社会分层视野下大城市老年人口生存状态——以广州市为例》，中山大学出版社 2010 年版，第 2 页。

② 彭希哲、胡湛：《公共政策视角下的中国人口老龄化》，《中国社会科学》2011 年第 3 期。

③ 民政部：《民政部发布 2010 年民政事业发展统计报告》，2012 年 2 月 29 日（http://www.mca.gov.cn/article/zwgk/mzyw/201106/20110600161364.shtml）。

④ 徐勤：《城市特困老人——急需社会保护的群体》，《人口研究》1999 年第 5 期。

周健林等华人学者为主的，他们从社会人、社会心理学及社会学的角度出发。但学界一般接受以社会人的角度出发，因为人并不能单从以一个理性经济人来说明需要，在更大的程度上，是以一个社会视角下的人去做出心理或生理的反应。另外，支持用社会学的视角下研究社会福利的原因在于，人的需要在不同的社会发展阶段上有不同的表现方式，例如贫穷问题被视为需要没有得到满足的社会问题，本身事件也包含着一定的文化社会背景。因此，笔者在分析城市低保老人养老需要的时候，选择马斯洛的需要层次理论，因为他的理论是基于人是个体社会人的理念，也充分体现出人的社会性，因此能充分理解到人的需要或人需要的社会性，是人的个性和社会性的统一。

（三）数据来源和研究方法

本章以文献综述为基础，所采用的数据来源于中国人民大学劳动人事学院韩克庆教授主持的"中国城市低保制度绩效评估研究"项目。该研究主要采用问卷调查和个案访谈法，对低保制度执行情况进行了调研与评估。此研究在多个地区进行了抽样调查，包括北京市、重庆市、湖南省长沙市、广东省中山市、甘肃省天水市、辽宁省朝阳市。基于《民政事业统计信息管理系统——台账子系统》内记录的低保人员信息，通过软件提供的抽样调查功能，通过随机分段抽样，选取了 1462 名调查对象，得到有效问卷 1209 份。在问卷调查的基础上，本研究选取部分低保对象和低保干部作为个案访谈对象，共抽取了访谈对象 108 人。其中，低保户 90 人，低保干部 18 人。

二　养老需求的界定

（一）养老需求中的需求定义

"需求"是一个充满争议的概念，对需求的研究也受到许多批评，所以在评估需求的时候，一定要注意的是研究需求的本质，因为一些需求的定义是从社会福利提供者、社会福利服务对象的需要评估中得出的。在我国社会福利迅速发展的阶段，对需求问题的重新思考是必需的，特别是从社会福利服务的对象视角，来重新检视我国的社会福利政策。

"需求"一词原指个体生理上的一种匮乏状态。不过，在社会心理学上，"需求"的含义得以扩大，用以表示一种渴望获得而又匮乏的心理状态，诸如情感的需求等。当有机体的需求得不到满足时，其内部就会处于紧张状态，促使有机体做出反应，反应的最终结果使需求得到满足。在现代社会中，内部所引发出来的需求并不是单单受到个体本身所影响的，而在很大程度上来自于外部环境的影响。对养老需求来说，大体可以看作达到60岁或以上的人，他们对生活的一种需求，而这种需求的满足除了靠自身个体的满足之余，很大程度上依赖于外部环境的影响。本章所分析的老年人养老需求，并不单单只是心理学的个体层面之上的需求，还包含了社会心理学的社会性及群体性层面的需求。

（二）需求的主要层次

谈及人的需求理论，马斯洛提出的需求层次理论及阿德费提出的"ERQ"理论都是学术界所熟知的。阿德费把人的需求归纳为3种，即生存需要（E）、相互关系需要（R）及成长发展需要（Q），其中的生存需求大体与马斯洛提及的生理需要及安全需要相当，[①]而马斯洛的需求层次理论从个体的角度出发，从人的生心理上，更能仔细描述出人类的不同需求层次。但马斯洛的需求层次理论没有特定指在一个文化背景上，所以在评估个体需求的时候，缺乏了以社会人的视角出发，忽视了一些在特别社会文化背景之下而形成的集体需求，因此，为了配合中国特有的历史文化背景，我国由1982年开始提出"五大老有"的思想，经多年的完善，形成我国特有的"梭子型养老需求"模型（八大养老需求），以我国特有的情况套

---

① 卢海元：《城市贫穷群体社会保障政策与措施研究——城市贫穷群体社会保障研究综述》，中国劳动社会保障出版社2006年版，第214页。

入马斯洛的"需求层次理论"分析，深入探讨城市低保老人的需求。从两方需求理论来源，我们可以分析我国老年人不同层次的需求：

1. 生理需求

生理需求所指的是人们最原始、最基本的需求。它包括食物、饮水、住所、睡眠、氧气和性，也就是我们通常所谓的衣食住行。针对老年人，生理需求往往是依靠金钱予以保障，具体来说主要包括个人劳动所得、退休工资、个人积蓄及子女资助以及社会救济等方面来支持生理需求。这也是养老的基础前提。在社会文化、经济结构的转型中，我国社会由以往侧重于家庭养老保障体系，特别是子女资助的养老方式转变为侧重于社会救助形式。当前我国针对贫穷老人的最低生活保障及新型农村社会养老制度的相关政策已经推行。目前，需要探讨相关的政策是否为老年人生理需求提供了一个有效的保证，审视当前政策的保障范围与水平是否能满足其生理需求。

2. 安全需求

安全需求分为两大类，分别是生理上的安全需求及心理上的安全需求。首先，从生理角度看，人类的衰老会带来生理上的衰退、免疫能力的下降。因此老年人患病的机会是高于其他年龄组别的，随着老龄化的进程加速，很大程度上，导致高龄老年人行动不便，需要他人照顾。另外，现在"空巢老人"的数量增加，老年人生理自理能力降低却独自居住生活，他们的生理安全情况令人担忧。其次，从心理角度看，老年人因为退休而导致经济收入下降，但是他们的身体健康状况更多地需要依赖医疗服务，而在经济收入下降的情况下要付出更多收入去购买医疗服务，有可能导致老年人的心理不安。老年人也有可能因为疾病本身而产生悲观、抑郁及绝望等的不良心理情绪。

3. 归属与爱的需求

马斯洛认为，所谓"归属和爱的需求"是指人们都渴望与他人建立并保持一种感情深厚的关系，渴望在团体中有一个属于自己的位置，渴望给予爱并接受爱。老年人通常都是处于退休的生活状态，由原来的工作单位退下来，进入家庭。这样，与家人的关系便成为得到归属与爱的途径，但家庭规模小型化成为社会上的趋势，愈来愈多的子女因为各种各样的原因外出，导致"空巢老人"的数目变得愈来愈多。在缺乏子女的精神慰藉之下，如果不能实现"老有所伴"的养老目标，老年人归属与爱的需求将难以被满足。

4. 尊重需求

尊重需求也分为两方面，一方面是自尊，另一方面是得到他人的尊重。传统中国社会是经验的社会，加上以"孝"的观念维持，老年人在社会上是有权威而且得到尊重的，但在现今的社会经济环境，老年人的传统角色正在消失，其家庭及社会地位正在日渐边缘化。一方面，他们被排斥于家庭的决策权力之外，另一方面又被社会认为是需要被救助的群体。基于这种情况，他们对自己的能力都产生严重的质疑。而"老有所学"及"老有所教"正是满足其自尊与得到他人尊重的两种需求。

5. 自我实现的需求

自我实现，即一个人使自己的潜力得到发挥的倾向，使自己能够成为最独特的个体，使自己成为自己想成为的那种人。老年人因为从工作岗位上退下来，原本家庭的重心——子女也成为成年人，那老年人的自我实现需求还会有吗？每个人在不同的生命阶段都会有不同的欲望，有想做到的事情，因为人类的欲望并没有止境，老年人也是一样，虽然他们已经退休，对人生的期待也不会像年轻的时候那么热衷，但他们对于发挥个人能力的欲望亦是存在的，很多老年人在退出工作后有同等的感受，就是觉得老得特别快，甚至有退出历史舞台的感觉，这一情况正是因为自我实现需求没有被满足。相比起其他的需求，老年人的自我实现需求更容易被忽视，所以要尽力满足老年人这一层次的需求，努力做到"老有所为"。

（三）梭子型养老需求

"梭子型养老需求"是我国经过"五大老有"及"六边形养老需求"所发展出来的八大养老目标，依次排列的是老有所养、老有所医、老有所学、老有所为、老有所乐、老有所伴、老有所教及老有所归。① "梭子型养老需求"包含了以 1982 年《人口与经济》杂志发表的 "五个老有" 为内容的老年需求模型，以及基于 "五个老有" 基础上，② 江泽民总书记于 1999 年提出了 "老有所教" 的战略任务，形成新的六边形养老需求模型。"梭子型养老需求" 在这两个基础上增加了针对中国情况的 "老有所伴" 及 "老有所归"，把八个 "老有" 进行科学的排序，就构成梭子形的老年需求模型。

"梭子型养老需求" 中的八个 "老有" 与马斯洛的需求层次理论相配合，确保在个人需求层次的分析当中，没有忽略社会文化背景的影响。需求分析包含了：

（1）生理需求，也可以说是生存需求，主要体现在 "老有所养" 及 "老有所医" 的目标当中；

（2）安全需求，包括代表心理安全需求的 "老有所乐" 和 "老有所归"；

（3）归属与爱的需求是指 "老有所伴"；

（4）尊重需求体现在 "老有所学" 及 "老有所教"；

（5）自我实现需求体现在 "老有所为"。

三　城市低保老人的需求评估

（一）城市低保老人的基本情况

按照 "中国城市低保制度绩效评估" 项目的问卷调查分析样本中的 250 个年龄在 60 周岁或以上的老年人，通过表 9—1，我们可以大致勾勒出低保老年人的性别、文化、劳动能力及就业状况等特征：

---

① 老有所养是指经济赡养、精神慰藉及生活照料；老有所医是指医疗保健，生病能够得到治疗；老有所为是指社会参与、参与活动；老有所学是指老年的再学习、知识增长和更新；老有所乐是指精神娱乐。
② "五个老有" 被写入全国八届人大常委会第二十一次会议 1996 年 8 月 29 日通过的《中华人民共和国老年人权益保障法》中，成为全国老龄工作的奋斗目标。

（1）女性低保老年人比男性多，女性占66%，男性只占34%。

（2）文化水平较低，大部分都是只有小学及以下的文化程度，占73.2%，其次有18.4%的老年人有初中程度，高中或同等学力以及大专或以上，两者相加也不到10%。

（3）绝大部分的健康状况都较差，有69%的被访老人认为自己体弱；认为一般的占18.5%；认为自己健康的只占12.5%。

（4）绝大部分受访者丧失劳动能力，已经完全丧失劳动能力的占45.4%；部分丧失劳动能力的也占41%；健全的只占13.7%，占少数。

（5）绝大部分都已经没有就业，仍在就业的只占3.6%，其他没有就业的低保老人占96.4%。

表9—1　　　　　　　　　城市低保老人的基本情况

项目	频数（个）	有效百分比（%）
性别		
男	85	34
女	165	66
合计	250	100.0
文化程度		
小学及以下	183	73.2
初中	46	18.4
高中及同等学力	16	6.4
大专或以上	5	2
合计	250	100.0
健康状况		
健康	29	12.5
一般	43	18.5
体弱	160	69.0
合计	232	100.0

续表

项目	频数（个）	有效百分比（%）
劳动能力		
健全	34	13.7
部分丧失	102	41.0
完全丧失	113	45.4
合计	249	100.0
就业状况		
就业	9	3.6
没有就业	241	96.4
合计	250	100.0

（二）城市低保老人的经济来源

对老年人口而言，最基本的需求仍然是生存需求，即老有所养、老有所助及老有所医的需求。随着商品经济的发展，绝大多数服务需求是可以通过货币购买实现的，也就是说，在老年人口的诸多需求中，经济需求是老年人需求问题的核心，也成为满足生存需求的必要条件及满足其他需求的充分条件。因此，本章对城市低保老人的需求评估，将会把养老资源界定于经济资源的范畴之内，具体包括经济资源（收入、储蓄和各种投资）和实物资源（用品、用具、住房等）。

低保老年人对于低保制度的满意度建立在何种基础之上？先来看低保救助对于家庭收入的作用。虽然低保金数额并不算高，但是从被访者的回答来看，这份补助是至关重要的"救命钱"（50.8%）或"这点钱补贴家用，日子好过多了"（40%）。觉得起不了什么作用的只占极少部分。可见目前低保金对于他们来说，是关乎生存的救助金（见表9—2）。

总体来说，从经济资源方面评估制度能否满足低保老人的生存需求，大部分的受访老人都觉得现行低保制度的经济援助不能完全满足需求。从生存需求理论看，实现低保老人的"老有所养"是非常重要的指标。调查发现，只有3.2%的低保老人认为现在的低保金额可以完全满足其生存需求；但是，绝大多数的低保老人都觉得低保金勉强度日（26.1%）、仅能糊口（27.7%）、不能满足（27.3%）及与生活所需要花费的差得太远（15.7%）（见表9—3）。

表9—2　　　　　　　**低保金对老年人家庭所起的作用**

项目	频数（个）	有效百分比（%）
全靠这些救命钱过日子	127	50.8
有这点钱补贴家用日子好过多了	100	40.0
稳定的进项，但生活主要靠自己挣钱	16	6.4
起不了什么作用，不拿又难受	1	0.4
起不了什么作用，想要其他优惠政策	3	1.2
没想过	3	1.2
合计	250	100

表9—3　　　　　　　**低保金能否满足老年人的生活需要**

项目	频数（个）	有效百分比（%）
完全能够	8	3.2
勉强度日	65	26.1
仅能糊口	69	27.7
不能满足	68	27.3
差得太远	39	15.7
合计	249	100.0

而在表9—4当中，亦可以见得到超过半数的受访者觉得现在核定的低保补助数额不符合家庭的实际情况，占64.7%；其余的只有32.9%的人觉得符合。低保老人一般都认为自己应得到更高低保金，

某种程度上由两大原因引起：其一，老年人体衰多病，低保金额不能满足他们的经济需求，这种情况在表9—1之中已显示出来；其二，他们认为自己与其他的年龄组别不同，具有一定独特性，理应得到更高补助金额的资格。

表9—4　核定的低保补助数额是否符合老年人家庭的实际情况

项目	频数（个）	有效百分比（%）
符合	82	32.9
不符合，应得到更高的补助金额	161	64.7
不清楚	6	2.4
合计	249	100.0

总体来看，目前最低生活保障的标准只是按照满足困难群体的吃、穿等基本生活方面的需求来设计。所以从表9—2、表9—3及表9—4的调查结果可以看出，低保老人对救助金额的标准并不满意。

（三）城市低保老人的健康状况

调查结果显示，低保老年人的健康状况较差，接近七成的低保老年人都是处于体弱的状态（69.0%），而其他年龄组别处于体弱状态的受访者占48.0%，占的比重少于老年人；同样地，低保老年人当中只有12.5%的人处于健康状态，而60岁或以下的年龄组别有23.9%的人处于健康状态（见表9—5）。

另外，老年人除了需要解决生理健康问题外，还需要满足心理安全需求。"社会损害理论"指出，社会损害综合征是指已有心理问题的个人所产生的消极反馈，老年人生活在对老龄化有偏见的环境中，老年人为了进行交往，常无意识地屈从社会暗示而接受社会给予的消极特性，使其更加局限于依赖状态，而独立自主能力逐渐衰退。① 另外，老年无伴也会形成负面消极的情绪，表 9—6 显示，老年受访者婚姻状态很多处于丧偶的状态，占 46.4%；其余有 9.2% 的离婚；未婚 5.6%；已婚 38.8%。可见没有配偶陪伴的老年人（包括离婚、未婚、分居及丧偶）比例之大，总数占到 61.2%。

表 9—5　　　　　　　　城市低保老人的身体健康情况

健康状况	60 岁或以上		60 岁以下	
	频数（个）	有效百分比（%）	频数（个）	有效百分比（%）
健康	29	12.5	204	23.9
一般	43	18.5	241	28.2
体弱	160	69.0	410	48.0
合计	232	100.0	855	100.0

表 9—6　　　　　　　　城市低保老人的婚姻状况

项目	60 岁或以上	
	频数（个）	有效百分比（%）
未婚	14	5.6
已婚	97	38.8
离婚	23	9.2
丧偶	116	46.4
合计	250	100.0

---

①　梁宏：《社会分层视野下大城市老年人口生存状态——以广州市为例》，中山大学出版社 2010 年版，第 9 页。

四　定性分析结果

通过问卷数据分析，我们可以对低保老年人的经济、医疗、精神需求有直观性的认识，也可以看出现行低保制度保障水平偏低，只能满足最低生活需求。下面用定性的方法，通过分析访谈材料中的相关个案，来探究城市低保制度针对老年人方面存在的问题。

（一）低保老人更多关注经济、医疗需求

老年人在步入老年以后，因达到退休年龄或丧失劳动能力退出劳动力市场，再加上身体患病概率增加，无疑增加了他们的经济负担。尤其对低保老年群体而言，他们大多文化水平不高，身体患有疾病，因此他们更多关注的是基本需求的满足，如经济援助、医疗服务等。

城市低保制度以保障生活在贫困线下的家庭或个人的基本生活水平为目标，因此，低保金仅能够满足其生活必需品的消费。而老年群体因为生理机能的衰退，对医疗服务的需求尤为突出。从访谈案例中可看出，老年人领取的低保金无法满足其医疗需求，更不用说其他更高层次的需求。

【案例9—1】陈女士，60岁，湖南省长沙市天心区书院街道居民

问：你希望除了低保之外，还有其他制度给你生活的一个保障，对吧？

答：听说上海会实行，上了60岁的，不管哪方面，没有工作，就给300块钱生活费，不算吃低保。

问：没有更多的要求吗？是不是觉得应该更多照顾一下？

答：我的要求就是……医疗费，希望能够解决一点。还有像上海那样不是拿低保，你像低保只有440块，给我们这60岁的人一点生活费，使生活可以提高点。

【**案例 9—2**】戴女士，77 岁，重庆市居民

问：现在除了低保制度，政府还应该做点什么能对你们有帮助，减轻你们的困难呢？

答：我说不来，不说。

问：没关系，你有什么我帮你说，平时也没什么机会。

答：我就是这个医保，这个问题……这个问题帮我解决了就好了。房子这个问题，我就……（摇头）

问：婆婆，就是觉得把看病难、看病贵的问题解决了就好了，就心满意足了？

答：嗯。

（二）现金救助忽视了精神层面的需求

最低生活保障在我国以现金补助为主，现金补助能够让低保领取者按照自己所需购买相应的生活必需品，在一定程度上满足了低保群体包括老年群体在内的基本生活需求。但是，在制度实施过程中，因规定了严格的收入审核和公示制度，可能伤害了救助者的自尊；加之周围居民的评价、办事人员的态度等，都可能增加他们的心理负担。而低保对象中的老年群体更会因为身体衰退、社会地位下降等原因，影响他们的精神状况。现有的低保制度中并没有相应的精神援助措施，这也是我国社会救助制度中的一大空白。

【**案例 9—3**】林先生，58 岁，广东省中山市石岐区桂园社区居民

问：你是觉得政府应该关心你是吧？

答：（在纸上写"求身体健康"）身体不健康，多 3 万也不行，你以为这个 300 多块能保养我这个身体健康啊？不行的！现在这个形势比较紧张，污染、突然袭击什么的。

问：邻居对你领低保有什么看法啊？

答：300 块不够花的，那些邻居，嘲笑的，害死你的都有啊，家里谁都可以进来的。

问：除了这个低保之外，你是不是觉得还需要起码的尊重，是吗？

答：有钱开药，有钱吃饭，身体不健康就什么都没啦。

问：你希望邻居对你好点，政府也多看你、关心一下你，是吗？

答：他们也只是拿存折过来告诉密码而已，之后也没来慰问了。没关心一下现在身体好吗，生活过得好吗？以为我收了这300块就过得好好了。

（三）低保老年群体对机构养老存在较大需求

我国一直以来的养老方式都是以居家养老为主，机构养老为补充。近些年来，机构养老的发展取得了一定的成效，机构养老从理念到实践都逐渐被人们所接受。而低保对象中的老年人对机构养老的需求更为突出：一方面，他们大多为独居或寡居，再加上生理机能衰退，存在突发疾病的风险，需要专业人员的照料；另一方面，他们由于贫困，缺乏资源进行社会交往，所以除了居家养老外很难找到其他途径解决自己的养老问题。目前，我国养老机构的数量相比庞大的老年人口明显供需不足。而且，无论是政府补贴的"福利型"养老院还是营利性养老院，老年人都需要缴费来享受相应的服务。这对于只能满足温饱的低保老年群体而言，显然是不能实现的。

【案例9—4】陈女士，60岁，湖南省长沙市天心区书院街道居民

问：你有没有想过，像你和爷爷年纪这么大，以后可能会越来越走不动，是不是想过以后到社会福利养老院，有没有想过去住那边？

答：想去也去不成啊。

问：那有什么要求？

答：没钱啊，那要几百块钱。如果有养老院那我就更喜欢，两个人到养老院去，又不要自己搞饭吃，不要买菜，吃完饭还

娱乐，那种生活过起来就还有味些。现在长沙市似乎没有这养老院。

（四）分类施保一定程度上保障了老年群体的需求

国家民政部曾于 2003 年要求全国各地把分类施保作为完善城市居民最低生活保障制度的重要内容，具体实施办法由各地研究制定。所谓分类施保，是指地方政府在推行低保制度时要制定相关政策，对有大病重病、严重残疾、子女上学、单亲、年老等情况的低保家庭，在发放低保金时要给予重点照顾，适当倾斜，以保障他们的基本生活。[①] 老年群体相比有劳动能力的低保对象来说，因年老、疾病等原因属于特殊困难群体，在发放低保待遇时应当适度照顾。我国各地市特别是经济相对发达地区，制定相关的分类实施保障办法，对"三无"老人、无子女的老人，适度提高他们的低保金水平，以保障他们所需，并取得了较好的效果。

【案例9—5】徐女士（低保干部），北京市宣武区民政局低保中心

问：可否简单介绍一下宣武区分类施保的情况？

答：应该说分类施保是 2003、2004 年，当时是起源于我们的分类管理。当时不敢叫分类施保，因为低保是有政策的，不能随便突破，所以只能在管理上下功夫，把人员分成不同的类，然后施以不同的管理。后来发现，确实有一定的效果，对老弱病残的照顾增加了，对于促进低保人员就业的效果更好了。

问：你觉得分类施保以后能够更符合实际地帮助到低保家庭？

答：应该对于老人、孩子这些没有劳动能力的人来说，确实加大了保障力度，我觉得更公平。比如说，一个大小伙子拿 310 的话，来了一个 70 岁的老人他也拿 310，这就不合适了。

---

① 廖益光：《社会救助概论》，北京大学出版社 2009 年版，第 62 页。

现在中间就有一个 10%的差距，就稍微好一点。

【案例 9—6】秦先生（低保干部），甘肃省天水市

问：请你谈谈天水市的分类施保的情况。

答：分类施保，我觉得我们还是做得比较好的。我们对低保对象里面的五种人分类施保：残疾人、高龄老人、危重病人、父母都是下岗职工的学生、三无人员，保障的补助金在原来的基础上增加了 10%—20%，咱们在补助资金上已经倾斜了，因为这几类人他没有其他收入。

五　结论与政策建议

市场经济无疑可以促进社会提高效率，但也使一部分竞争力较弱的人失去了在劳动力市场上的竞争能力，从而导致生活困难。因此，给予这些人适当的救助是必需的。

社会政策的目标，就是使社会成员的需求得到满足。社会福利制度可以通过三大途径来发挥作用：其一，社会福利制度提供了满足人类需求所缺乏的资源，特别是为那些弱势群体提供的资源；其二，通过能力建设的社会政策和行动项目，增强社会成员克服困难的能力，从而更好地实现满足其需求；其三，通过减少社会生活障碍，使社会成员的权利得到保障，社会制度安排能够满足他们的社会需求。[①] 对于低保政策的建议，应该首先考虑上述三个方面的问题。

城市低保制度应以建立一个综合性的社会救助为目标。国际上，贫困救助实际上有两条思路，其中最常见的思路是设立一条贫困线作为救助标准，凡是收入低于贫困线的家庭或个人都可以从政府那里得到救助，很多国家也把这种模式称为"收入维持"或"收

---

① 彭华民：《社会福利与需要满足》，社会科学文献出版社 2008 年版，第 16—17 页。

入保护"。而另一条思路考虑的范围更广，贫困现象其实都是由于需求不足形成的。于是，在20世纪中期以后，发达国家提出了另外一种救助模式，即按"需求"进行救助。他们认为，一个人无家可归、贫病交加或因贫辍学时，政府和社会对他漠不关心是不可设想的。于是，在许多国家和地区都建立了综合性的社会救助制度。[①]为此，针对老年人的各种需求而做出有关完善低保制度的建议，即希望把低保制度从第一条思路改变为第二条思路的制度。

（一）针对老年人的经济需求，重新修订救助标准

城市最低生活保障标准的制定有三种方式：一是通过较为科学的调查研究再结合本地财政实力来确定；二是结合本地的财政实力、参照与本地发展程度相似城市的保障标准确定；三是依据本地的财政实力来确定，保障水平偏低。制定救助标准应该建基于科学方法，用科学方法制定出一个具有指导性及权威性的最低生活保障标准。目前我国修订的低保标准只注重地域上的差异，没有顾及家庭内部的差异。因此，在制定标准的时候应考虑到下列两个因素：一是对于一些特殊情况的低保对象，如孤寡老人和孤儿以及单亲家庭，则适当提高标准的10%—20%。例如一个老年人与在劳动年龄阶段的成年人相比，他们所需要的生活必需品是不同的，生活上的经济花费也会有所不同。二是还应考虑按家庭人口的规模和构成来确定救助金额。因为家庭规模的不同，也会导致家庭需要的不同。相关研究揭示了家庭规模对于家庭消费的影响系数：以三口之家为1，家庭规模为1、2、4、5及以上时，家庭规模影响系数分别为1.13、1.01、0.98和0.94。在日本和欧洲，社会援助的情况取决于家庭的规模和家中是否有小孩。对于不同的家庭结构、规模，以及家中是否有老年人、儿童、残疾人的情况，分类救助是实现有效保障的一种方式。根据相关研究，假设1人户所需的金额为1，2—3人户则为0.8—0.85，4人及以上户为0.75—0.8。[②] 对一些特殊

---

①　唐钧：《改善低收入群体收入的社会政策》，《中国劳动》2006年第9期。
②　曹海涛：《城市居民最低生活保障制度问题及前瞻》，《经济研究导刊》2010年第23期。

对象，如优抚对象、孤寡老人、残疾人、单亲家庭等则应提高生活救助标准。最低生活保障制度必须针对不同家庭组合及规模，在不同需求方面表现出一定的弹性。

（二）针对老年人的健康需求，实施医疗优惠政策

在审视政策能否满足生理需求的同时，也要特别考虑老年人之间的不同，因为老年人的健康状况和养老需求也会有差别。例如一个60岁瘫痪的老年人与一个80岁健康的老年人相比，60岁老人需要的保障水平有可能大于80岁的老人。因此，在确定政策的时候，必须留意老年人的差异性，例如健康状况、生活状况及家庭状况等因素。亚行专家组的研究报告指出："贫困是一种多维的状态"，因此"强烈主张在以下三个领域提供补充性的救助：医疗费用、学杂费和培训费、房租"。[①] 老年低保人士的健康状况普遍比年轻人差，所需的医疗开支自然相对较大。所以，应该针对老年人"老有所医"的需求，根据老年人的实际情况，建立和低保政策相配合的医疗优惠政策。

（三）针对老年人的精神需求，开展社会服务

根据马斯洛的需求层次理论，在满足最低层次需求后，其他层次的需求会相应增加。我国对老年人也提出了"老有所养"、"老有所医"、"老有所教"、"老有所乐"、"老有所为"的发展目标。低保老年群体因为身体、家庭等原因对机构养老有强烈的需求，但是他们的经济状况又让他们负担不起养老院的开支。因此，对于这部分群体，社区可建立专门的照护中心，将社区内符合条件的低保老年人囊括其中。当然，老年人需求除了经济、医疗需求之外，还包含教育、情感等需求。因此，应积极发挥社会组织与社会工作者的力量，进行适当的心理慰藉和社会服务。只有满足包括贫困老人在内的老年群体的多层次需求，才能真正实现全社会老年人的"五有"目标，也会促进整个社会的和谐发展。

----

① 唐钧：《改善低收入群体收入的社会政策》，《中国劳动》2006年第9期。

第十章

城市低保人群的心理健康[*]

一 研究背景与研究意义

（一）问题的提出

在城市低保制度的发展进程中，除了强调客观的物质救济和关怀的同时，城市低保人群的心理健康问题也逐渐浮出水面。城市低保制度作为一项重要的社会政策，应从受益对象的需要出发，体现"以人为本"的人文情怀，才有可能实现政策制定的目标，体现其民生意义。然而在现实的实施过程中，一些低保政策方面的规定，很可能由于具体操作的生硬执行而变了味，如要求定期核实申请人的家庭收入情况，并在街道社区进行公示。虽然其初衷是在我国居民收入不透明、无法准确核实家庭收入、通过群众监督预防瞒报收入的情况下，针对冒领低保金现象的权宜之计，但很可能因为工作人员的工作态度、方式方法的不当，会对低保群体的心理情绪带来负面影响；入户调查会被低保对象误认为是政府部门对自己的不信任，从而使其自尊心受到伤害。

近年来，由于经济体制改革和社会转型而产生的社会弱势群体的心理健康问题日益严重。由于经济压力大、地位低下及社会歧视，造成了他们心理上的压抑和痛苦，心理健康状况较差，这些都严重影响了低保对象的生活质量。大量的心理学研究表明，过分的恐慌、焦虑、不安、紧张的情绪可能引发非理性的行为，从而对社

---

　　*　本章执笔人：张璐、林辰乐。

会稳定和社会秩序造成威胁。如果对城市低保人群的心理健康问题不加以正确引导和调控，他们就很可能会因心理问题而做出对社会有害的举动，不利于社会和谐与稳定。

（二）研究意义

关于低保人群心理健康状况及其主要影响因素的探讨，对于更好地实现低保政策设计的初衷以及体现"以人为本"的政治理念，更好地实现社会公平，建设和谐的社会主义社会都有着重要意义。低保人群的心理健康状态如何，则直接影响到这一民生制度能否行之有效的实施。

二　研究思路与方法

（一）研究思路

本章将在梳理国内学者目前对于我国城市低保人群心理健康问题研究成果的基础上，根据问卷调查与个案访谈所得的资料，对城市低保人群的心理健康现状进行描述，对其主要的影响因素和原因进行分析，并从相关的分析结果和理论出发提出政策建议。

（二）研究方法

1. 样本来源与调查方法

本章所采用的问卷调查数据源于 2007 年民政部最低生活保障司委托中国人民大学劳动人事学院韩克庆教授主持的"中国城市低保制度绩效评估研究"项目。该研究主要采用问卷调查法和个案访谈法，对城市低保制度执行情况进行了调研与评估。根据主观抽样，从全国选取部分典型地区作为抽样单位，包括北京市、重庆市、湖南省长沙市、广东省中山市、甘肃省天水市和辽宁省朝阳市。基于《民政事业统计信息管理系统——台账子系统》内记录的低保人员信息，根据软件提供的抽样调查功能，通过随机分段抽样，选取了 1462 名调查对象，得到有效问卷 1209 份。在问卷调查的基础上，本研究选取部分低保对象和低保干部作为个案访谈对象，共从北京市宣武区、重庆市渝中区、湖南省长沙市天心区、广东省中山市、甘肃省天水市秦州区、辽宁省朝阳市双塔区抽取了访谈对象108 人。其中，低保户 90 人，低保干部 18 人。

2. 问卷设计

本章除了通过抑郁量表和生活满意度量表检测他们的心理健康状况外，也会做出双项变量统计的描述性分析，接着再通过线性回归模型分析影响的显著性和相关强度。影响因素的类别主要分为两大类，分别是受访者的社会经济背景和最低生活保障政策。

社会经济背景因素主要包括受访者的性别、年龄、教育程度（小学及以下、初中、高中及以上）、就业与否、劳动能力（健全、部分丧失及完全丧失）；低保政策因素则包括受访者接受政府的待遇，以及他们的预期和感受。例如，受访者领取的低保金金额是否够用、接触过的低保工作人员的总体看法、政府的就业辅导计划。

在测量受访者精神状态时，本章根据心理量表得出精神健康指数，量表共有 13 道题。量表中设计的问题均针对受访者过去一星期的精神行为，例如"我感到做任何事都很费力"、"我的睡眠情况不好"、"我曾哭泣"等。假设受访者过去一星期很少或没有遇到该情况则计 0 分、少有则计 1 分、常有则计 2 分、经常出现则计 3 分，最后加总得出其精神健康指数，来测量受访者的精神健康状况。所以，该总加量表数值越大，即代表被访者精神健康问题越大。本量表的内部信度（Internal Reliability）也相当高，克隆巴赫系数（Cronbach's Alpha）达到 0.879。

在测量受访者的生活满意度时，根据生活满意度量表得出生活满意度指数，量表共有 4 道题，均针对受访者不同维度的满意度去测量。假设受访者感觉非常不满意则计 1 分、不满意则计 2 分、一般则计 3 分、满意则计 4 分、非常满意则计 5 分。最后根据其算术平均数得出生活满意度指数来判定受访者的生活满意度。所以该量表数值越大，即代表受访者生活越满意。本量表的内部信度也被测试得出，克隆巴赫系数达到 0.630。

3. 统计分析方法

本章主要通过抑郁量表和生活满意度量表对城市低保群体的心理健康状况及影响因素进行分析。首先对城市低保对象的心理健康状况进行描述性分析，然后分析哪些因素会影响他们的心理健康状况。除一般描述性分析及双项统计比较外，本研究亦引用多变量线性回归模型（Multivariable Linear Regression Model）进行分析。回归模型（Regression Model）是预测统计学上一种较常用的对数据进行分析的方法，主要是探讨数据之间是否有一种特定关系，多变量线性回归分析是建立因变量（Dependent Variables）与（多于一个）自变量（Independent Variables）之间关系的模型、相关方向与强度，并建立数学模型以便观察特定变量来预测研究者感兴趣的变量。尽管生活满意度量表各选项为定序数据，但是其均值在样本数增加的情况下趋向于一个连续变量。

三　研究现状和基本理论

（一）国内研究现状

关于城市低保人群心理健康问题的研究，已有研究有几个共同特点：首先都肯定了城市低保人群心理健康问题的重要性和意义；其次是都是从实证调查研究中得出了较为科学的结果，并进行了相关原因和影响因素的讨论和分析。

1. 城市低保人群心理健康问题的研究结论

张旭光通过对北京市门头沟区河滩西街居委会居民的个案访谈得出定性研究结论。其中对低保户的心理状态的分析结果为，虽然大多数的低保户对低保制度抱以肯定的态度，但是却都较一致地认为领取低保金说明自己生活在社会底层，心理上很不平衡，并且认为缩小贫富差距是政府当前最为紧迫的任务。除此之外，当问到出现心理矛盾、有事情想不开时向谁倾诉时，89%的人选择亲属而不是近邻。① 这也可见，低保群体对于除去亲属以外的其他群体大都持敏感的心理态度，心理上存在排斥，害怕遭遇歧视。

苗春霞、覃昭晖等人在分析影响低保措施满意度的研究中，对于低保对象心理状况的结论是，低保对象比非低保对象承受的生存压力大得多，进而造成较大的心理压力，61.8%的调查对象在近一年内出现心理压力，导致睡眠障碍，且他们对低保措施的满意率仅为21.8%。②

邵云娜在对江苏省六市（南京、苏州、无锡、常州、泰州、南通）低保对象的访谈调查中发现，低保对象在面对贫困时常常会有积极向上和悲观消极两种截然相反的心理表现。在调研中一方面发现了很多脱贫致富的事例，认为所有这些都与他们乐观开朗的性格和健全的心理态度分不开，这些积极向上的低保对象，基本具有乐观、希望、信心和恢复力几项心理特质；但是另一方面，具有消极悲观心理的低保对象占了大多数，对于这一类的低保对象，通常是由于疾病、残疾、灾难等情况致贫的，并且多为长期被纳入低保体系，因此普遍存在精神困扰，比较容易产生严重的心理问题。③

苗春霞、谷玉明等再次通过对城市低保与非低保对象心理状况的比较分析认为，低保对象具有"三低三高"的特点，即收入低、文化程度低、社会保障低和待业失业率高、高危家庭比例偏高、慢性病患病率高。低保对象心理压力远远超过非低保者，因为这"三低三高"的特征，低保人群的社会竞争力弱，无法保证工作的稳定性，失业后更难就业，而且均不同程度地具有自卑感和排他情绪。④

覃昭晖、张训保等在分析城市低保人群心理卫生状况及干预效果时指出，虽然目前低保标准、社会救助和社会保险的覆盖面在不断加大，但与低保对象的心理预期仍有较大差距，针对低保人群的

---

① 张旭光：《城市最低生活保障制度在基层实施现状的调查报告——以北京市门头沟区河滩西街居委会为个案研究》，《首都师范大学学报（社会科学版）》2009年增刊。

② 苗春霞、覃昭晖、卓朗、谷玉明、张训保：《城市低保措施满意率的影响因素分析》，《人口与经济》2007年第5期。

③ 邵云娜：《对低保对象的社会心理学分析》，《中国民政》2009年第2期。

④ 苗春霞、覃昭晖、谷玉明等：《城市低保与非低保对象心理状况分析》，《现代预防医学》2007年第22期。

社会保障系统短期内很难大幅度提高。①

李华萍、张华坤等关于南昌市低保人群心理健康状况的调查显示，南昌市低保人群普遍存在明显心理障碍，从适应性障碍至焦虑抑郁及敌对、人际关系敏感等方面，都明显高于普通国人。② 张明园等的研究发现，低保人群的焦虑、抑郁发生率分别高达 52.1%、46.1%，高于普通国人的发生率 25% 和 15.19%—22.5%。③

2. 城市低保人群心理健康问题影响因素的研究

刘海涛、乌正赍采用一次性横断面调查方法，从辽宁省盘锦市两个城区中分别整群抽取一个街道，将其中 20 岁以上的低保人员作为调查对象，其中精神健康状况及其影响因素的调查结果显示，58.8% 的低保者对生活感到不满意，男女精神卫生差异无显著性意义。作为影响心理健康状况最重要因素的生活满意度，将其作为因变量，以单因素分析有关的变量为自变量进行非条件 Logistic 回归分析结果显示，收入能否满足需要、健康自评、精神卫生记分、年龄是影响生活满意度的主要因素。④

付华鹏、刘扬等选择沈阳贫困人口较集中的社区，调查享有沈阳市居民最低生活保障的全部贫困家庭，同时随机抽取同一居住地区的非低保家庭作为对照进行调查，其结论显示：患病不仅是影响贫困人群生理健康的最大危险因素，而且由于患病造成的债务和医疗花费也是影响贫困人群心理健康的危险因素，沉重的经济负担，使人情绪压抑、精神紧张，危害心理健康。⑤

邵云娜主要从社会其他人员的态度来看低保对象的心理影响因

---

① 覃昭晖、张训保、姚元虎等：《城市低保人群心理卫生状况及干预效果评价》，《现代预防医学》2011 年第 6 期。

② 李华萍、张华坤、姜秀举等：《南昌市低保人群心理健康及相关因素研究》，《中国健康心理学杂志》2005 年第 3 期。

③ 张明园、任福明、樊杉等：《正常人群中抑郁症状的调查和 CES—D 的应用》，《中华神经精神科杂志》1997 年第 20 期。

④ 刘海涛、乌正赍：《城市低保人群健康状况及其影响因素研究》，《中国全科医学》2006 年第 7 期。

⑤ 付华鹏、刘扬、郭静波等：《城市贫困人群生命质量及其主要影响因素》，《中国公共卫生》2004 年第 3 期。

素。她指出，社会同情弱者，但给予他们的却不仅仅是无私的救助，也有无形的心理压力。在成为低保对象的过程中，申请者需要接受家庭调查，这从工作程序上讲似乎是必要的，但是却使低保申请者形成了很大的心理压力，并且一些未成年的孩子，也因为家里吃低保而遭人另眼相看，从而承受一定的心理压力。

李华萍等分析低保人群产生心理健康问题的主要原因是：经济压力、疾病状况、重大生活事件、社会支持和应对方式。其中，最主要原因是经济压力，而且重大疾病、重大生活事件（如丧偶）又是导致贫困的因素。[①]

综观这些关于城市低保人群心理健康问题的研究，可以发现以下几个特点：①研究大多通过一系列心理量表的测量，进而得出低保人群的心理健康现状，并对于问题的产生原因做出分析，不少会从医学的角度出发；②不少研究从自己的研究结论出发，提出相关的政策建议，但是对于影响因素缺乏系统科学的解释；③从个别地市的情况出发，缺乏全国性数据的支持。

（二）基本理论

1. 社会排斥理论

最低生活保障制度的设计得到了贫困群体的普遍肯定。然而，它在保障受助群体的基本物质生活的同时，却没能很好地实现维护受助群体的自尊和尊严的功能。作为"最后一道安全线"，生存保障和维护受助者尊严是其重要原则，但低保制度在实施过程中还是普遍存在着对于受助者心理问题的忽视现象，使得一些受助者的人格尊严受到伤害，降低了这一政策的运行效果。

社会排斥指的是个人（也包括群体和社区）排斥于其他个人、群体、社会制度或者整个社会，而缺乏足够的社会参与和社会整合。[②] 社会排斥可以分为正式的社会排斥和非正式的社会排斥。正

---

① 李华萍等：《南昌市低保人群心理健康及相关因素研究》，《中国健康心理学杂志》2005 年第 3 期。
② 祝建华、刘云：《社会福利研究中的社会排斥理论》，《社会福利》2008 年第 7 期。

式的社会排斥表现为政府对保护低保群体正当权益的无作为，以及通过法规和政策等形式对"低保"户有歧视的内容予以制度化，主要是从政府部门在制度安排和政策制定层面上来说；非正式的社会排斥则是指其他社会群体在社会氛围、行为方式以及精神关怀方面对贫困群体进行歧视、隔离，对其生存和发展的社会空间进行限制。[①] 本章将着重从非正式的层面来考察城市低保人群存在的心理健康问题，分析是否遭到了社会排斥以至于尊严受损。

2. 生活满意度

生活满意度是个人生活的综合认知判断，主要是个体生活的一个总体的概括认识和评价。作为一个认知因素，它常被看成是主观幸福感的关键指标，是对快乐的补充，是主观幸福感的一种更有效的衡量标准。目前，国内外学者对生活满意度已经形成了一个比较一致的看法：生活满意度是个人依照自己选择的标准对自己大部分时间或持续一定时期生活状况的总体性认知评估，它是衡量某一社会人们生活质量的重要参数。个体对于自己的生活状况是否满意，会直接影响其对于生活质量的感知和评价，进而影响到其心里对于生活状态的满意程度，最终影响心理健康状况。对于生活满意度的测量将更有利于了解城市低保人群的心理健康状况。

四　数据描述和回归结果分析

（一）受访者抑郁程度测量结果及影响因素

从整体心理健康状况来看，一方面，在有效的 956 个样本量中，抑郁得分在 1.5 或以下的有 709 人，占 74.2%，抑郁得分在 1.5 以上的 247 人，占 25.8%，说明有多于 1/4 的低保受助者存在一定程度上的心理健康问题，没有觉得受到尊重，低保制度在实施中仍然存在问题，见表 10—1。

---

① 肖云、孙晓锦、杜毅：《农村最低生活保障制度实施中的社会排斥研究》，《劳动保障世界》2009 年第 7 期。

表 10—1 　　　　　　　受访者抑郁程度测量结果及相关分析

项目		频数（个）	抑郁程度				P 值
			1.5 分或以下		1.5 分以上		
			频数（个）	百分比（%）	频数（个）	百分比（%）	
		956	709	74.2	247	25.8	
教育程度	小学及以下	288	221	76.7	67	23.3	0.024
	初中	424	310	73.1	114	26.9	
	高中及同等学力	220	158	71.8	62	28.2	
	大专或以上	24	20	83.3	4	16.7	
健康状况	健康	202	156	77.2	46	22.8	0.02
	一般	251	199	79.3	52	20.7	
	体弱	503	354	70.4	149	29.6	
低保金能否满足最基本的生活需要	完全能够	34	27	79.4	7	20.6	0.001
	勉强度日	243	200	82.3	43	17.7	
	仅能糊口	214	150	70.1	64	29.9	
	不能满足	324	242	74.7	82	25.3	
	差得太远	141	90	63.8	51	36.2	

　　另一方面，由表中数据可以看出，受访者的抑郁程度只跟其受教育程度、健康状况以及对于低保金的满意程度有着显著的相关关系（P 值<0.05）。其中：①教育程度中，文化水平达到大专或以上的受访者的抑郁得分数，小于其他较低文化水平的受访者，并且也是抑郁分数较高者中所占比率较小的，占 16.7%。这在一定程度上说明，更高的文化水平有着相应较高的心理调适能力，从而拥有更好的心理健康状况。②健康状况中，身体状况为"健康"和"一般"的受访者的抑郁得分要低于身体状况为"体弱"的受访者，而"体弱"受访者的抑郁得分在 1.5 分以上人群中所占比率也最高，

这亦说明身体的健康状况会直接影响其心理健康状况，拥有好的身体状况是良好心理状况的前提。③对于受访者抑郁程度和低保金的满意度的关系中却发现，并非对低保金越满意，抑郁程度就越低，其中表示"勉强度日"中抑郁分数为1.5或以下的人数占这一选项总数的82.3%，甚至高于表示"完全能够"选项中抑郁分数为1.5或以下的人数的79.4%，这说明低保群体的心理状态并不与低保金满意度呈现正相关关系，而是受其自身认知的生活满意度的影响。

正如以上结果所证实的，由于低保群体的心理状态并不与低保金满意度呈现正相关关系，而是受其自身认知的生活满意度的影响，故以下以生活满意度量表为切入点，来进一步分析影响低保群体心理健康状况的重要相关因素。

（二）双项描述统计分析

从表10—2看，在整体样本中的1041人当中，约八成的被访者年龄是40岁及以上，男女比例各占一半左右，有17.9%未婚，近三成被访者的文化水平为小学及以下程度，18.2%的受访者处于就业状态。若以劳动能力看，近四成被访者是健全，但有四成半被访者却为丧失部分劳动能力。

表10—2　　受访者生活满意度和社会经济背景双项描述统计

项目		生活满意度					P 值
			3 分或以下		3 分以上		
		频数（个）	频数（个）	百分比（%）	频数（个）	百分比（%）	
		1041	815	78.3	226	21.7	
年龄	<40 岁	214	163	76.2	51	23.8	0.000
	40—59 岁	606	505	83.3	101	16.7	
	≥60 岁	221	147	66.5	74	33.5	

续表

项目		生活满意度					P 值
		3 分或以下			3 分以上		
		频数（个）	频数（个）	百分比（%）	频数（个）	百分比（%）	
		1041	815	78.3	226	21.7	
性别	男	509	405	79.6	104	20.4	0.000
	女	532	410	77.1	122	22.9	
婚姻状况	未婚	186	132	71.0	54	29.0	0.000
	已婚	355	273	76.9	82	23.1	
	离婚	491	404	82.3	87	17.7	
	丧偶	9	6	66.7	3	33.3	
教育程度	小学及以下	314	226	72.0	88	28.0	0.000
	初中	460	363	78.9	97	21.1	
	高中及同等学力	241	205	85.1	36	14.9	
	大专或以上	26	21	80.8	5	19.2	
健康状况	健康	217	149	68.7	68	31.3	0.000
	一般	272	213	78.3	59	21.7	
	体弱	552	453	82.1	99	17.9	
就业情况	就业	189	144	76.2	45	23.8	0.000
	没有就业	852	671	78.8	181	21.2	
劳动能力	健全	455	357	78.5	98	21.5	0.000
	部分丧失	407	325	79.9	82	20.1	
	完全丧失	179	133	74.3	46	25.7	

在与低保政策有关的事项中，总体来看低保工作人员服务态度

较好，80.9%的受访者同意其"认真负责"，48.6%的受访者同意"非常辛苦"，72.8%的受访者同意"热心助人"，仅有2.7%的受访者表示其"态度不好"，另有1.0%的受访者同意"优待亲友"。在政府的低保就业项目中，41.5%的受访者选择"登记失业"，24.1%的受访者"参加过免费的就业培训"，26.3%"接受过免费的职业介绍"，9.7%的受访者"接受过公益岗位"。除了低保金领取额、工作人员优待亲友外，其他均存在明显关系（P值<0.001）。见表10—3。

表10—3　受访者生活满意度和低保政策变量的双项描述统计

项目		生活满意度					
		3分或以下			3分以上		
		频数（个）	频数（个）	百分比（%）	频数（个）	百分比（%）	P值
对低保工作人员的总体看法	认真负责						0.000
	是	842	650	77.2	192	22.8	
	否	199	165	82.9	34	17.1	
	非常辛苦						0.000
	是	506	386	76.3	120	23.7	
	否	535	429	80.2	106	19.8	
	热心助人						0.000
	是	758	580	76.5	178	23.5	
	否	283	235	83.0	48	17.0	
	态度不好						0.000
	是	28	23	82.1	5	17.9	
	否	1013	792	78.2	221	21.8	
与就业有关的事项是否参加过	登记失业						0.000
	是	432	345	79.9	87	20.1	
	否	609	470	77.2	139	22.8	
	是否接受过免费的就业培训						0.000
	是	251	208	82.9	43	17.1	
	否	790	607	76.8	183	23.2	
	是否接受过免费的职业介绍						0.000
	是	274	216	78.8	58	21.2	
	否	767	599	78.1	168	21.9	
	是否接受过公益岗位						0.000
	是	101	79	78.2	22	21.8	
	否	940	736	78.3	204	21.7	

（三）定量研究小结

通过定量研究，我们得到如下结论：①低保对象中有相当一部分群体存在较为普遍的心理健康问题，心理健康状况受其教育程度、健康状况以及低保金满意度的影响；②虽然低保对象的心理健康状况与低保金满意度有着显著的关联性，但是并不呈现正相关关系，较高的低保金满意度并不意味着良好的心理健康状况和高的生活满意度，而心理健康状况和低保金满意度很大程度上是受到生活满意度的影响，而非单纯的低保金额的多与少；③低保政策中，工作人员认真负责的态度会使受助对象的生活满意度得到提升。

五　定性研究结果

在定量研究的基础上，结合一定的定性分析，可以更加全面且深入地认识研究对象的心理健康问题。因此，以下将结合相关的个案访谈的典型资料，主要从社会排斥的非正式层面即社会氛围、行为方式以及精神关怀方面，来分析城市低保人群的心理健康问题。

（一）一定数量低保对象的人格尊严无法保证

通过访谈资料的研究发现，尽管有一些低保对象能较为乐观地看待自己的"低保户"身份，大体上觉得低保干部以及周围人对自己的态度还算友善和理解，但是大多数的救助对象对于自己接受低保救济仍然有所顾虑，表现出觉得丢脸、抬不起头的心态，尤其表现在害怕自己的子女遭受不公的待遇上，担心子女在学校和日常生活中受到歧视，以至于心理蒙上阴影。

【案例10—1】男，北京市宣武区大栅栏街道居民
问：那你当时知道，就是孩子出生后知道有这个东西，他们一说，你当时想不想申请这个东西？有没有什么顾虑呢？

答：最早的时候我不想申请这个东西，因为什么啊，因为我曾经看一个，一个什么啊，小学生吧，就一个街坊，他做一个，小学生他有一个功课，暑假里完成一定的义务劳动，完了，每完成一项呢，奖励一分两分啊，但是后边有，比较歧视的有一条就是低保的孩子先扣50分。所以，当时我就考虑到这一点，因为我现在孩子还小，还不清楚这个，孩子稍微大点的话，我有能力找人看的话，我还是会出去挣钱的，我不会让孩子吃低保的。

问：就是为了孩子考虑？

答：对。我自己也是，我吃低保只能喝馒头粥，我不能保证，你看孩子现在还，还稍微瘦点了，不能保证以后生活，谁都想过好一点，现在为什么觉得可怕啊，手里没存款，身体又不好，就怕出什么事。我这一躺，完了，这家完了。因为我父亲就这样，我父亲一去世，我妈改嫁了，那必然的，我媳妇她肯定得改嫁，她还年轻，这俩孩子没着落了到时候，这，这很那个……

上述案例较为典型地反映了救助对象对于"吃低保"的忧虑，担心自己"吃低保"会使得自己的孩子在成长以及受教育过程中遭受不公待遇，对于一些歧视现象极为敏感且希望可以尽快摆脱"吃低保"的窘境，体现出救助对象担心未来的生活，平时的心理压力和负担也随之增加。

【案例10—2】女，辽宁省朝阳市双塔区凌河街道朝柴社区居民

问：那你们平时有没有什么社会交往方面的支出？

答：什么社会交往？

问：就是平时和亲戚朋友交往或者周围邻居，有个什么事情了，你们去上个礼什么的……

答：我们家这么穷，谁和我们交往？像邻居家有个事了，我们也是能不去就不去了。

虽然现在的最低生活保障制度已经实现了法制化、规范化，接受社会救助也被视为社会成员在遭遇生活困境时应当享受的法定权利。可是，现行的低保制度无法有力地维护受助对象的尊严和自由。例如，有的低保户逢年过节不串亲戚，不敢邀请别人来自己家里做客；有的低保户享受低保后就好像戴上了"金箍"，社会氛围较为压抑，感觉随时都被别人监控，人身自由受到严格限制；等等。

（二）公示过程有损低保群体的自尊

在访谈中发现，影响低保对象心理状况的主要是对于社区公示这一重要制度环节的看法。虽然有不少低保对象都表示接受公众监督是情理之中的事，但是对于公示这一方式仍然体现着较大程度的介意，甚至很多低保对象由于这一原因产生"寒碜"和"心里不是滋味"的心态，为此拒绝申请低保。他们认为，"张榜公布"的做法使低保户贴上了接受国家施舍的另类群体的标签。

【案例10—3】女，北京市宣武区大栅栏街道居民

问：你不喜欢公示吗？

答：就说，假如我现在吃低保，你每月都不公示，那就挺好的。公示了以后说话都不硬气，别人肯定有的就说："你看你一个吃低保的，你他妈吃国家的，你有什么资格说啊，你管什么闲事儿啊？"这老百姓人多嘴杂，人都不在一个档次上，不是都那么有素质。反正我当初吃低保的时候确实公示了，像你刚才问我那个问题，如果每个月都公示，那你说，人都有张脸，你让人每个月都知道这个人是靠国家，我就觉得很烦，抬不起头，有点自卑。我要不吃低保，一个月拿3000块钱，我干吗我都倍儿牛气。自食其力，做人都好像站得更直。反正每月都公示，心里面有点不是滋味。

【案例10—4】男，北京市宣武区天桥街道居民

问：那在执行中有没有什么不合理的地方？包括按道理低

保人员该多一些沟通交流，这个制度执行，还有像公示啊，你觉得合理吗？

答：这个问题分两方面。一方面，公示可以提高社会监督，不好的一面就是大家都知道，人和人之间素质不一样，有些人可能会歧视，背后会指指点点。像我们成年人都好一点，不予理睬，但就是对小孩子不好。

上述两个案例都典型地反映了低保对象对于低保公示较为排斥的态度，认为这一公示会造成自己的自卑和"抬不起头"来，害怕他人的异样目光。现阶段的低保申领和公示方式，造成了低保对象的心理负担，有的宁可选择十分艰苦的生活，也不去申领低保，在更强的心理压力和生活压力间选择后者。所以，低保对象的这一心理状态，会影响到这一制度设计的初衷的实现。

（三）低保工作人员的态度影响受助者的心理健康

在访谈中还发现，低保工作人员的态度和行为方式也会影响到其心理状态的变化，如果低保工作人员在工作中缺乏良好的素质和态度，那么就会造成低保受助群体心理上的不平衡，进而影响到低保人群的心理健康状况。

【案例10—5】女，北京市宣武区大栅栏街道居民

问：你接触过的——社区、街道这方面的低保工作人员，像刚刚你也讲了主任特别好，之前还提到过有时候也刁难你，就是觉得工作人员，总体来说怎么样呢？

答：我觉得他们有点看不起人似的。我就觉得吃低保也不是说你给的，这是国家给的啊，你是干这工作的。

问：你只是一个执行人？

答：对对对，你有什么看不起我们的呀！咱说实话，同样是人，我穷我也不可能一辈子老这么穷，我不能一辈子老是低保。孩子大了，要有出息了，咱说实话，没准儿我过得比你还好，你有什么看不起人，是不是啊？！我都觉得他们有点儿那

什么，就好像你吃低保低人一等似的。

问：就是会流露出这种感觉？

答：我觉得这话里话外，他就高高在上似的，那种感觉。就社保这块，年审的时候就觉得闹得特别不舒服，人家都没说什么，反正你觉得心里特不舒服的。

问：盛气凌人？

答：就有点儿那感觉。就好像你吃低保，穷了吧唧，还挤这儿年审，人特多呀，他嫌烦嫌乱。肯定的呀，这么多人，这回半天就年审完了。我觉得他们挺那什么的，盛气凌人，吃低保的低人一等。

以上案例反映了低保工作人员的态度和素质对低保受助群体的心理影响。如果低保工作人员没有应有的良好态度，便会让受助对象感受到盛气凌人，造成不良的心理压力，以及影响到低保制度最终的实施成效。因此，对低保工作人员的素质培养，对于促进低保人群的健康心理状态有着重要的作用。在工作的过程中，如果工作人员能有礼貌谦和的态度，可以提升受助群体的满意度，不会在心理上造成隔阂和不平衡，也有助于受助群体真正感受到低保制度设计中的人文关怀，减少社会排斥。

（四）低保对象的精神文化需求有待满足

良好的精神面貌是健康心理的体现。低保对象自身除了基本的物质生活需求外，也有一定的精神文化需求。满足他们的这些合理的基本文化需求，对于低保对象保持较为健康的心理状态，促进低保群体和其他社会群体的融合，更好地实现低保制度设计初衷中的人文关怀有着不可替代的重要意义。

【案例 10—6】男，北京市宣武区广安门外街道居民

问：你理想的低保制度应该是什么样的呢？

答：别太理想化，太理想化就没边了。再一个就是什么呢，申请低保的也是人，讲和谐社会嘛，人都是平等的。如果说从

经济角度来讲，低保人员有些东西他享受不了，国家应该有什么相对的政策，你说是不是？他也应该去一个公园遛遛啊？他也应该欣赏欣赏艺术啊、音乐啊，看看电影啊，有个娱乐活动啊，这块应该……

问：就是说精神文化方面。

答：对，精神文化方面。现在有物质在卡着呢！我想看电影、听音乐，我听不起、看不起；我想上故宫逛一趟，一家好几百块钱下去了。所以，像门票啊什么的这些东西，应该有些政策。

以上案例反映了低保对象对于精神文化的渴求，他们并不是对低保制度抱以尽善尽美的态度，希望依靠低保制度解决一切问题，而是在期待低保制度在保证基本生活需要的同时，可以通过对于一些精神文化娱乐项目的优惠来提高他们对于精神文化生活的参与度，这是心理需求的反映，说明低保救助对象渴望在物质有一定保障的同时改善自己的精神文化生活，而这也对帮助低保救助对象维持较为健康的心理状态，改善救助对象一些不良的心理情绪有很大的帮助。

（五）定性研究小结

综合定性分析结果，我们的基本结论是：①现行的低保制度在提高贫困者的生活境遇、缓解家庭成员的生存危机方面成效显著，但却难以维护其尊严和自由；②很大一部分低保对象对于公示这一程序较为反感，会造成其不良心理情绪；③低保对象有自己的精神文化需求，渴望以此保证积极健康的心理状态；④低保工作人员的工作态度如何会对受助群体的心理状况产生重要影响。

六　研究结论与政策建议

综上所述，城市低保人群的心理健康尚存在一定的问题。受助者的心理健康状况主要受其自我感知的生活满意度影响，而生活满意度又受到例如健康状况和年龄这些客观身体条件所影响。此外，低保对象的生活满意度很大程度上受到是否满足基本需要的影响，而非单纯的低保金额的多与少；在低保政策的执行中，相关工作人员认真负责的态度会使受助对象的生活满意度得到提升，进而对保证他们良好的心理健康状态有着重要作用。很大一部分低保对象对社区公示这一制度环节较为反感，同时受助者有着自己的精神文化需求。

根据所调查城市低保群体所存在的心理健康问题以及主要影响因素，本章从以下几个方面提出相关的政策建议。

（一）提高低保工作人员的职业素质

由于低保工作人员的态度对于受助者有着较为重要的心理影响，因此在低保工作过程中，应该关注低保工作人员的素质培养，避免发生在工作中有"盛气凌人"之类的傲慢态度出现，使得受助者的自尊受损，从而影响到低保制度的实施效果。

低保制度的有效实施不仅是简单地把救助金发到低保对象的手中，而是一项专业性非常强的工作。低保工作人员首先要承担起教育者、使能者、倡导者、支持者、发动者和社区照顾者等一系列角色，并且要学习掌握心理学、社会学、行为学、领导科学等有关的基础知识，用于分析低保对象的心理，及时掌握低保对象的思想发展脉络，有效地解决低保工作中出现的各种问题。这些角色与要求与专业社会工作者的角色要求非常符合，因此，低保工作应由受过训练的专业社会工作者来承担。专业社会工作还可以促进低保户的能力建设，发挥低保户的自身功能，这样才能使低保户真正走出困境。①

（二）满足低保群体的精神文化需求

在精神文化需求方面，低保对象也有着自己的要求，例如有受

---

① 乔世东：《革新城市低保运作模式的必要性及思路——专业社会工作的介入》，《山东大学学报（哲学社会科学版）》2009年第4期。

助者提出希望有一些针对低保群体的公园门票、电影票之类娱乐文化项目的优惠政策，扩大他们社会资源的支配权，使得低保群体也能一定程度上共享丰富的大众精神文化发展成果。低保对象更加丰富的精神文化生活势必会改善以及保证其心理健康，从而实现制度设计"以人为本"的初衷和真正全面的保障，实现相对公平以及社会的稳定与团结。

（三）积极发挥大众传媒的引导作用

解决城市低保人群心理健康问题需要一个循序渐进的过程，新媒体时代下，报刊、电视、网络等大众传媒作为党和政府喉舌的传播作用不可忽视。因此，要充分发挥大众传媒的舆论导向功能，积极宣传城市低保群体的一些诸如成功创业的鼓励性事件，塑造由弱到强的低保群体形象；宣传自强不息、百折不挠的精神；介绍、推广社会组织帮助低保群体立志自强、走出困境的成功经验；等等。鼓励低保对象强化自我发展的意识，化挫折为动力，从心理困境中奋起，做生活的强者。

第十一章

城市低保人群的福利依赖 [*]

一 研究背景

一般认为社会救助是社会保障体系中的最后一张安全网。社会救助在资产审查的基础上为有需要的人提供福利和服务，以助其达到基本生活水平。[①] 经过资产审查而后提供社会救助，是许多国家长期采用的一种福利形式，并被认为是公平与效率的有机结合。[②]

大多数支持"福利国家"的学者与政策决策者都相信，社会福利项目可以减少贫困。但是也有不少反对意见，认为社会福利事实上并不能够减贫。其弊端主要是社会福利对于贫富差距的调和作用甚微，可能造成福利依赖，甚至可能影响经济发展等。[③]

社会福利对于贫富差距调节和经济发展的作用学界已多有论述，本章主要关注的是福利依赖问题。从国外相关文献看，批评者认为福利会对接受者和他们所处的环境产生一系列的负面影响，[④]

---

[*] 本章执笔人：韩克庆、郭瑜。原文《福利依赖是否存在——中国城市低保制度的一个实证研究》，《社会学研究》2012 年第 2 期。

[①] Gough, L., Bradshaw, J., Ditch, J., Eardley T. & Whiteford P., "Social Assistance in OECD Countries", *Journal of European Social Policy*, Vol. 7, 1997.

[②] Hill, M., *Social Policy in the Modern World : A Comparative Text*, Oxford：Blackwell Publishing, 2006, p. 83.

[③] Kenworthy, L., "Do Social–Welfare Policies Reduce Poverty? A Cross–National Assessment", *Social Forces*, Vol. 77, 1999.

[④] 参见 Ayala, L. & Rodríguez M., "What Determines Exit from Social Assistance in Spain?", *International Journal of Social Welfare*, Vol. 16, 2007；Meyer, B. & Duncan G. (eds.), *The Incentives of Government Programs and the Well–Being of Families*, Joint Center for Poverty Research, Chicago, 2001。

其中包括直观的福利依赖，[①] 以及广义上与依赖相关的种种弊端，如福利领取的代际传递；[②] 贫困陷阱和福利欺诈；[③] 以及福利持续时间过长等。[④] 然而，无论是福利领取时间过长、福利领取的代际传递，还是贫困陷阱和福利欺诈，从根本上讲都是源于福利依赖及其对就业的负面影响。

依赖是人生中一种不完整的状态，在孩童中较为常见，在成人中则属于异常。福利依赖来源于贫穷，但福利依赖有别于贫穷。贫穷是一种客观状态，而产生依赖则是一种主观状态。[⑤] 福利依赖假设社会救助会影响受助者的行为，因此未受救助的穷人反而比福利受助者更善于解决问题和满足自身需要。[⑥] 依赖总是与被动性和对经济援助/福利的自我毁灭式的长期依靠相伴而生，是为"福利依赖"。[⑦]

"新右"和"第三条道路"理论流派都相信，传统福利国家会滋生福利依赖，并培育出一种"依赖文化"。[⑧] 政策专家已经普遍同意（福利）依赖是有害的，它会侵蚀人们自我支持的动力，还会培

① Saraceno, C. , *Social Assistance Dynamics in Europe*：*National and Local Poverty Regimes*, Bristol, UK：Policy Press, 2002.

② Beaulieu, N. , Duclos, J. Y. , Fortin, B. & Rouleau M. , "Intergenerational Reliance on Social Assistance：Evidence from Canada", *Journal of Population Economics*, Vol. 18, 2005.

③ Hill, M. , *Social Policy in the Modern World*：*A Comparative Text*, Oxford：Blackwell Publishing, 2006, pp. 83-85.

④ 参见 Ayala, L. & Rodríguez M. , "What Determines Exit from Social Assistance in Spain?", *International Journal of Social Welfare*, Vol. 16, 2007；Cooke, M. , "A Welfare Trap? The Duration and Dynamics of Social Assistance Use among Lone Mothers in Canada", *Canadian Review of Sociology*, Vol. 46, 2009。

⑤ Moynihan, D. , *The Politics of a Guaranteed Income*：*The Nixon Administration and the Family Assistance Plan*, New York：Random House, 1973.

⑥ Saraceno, C. , *Social Assistance Dynamics in Europe*：*National and Local Poverty Regimes*. Bristol, UK：Policy Press, 2002.

⑦ Yeatman A. , *Mutual Obligation*：*What Kind of Contract is This*? Sydney：National Social Policy Conference, 1999.

⑧ 参见 Moore, J. , "Welfare and Dependency", Speech to Conservative Constituency Parties Association, September, 1987；Department of Social Security (DSS), *New Ambitions for Our Country*：*A New Contract for Welfare*, London：The Stationery Office, 1998。

养甚至加重底层心态，从而孤立和污名化福利接受者。[①] 福利依赖早已成为美国政界的关键词之一，并为不同派别的政治家所批评。[②] 在当今经济低迷的情况下，我们不难看到在欧美主要国家，人们更多地开始反思福利制度；而对福利依赖的批判，也可谓甚嚣尘上。[③]

过去的 10 余年间，为改进福利体制，福利国家的社会救助制度也相应发生了诸多重大变革。西方工业国家越来越担忧，政府福利项目是否会对福利接受者的就业意愿与就业状况造成影响，从而造成福利依赖。[④] 这种"担忧"影响了西方国家福利项目的主要设计。政府进行了许多带有限制性的改革，在民众领取福利时附加了诸多就业要求。[⑤] 例如，1996 年美国《个人责任与工作机会调和法案》将福利制度从"资格机制"改为"工作优先"模式，具体做法包括对福利采取时间限制，以及强制提出工作要求，以此来刺激其就业。[⑥]

在这种宏观背景下，国外学界也对社会救助制度变革中的福利依赖文化展开研究，但相对较为严谨和深入，不会受政治、经济、社会的影响而草率做出结论。例如瑟润德等人假设，社会救助可能会削弱就业动机，并且造成"福利依赖文化"。他们通过定性与定量研究来探究是否有这样一种"依赖文化"的存在。其结论是受访者都很重视有薪工作。在福利接受者中，失业并未成为一种常态，且总的来看，失业者都有较强的就业动机。其结论认为，福利接受

---

① Wilson, W. J., "Social Policy and Minority Groups: What Might Have Been and What Might We See in the Future", In *Divided Opportunities: Minorities, Poverty, and Social Policy*, ed. Sandefur, G. D. and Tienda, M., 231–52. New York: Plenum, 1988.

② Fraser, N. & Gordon L., "A Genealogy of Dependency: Tracing a Keyword of the U. S. Welfare State", *Signs*, Vol. 19, 1994.

③ TVNZ 2011, "National Welfare Reform Plan Sparks Criticism" (http://tvnz. co. nz/ Aug, 15).

④ Ayala, L. & Rodríguez M., "What Determines Exit from Social Assistance in Spain?" *International Journal of Social Welfare*, Vol. 16, 2007.

⑤ Zippay, A., "Dynamics of Income Packaging: A 10-Year Longitudinal Study", *Social Work*, Vol. 47, 2002.

⑥ Ybarra, M., "Should I Stay or Should I Go? Why Applicants Leave the Extended Welfare Application Process", *Journal of Sociology & Social Welfare*, Vol. 38, 2011.

者仍然遵守着主流的价值观和志向，并未形成一种独特的依赖文化。①

在我国，自1999年《城市居民最低生活保障条例》开始实施以来，社会救助各项制度逐步完善，供养和补助标准持续提高，救助覆盖范围不断扩大。2010年全国城市低保平均标准为每人每月251.2元，低保对象月人均补助189.0元；截至2010年底，全国共有1145.0万户、2310.5万名城市居民得到了最低生活保障。全年累计支出城市低保资金524.7亿元，比上年同期增长8.8%；其中中央财政补助资金为365.6亿元，占全部支出资金的69.7%。② 随着财政投入的加大和低保制度自身的不断完善，低保制度在反贫困方面发挥了重要作用。但是，在我国社会救助体系初见成效的同时，我们仍要注意到社会救助潜在的负功能，防患于未然。

结合西方国家已经出现的福利弊端，本研究选取建立时间相对较长的城市的低保制度作为研究对象。研究问题包括：城市低保人员是否形成福利依赖？他们的就业状况与求职动机如何？低保人员的就业状况由哪些因素决定？基于城市低保制度的大规模问卷调查与深度访谈，本章将通过实证研究回答这些问题。

二　数据介绍与描述性分析

本章所采用的实地调查数据来源于民政部社会救助司（原最低生活保障司）2007年委托中国人民大学劳动人事学院进行的"中国城市低保制度绩效评估"项目。③ 该研究主要采用问卷调查和个案访谈法，对城市低保制度执行情况进行了调研与评估。根据分层

---

① Surender, R., Noble, M., Wright G. & Ntshongwana P., "Social Assistance and Dependency in South Africa: An Analysis of Attitudes to Paid Work and Social Grants", *Journal of Social Policy*, Vol. 39, 2010.

② 中华人民共和国民政部：《2010年社会服务发展统计报告》，2011年6月6日（http://www.mca.gov.cn/article/zwgk/mzyw/201106/20110600161364.shtml）。

③ 项目负责人米勇生、王治坤，项目总协调人刘喜堂，课题研究主持人韩克庆。项目编号：34107050。

随机抽样方法，先从全国选取部分典型城市作为抽样单位，这些城市为：北京市、重庆市、湖南省长沙市、广东省中山市、甘肃省天水市和辽宁省朝阳市。然后，基于《民政事业统计信息管理系统——台账子系统》内记录的低保人员信息，通过软件提供的抽样调查功能随机抽样，选取了 1462 名调查对象，得到有效问卷 1209份。被访人员的基本情况如表 11—1 所示。在问卷调查的基础上，本研究选取部分低保对象和低保干部作为个案访谈对象，从北京市宣武区、重庆市渝中区、湖南省长沙市天心区、广东省中山市石岐区、甘肃省天水市秦州区、辽宁省朝阳市双塔区抽取了访谈对象108 人。其中，低保户 90 人，低保干部 18 人。

表 11—1 　　　　　　　被访对象的基本情况

变量	比例（%）	变量	比例（%）	变量	比例（%）
性别		受教育程度		就业状况	
男性	50.3	小学及以下	30.9	正式就业	2.7
女性	49.4	初中	43.3	灵活就业	17.7
婚姻状况		高中及职高	20.3	登记失业	27.3
未婚	9.9	大专及本科	5.4	未登记失业	9.7
已婚	53.9	健康状况		离退休	5.9
离婚	14.6	健康	19.3	老年人	12.3
年龄		一般	23.5	其他[b]	17.5
<30 岁	4.5	体弱	17.3	平均每家每月领取低保金额：325.5(元)	
31—40 岁	19.8	慢性病	17.9	经济困难的首要原因	
41—50 岁	38.9	严重疾病	12.1	没有工作	40.0
51—60 岁	17.6	劳动能力[a]		就业不稳定	9.7
61—70 岁	9.2	健全	40.7	家里有病人或残疾人	31.6
≥71 岁	10.0	部分丧失	39.7	子女教育费用过高	6.4
		完全丧失	19.4		
样本数				1209	

注：a 劳动能力状况通常可分为完全丧失劳动能力、大部分丧失劳动能力、部分丧失劳动能力和劳动能力健全。在问卷调查过程中，我们将完全丧失劳动能力和大部分丧失劳动能力的人视为完全丧失劳动能力。

b 多属于因残、因病而缺乏劳动能力的情况。

通过表 11—1 可以大致勾勒出低保受益对象的人口、社会、经济特征。被访者对于低保制度的满意究竟建立在什么基础之上？我们首先关注低保对于家庭收入的作用。虽然低保金数额并不高（平均每户每月 325 元，见表 11—1），但是从被访者的回答来看，这份补助被看作是至关重要的"救命钱"（39.4%）或是能够大大改善生活状况（45.7%）。其次，低保金是否能够满足基本生活需要？仅有 3.7% 的被访者认为完全能够满足，接近一半人认为勉强能够（47.9%），约 1/3 的人认为不能满足基本生活需要（32.5%），更有接近 1/6（15.4%）的被访者认为现有的低保金距离满足需要还差得太远。因此，可以认为，现有低保补助不论是绝对值还是相对值（满足家庭生活需要的程度）都不算很高。但是低保领取者总体上还是维持了较高的满意度，从这个意义上我们判断，低保对象对于福利并没有过高期盼，较易得到心理满足（见表 11—2）。

表 11—2　被访对象对于低保金对家庭和生活需要作用的评价

对家庭的作用（%）		是否能够满足基本生活需要（%）	
生活必需的"救命钱"	39.4	完全能够	3.7
大大改善了生活状况	45.7	勉强能够	47.9
主要还是依靠自己挣钱，有低保更好	11.2	不能满足	32.5
		差得太远	15.4

除了总体评价和救助对家庭收入的作用之外，低保对象对于救助的理解还需要从另一个重要角度来衡量，那就是福利自我退出机制。表 11—3 显示，接近 2/5（39.4%）的受访者曾经向街道或居委会报告过收入变化情况，另有约 1/3（34.2%）隐瞒不报。在回答更直接的问题时，即"什么情况下会主动提出不要低保？"仅有约 1/6（16.5%）的人表示不会提出不要。大部分被访者还是选择当家庭收入超过低保标准（28.7%），或是有了固定工作与稳定收入（34.0%）后，会主动提出退保。另有 17.5% 选择"其他"并做出说明，笔者简单统计后发现，与表 11—1 中的经济困难原因相呼应，多属于因残、因病、子女教育费用过高等情况。

表 11—3　　　　　　　　被访对象对收入变化和退出低保的态度

向街道或居委会报告收入变化（%）		什么情况下会主动提出不要低保（%）	
报告过	39.4	家庭收入超过低保标准	28.7
没有报告	34.2	有了固定的工作和稳定的收入	34.0
不知道要报告	14.5	不会主动提出不要	16.5
没发生过不清楚	10.4	其他[a]	17.5

注：a 主要包括本人或近亲病情好转、子女学业完成找到工作、可以领取退休金或因残无法改善收入等情况。

　　低保户的求职意愿也是一个重要的判断标准。事实上，对于"如果有劳动能力，是否愿意积极找工作？"的问题，超过九成的受访者表示愿意，仅有极少数表示不愿意（2.3%）或是无所谓（3.3%）。

　　关于就业促进政策，近一成（9.5%）受访者表示，希望通过就业增加的收入只有一部分计入正式家庭收入；超过两成（22.7%）的受访者希望，当找到工作提高收入后，政府能够再保留 2—3 个月的低保待遇；更有接近 1/4 被访者表示，工作以后如果没资格领取低保，但可以享受其他优惠政策，会令他们更愿意积极就业。

　　大多数（60.7%）被访者参加过小区组织的公益劳动。没参加过的样本中，超过一半是由于身体不好、残疾、年老或无劳动能力（57.6%），另有一部分人表示因为无人组织（29.3%），4.5%是在外工作而没时间参加，仅有极个别情况（0.9%）是因为怕碰见熟人难堪。

　　直观地看描述性统计结果，并没有明显证据显示被访者由于低保救助而削弱了就业动机；而就业状况则大多受劳动能力和身体状况的制约。事实上目前我国的低保金额普遍偏低，造成"福利依赖"的可能也相应较低。当然，直观的判断不能作为学术讨论的依据。本章将进一步探究，哪些因素会影响低保领取者的就业状况和就业动机。具体来说，将采用回归分析方法进一步探究就业状况的影响因素，并辅以定性访谈资料加以论证，从而判断是否存在"福利依赖"。

三　模型构建和回归结果

目前在我国，低保制度作为最后一道社会安全网，在缓解城市贫困、维护社会稳定方面发挥了重要作用。从救助对象的劳动力特征来看，一般可以分为两类：一类是无劳动能力的人群，即城镇"三无"人员，包括孤寡老人、儿童及残疾人等；另一类是仍处在劳动年龄且有劳动能力的群体。针对这两类群体的差异，政府提出了"应保尽保，分类施保"的方针，对不同目标群体采取不同的制度设计。对完全无劳动能力的低保对象来说，低保目标是保障其基本生活水平；对于有劳动能力的低保对象，则旨在通过实施就业培训和提供劳动岗位使其重回劳动力市场，低保救助只是过渡性的救助方式。

我们假设对于具备劳动能力的个体而言，低保可能产生正负两方面作用：一方面，作为其满足基本的生活需要，并通过自身努力最终获取稳定工作的经济保障；另一方面可能会造成"福利依赖"效应，导致低保受助者的求职动机降低或求职要求提高。

为了对"福利依赖"的程度和作用机制进行量化分析，本章以低保受助者的工作状况作为研究切入点，建立模型并进行回归。被访者的就业状况可能会受到劳动能力影响，事实上，"有劳动能力"是一个非常笼统的概念。问卷设计时格外注意了这一点，对劳动能力做出了进一步区分，即"有部分劳动能力（丧失部分劳动能力）"和"有健全劳动能力"[1]。因此，将样本分为"劳动能力健全"、"丧失部分劳动能力"和"完全丧失劳动能力"三种。这种区分非常具有现实意义，从数据上看（参见表 11—1），劳动能力健全的有 40.7%，丧失部分劳动能力也高达 39.7%，这证明劳动能力不能仅用"有"和"无"来区分，在劳动能力健全与完全丧失劳

---

[1]　关于劳动能力鉴定，可参见人力资源与社会保障部《职工非因工伤残或因病丧失劳动能力程度鉴定标准（试行）》（2002）。在本调查中主要采取自行汇报的方式。

动能力之间，还有一个较大的灰色区域，也就是具有部分劳动能力的人群。从现实生活来看，例如肢体残疾或慢性病患者，可能并未丧失劳动能力，但也与一般劳动者有一定差别，因此不可一概而论。基于上述考虑，我们对"有劳动能力（即劳动能力健全和丧失部分劳动能力者）"的样本和"有健全劳动能力"的样本分别进行回归考察，探析"劳动能力"和"福利依赖"之间的互动关系。

　　模型的被解释变量是样本在接受访谈时的工作状况（有工作为1，否则为0），解释变量则涵盖了个人特征变量和制度评价变量。为了控制调查区域对被解释变量的系统性影响，城市虚拟变量也被纳入模型。解释变量和被解释变量的定义参见表11—4。个人特征包括样本年龄、性别、教育背景、婚姻、健康状况、劳动能力等六组变量；制度评价变量则包括低保金额、低保张榜公布要求和低保满意度等。[①]

表11—4　　　　　　　　　　　被计量变量简介及构建方法

变量	定义	预期符号
被解释变量		
工作	如被访者已经参加工作，该变量为1；否则为0	
解释变量		
个人特征变量		
男性	如被访者为男性，该变量为1；否则为0	+
年龄	被访者的实际年龄	−
婚姻状况	如被访者已婚，该变量为1；否则为0	+/−

---

① 福利领取时间也是一个重要概念。但是本研究中的数据显示，绝大多数低保对象是在1999年以后开始享受最低生活保障待遇的。经过计算，被访者平均领取时间为42.1个月，为时尚短。而相应的国际文献则以5年或10年为衡量单位。因此我们假设，低保领取时间更多是与个人和其他政策因素相关的。故领取时间不纳入回归分析。但我们认为，在今后研究中，该变量是值得关注的。

变量	定义	预期符号
教育程度	如被访者为高中以上学历，该变量为 1；否则为 0	+
健康状况	如被访者健康状况良好，该变量为 1；否则为 0	+
劳动能力	如被访者有健全劳动能力， 该变量为 1；部分劳动能力者为 0	+
制度评价变量		
人均低保金	被访者家庭所获得的人均低保补助（百元）	+/-
张榜公示	如被访者不愿在小区内公示自己获得低保， 该变量为 1；否则为 0	-
满意程度	如被访者对低保制度表示满意，该变量为 1；否则为 0	+/-
区域特征		
甘肃天水为参照组	如被访者处于相应城市，该城市变量为 1；否则为 0	+/-

我们构建了二元离散选择 Probit 模型（Wooldridge，2002：451-469），具体考察"福利依赖"效应的作用程度。首先是构建一个线性的潜在变量模型：

$$y^* = \beta_0 + \beta_1 RWC + \beta_2 MIGC + \beta_3 City + \varepsilon$$

其中，y^* 代表一个未被观察的潜在变量，RWC 代表个体特征变量，$MIGC$ 是低保制度评价特征，$City$ 代表城市虚拟变量，ε 满足标准正态分布。y 代表被解释变量，并和 y^* 之间存在如下关系：

$$y = \begin{cases} 1, & 如果\ y^* > 0; \\ 0, & 其他 \end{cases}$$

当 y 取 1 时，表明样本更倾向于满意低保制度（或愿意参加工作）。我们可以得到 y 的相应概率：

$$P\ (y=1)\ =\ P\ (y^*>0)\ =\ \Phi\ (\beta_0 + \beta_1 RWC + \beta_2 MIGC + \beta_3 City)$$

采用最大似然估计法估计其中参数即可。为考察劳动能力对"福利依赖"效应的影响，本章分别对"具备劳动能力"的样本和"具备健全劳动能力"的样本进行了回归（回归模型 1、回归模型

2），结果正如表11—5所示。① 解释变量和被解释变量的定义参见表11—4，城市虚拟变量不是本章讨论的重点，简明起见，系数在此省略，备索。

表11—5　　　　　被访样本工作情况的 Probit 模型回归结果

项目	有劳动能力的样本回归结果（回归模型1）		有健全劳动能力的样本回归结果（回归模型2）	
	Probit 回归系数	边际效应（dF/dx）	Probit 回归系数	边际效应（dF/dx）
个人特征变量				
男性	0.24 ** (2.26)	0.07 **	0.37 *** (2.73)	0.14 ***
年龄	-0.02 *** (-2.69)	-0.005 ***	-0.01 * (-1.74)	-0.005 ***
婚姻状况	0.09 (0.75)		0.12 (0.78)	
教育程度	-0.11 (-0.99)		-0.17 (-1.16)	
健康状况	0.27 ** (2.12)	0.08 **	0.31 * (1.74)	0.11 *
劳动能力	0.54 *** (4.48)	0.16 ***		
制度评价变量				
人均低保金	-0.13 * (-1.79)	-0.04 *	-0.13 (-1.36)	
张榜公示	0.12 (0.87)		0.08 * (1.76)	0.03 *

①　本章根据 Stata10.0 软件中的"dprobit"命令求得各解释变量的边际效应。为提高回归结果对实际情况的解释能力，作者对年龄、样本家庭人均低保补助金额等变量进行了中心化处理，在此感谢匿名审稿人对计量模型提出的意见。

续表

项目	有劳动能力的样本回归结果 （回归模型 1）		有健全劳动能力的样本回归结果 （回归模型 2）	
	Probit 回归系数	边际效应 （dF/dx）	Probit 回归系数	边际效应 （dF/dx）
满意程度	-0.22^* (-1.67)	-0.07^*	-0.08 (-0.53)	
样本总数	829		415	
似然比检验量	167.27		87.09	
拟合优度 Pseudo R^2	0.168		0.145	

注：系数代表边际效应（dF / dx），它表示自变量一个单位的变化，或者相对于参照类而言，发生比的变化。括号内的资料为 Z 值，*、* *、* * *分别代表 10%、5%、1%的显著性水平。

（一）个体特征变量分析

首先来看个体特征变量的影响。性别虚拟变量和年龄因素对于"有劳动能力"（回归模型 1）和"有健全劳动能力"（回归模型 2）的样本均存在显著影响，作用方向也同预期相符合。特别是在有健全劳动能力的被访者中，男性工作的概率比女性高出 14%。这一方面是因为在我国的传统观念中，男性更多担负着养家糊口的责任，求职动机更为强烈。另一方面也是由于男性的就业机会要多于女性。

在回归模型 1 中，"有健全劳动能力"虚拟变量的系数为正数，且通过了显著性检验。回归结果显示，与只有部分劳动能力的被访者相比，"有健全劳动能力"的样本工作的概率高出 16%。这表明健全的劳动能力对就业状况的影响非常显著，同时也验证了我们把"劳动能力健全"和"丧失部分劳动能力"的样本区分回归的必要性。

值得注意的是，健康状况虚拟变量在回归模型 1 和回归模型 2 中都非常显著，且系数均为正。在回归模型 1 中，身体健康的样本有工作的概率比不健康的要高出 8%；健康因素在回归模型 2 中的影响更为明显，身体健康的样本工作的概率要高出 11%。教育和婚姻状况的影响在两个模型里都不显著。

（二）制度评价变量

制度评价变量的回归结果，在回归模型 1 和回归模型 2 中存在较大差异。回归模型 1 中，低保户的家庭人均受益金额每提高 100元，其参与工作的概率会降低 4%；而当低保户对低保制度表示满意时，工作概率降低 7%。而在回归模型 2 中，这两个变量，即家庭人均受益金额和低保满意度却均未通过显著性检验。因此我们推测，丧失部分劳动能力的人群产生依赖的可能性更为明显，但是没有证据显示有健全劳动能力的样本目前已经产生了福利依赖。

再来看"是否愿意在小区内张榜公布低保名单"这个变量的影响。在回归模型 1 中，"张榜公示"的系数为正，但并未通过显著性检验，这说明低保的"福利依赖"效应对于有劳动能力的受助者总体而言确实存在，但"福利依赖"效应对样本工作决策的影响远小于性别、健康和是否具有健全劳动能力等因素。在回归模型 2中，对于有健全劳动能力的样本来说，"被访者不愿在小区内公示自己获得低保"显著为正，也就是说，被访者不愿在小区内张榜公布低保名单，公布时其就业的概率反而会更高一些（3 个百分点）。据此我们判断，低保的"污名化效应"反而会对劳动能力健全的低保户产生刺激就业的作用。

回归结果显示，现行的低保制度对于丧失部分劳动能力者，目前不排除在一定程度上产生福利依赖的可能。但是，低保户的工作决策仍然很大程度上受到健康、性别、年龄等因素的影响，且依赖程度和样本的劳动能力高度相关。我们认为，无论是描述性数据还是回归模型分析，都不能证明劳动能力健全者对低保产生了明显的依赖。由此我们判断劳动能力健全者只是借助低保维持基本生活，求职意愿仍然比较明确。

（三）定量分析结果

①不排除有部分劳动能力的低保对象产生福利依赖的可能性；

②有健全劳动能力的低保对象具有较强的就业动机；③污名化效应对福利依赖具有反作用；④低保受益金额与就业概率呈现负相关。

定量数据与分析只能在一定程度上解释和预测，须辅以必要的定性分析，才能更清晰地呈现事物的本质。因此，接下来将结合深度个案访谈的典型资料，来判断"福利依赖"是否存在。

四　定性研究

（一）制度受益水平分析

通过访谈发现，不管是没有收入来源的残疾人、孤寡老人，还是重病、慢性病和精神疾病患者，不管是离婚、丧偶家庭的成员，还是退休下岗、买断工龄的"4050"①人员，乃至"两劳"（劳动教养、劳动改造）释放人员，贫困曾经让他们绝望无助、情绪低落，让他们为吃饭穿衣而发愁。最低生活保障为他们化解了生存危机，让贫困者及其家庭有了起码的生活保障，重燃了他们生活的希望。

几乎所有的被访者都对低保制度赞誉有加，认为低保是党和政府的一项惠民政策，实实在在解决了贫困群体生活中的一些问题。可以说，低保制度保障了城市贫困家庭的基本生活，发挥了重要的"兜底"作用。在一定程度上，低保制度成为一种安慰剂、一种稳定剂，一种希望、一种安全感，并且已然成为一些人心中和生活上不可脱离的制度安排。

尽管被访者对制度赞誉有加，但是又普遍反映低保金额较低。除个别受助者受"多拿多占"的心理影响外，许多被访者处在"上有老下有小"的年龄阶段，家中父母等老年人需要医药费、子女需要教育费，甚至许多人自身也疾病缠身。虽然政府建立低保制度的初衷是为了解决贫困居民柴、米、油、盐等基本生活问题，但是低保家庭必然将低保金用于最迫切的地方，例如医疗与教育支出（请

---

① 指女职工 40 岁、男职工 50 岁以后下岗失业者。

参见前文表 11—1 致贫原因）。除此以外，受物价上涨等因素的影响，受益对象关于提高低保金额的呼声也很高。

【**案例** 11—1】孔先生，34 岁，有健全劳动能力，北京市宣武区大栅栏街道居民。

问：你对低保制度还有别的要求吗？比如说医疗保险啊，像其他家庭的一些减免之类的……

答：其实这个，我太关心了，你说到我心里去了。像去年我孩子看病，俩孩子花了……关键是我对低保这个报销不太了解，后来才知道。后来我孩子花了 2000 多了，我没辙了。

问：应该有报销的制度啊。

答：是啊！我两个孩子花了 2000 多点，给我报了 400 多，为什么啊？其中一个孩子花了 1200 多，一个孩子花了 800 多。那 800 多才报 100 多。都不超过 500，那就不合适，等于说自己还是花了 1500。1500 对我来说什么概念啊？两个多月的低保钱没了，两个多月的饭钱没了！就是这病这块啊，我就觉得挺可怕的。包括我这不也病了，2000 多进去了，还没检查明白。

上述两个案例较为典型地反映了低保对象的生存困境。低保制度使贫困人口在获得救助后能避免挨饿受冻，并能享受到起码的生活条件。但是，很大比例的低保户正是因为长期生病和突发疾病而深陷贫困，他们无力通过劳动就业改变贫困状态。对很多有病人的低保家庭来说，相对于高昂的医疗费用，低保金不啻杯水车薪。

（二）救助对象的就业意愿

如前文所述，低保受助对象的求职意愿能够较为直观地反映福利依赖是否存在。在访谈中我们发现，许多有劳动能力的受助者迫切需要自力更生，他们并不甘于依赖政府的救济过活，而是希望自己有份长期稳定的工作。

【案例 11—2】 徐先生，55 岁，有健全劳动能力，重庆市渝中区两路新村居民。

问：除了低保制度之外，你希望政府出台什么政策解决你的困难？

答：这些政策不好说，希望有让这些低保户能够自力更生的政策，比如小额贷款、提供一些就业机会。我如果有小额贷款，我就可以起来，重新站起来。……还有，就是帮我们找到工作，五六十岁的人，身体确实可以的，能够给我们解决一些力所能及的工作。

类似的案例有很多。这些案例反映了有劳动能力的救助对象的就业诉求。对于他们而言，工作并不单单是解决钱的问题，更重要的是关系到他们在社会上、在家庭中的地位，以及由职业地位赋予他们的心理自尊和社会地位。但是，在社会结构转型和经济发展过程中，有劳动能力的低保户大多属于结构性失业群体，政府整体上对促进下岗失业群体的再就业政策力度欠缺。虽然有些地方能够为低保对象提供社区公益性岗位，但一方面公益岗位数量有限、待遇偏低，另一方面很多岗位对技能有一定的要求，这使得一些想工作的人因为自身技能、素质限制而不能就业。

（三）贫困的代际传递

代际传递是考察父母和子女职业地位变化的重要指标。访谈发现，"知识改变命运"的观念以及重视教育的社会文化传统，使得很多被访者希望通过让子女接受好的教育来改变家庭贫困的状况，或者通过技能培训让子辈走向自立，诸如"自暴自弃"、"甘于贫穷"等与福利依赖文化相关的负面情绪并没有异常凸显。

【案例 11—3】 袁女士，45 岁，有健全劳动能力，重庆市上清寺街道居民。

问：除了低保制度，你还希望政府出台什么政策来解决你的家庭困难？

　　答：我希望国家出台那种暂时的困难能暂时补助的政策。光吃低保也不能脱贫，光吃低保只能越来越穷，就200多块钱完全是在吊命！现在藤藤菜都是五角钱、一块钱一斤，最便宜的东西都是一块钱一斤，光靠吃低保根本都不行。要发达，只有从教育上给孩子下功夫，年轻人才能够读书，才能出来。大一点的孩子，出去能找工作，你没文化怎么出去找工作嘛，只有一代一代地穷下去……恶性循环。孩子读了书，有文化、有知识了，就不可能一代一代地还在继续穷下去了。对年轻的人可以采取一些技能培训，让他们自食其力。我觉得只要满了20岁的年轻人，20岁到40岁之间都不该吃低保，这个阶段身体各方面都是最好的，我觉得不该吃低保。40多岁的人，各方面的机能都在衰退了，我觉得这一种可以享受低保，还可以做一点力所能及的事情。

　　我们认为这个案例非常典型。此受访人虽然语言朴素，但是言谈之中表露了低保制度使中青年产生福利依赖的担忧，并触及"贫困代际传递"问题，显示了较强的就业自立动机。本案例也较好地呼应了实证结果，对于现有的低保救助对象，并没有显著证据表明已经产生了福利依赖；相反，低保对象的就业动机与就业倾向都很强烈。当然这并不意味将来仍会如此，如不与时俱进地完善制度，"福利依赖"就有可能在年轻一代中产生。

（四）定性分析结果

　　综合定性分析结果，我们的基本结论是：①有劳动能力的救助对象普遍具有较强的就业意愿和改变贫困的动机；②很多低保家庭把摆脱贫困的希望寄托在子女身上，希望避免贫困的代际传递；③影响低保人群就业的主要因素是年龄、健康状况、劳动能力、就业机会和国家政策。

五　研究结论与政策建议

　　综上所述，通过对城市低保人群的定量与定性研究，本章认为，现阶段我国城市低保制度还未形成"福利依赖"效应。由于我国城市低保对象中包括大量有劳动能力者，因此，如何合理改进低保制度，促进有劳动能力的受助群体积极求职与就业，是目前以及未来我国城市低保制度都需要重点关注的难题之一。在我国公共政策制定过程中，从地方试点到中央决策的"自下而上"机制扮演了重要的角色。基于实证研究结果，在此我们参考部分地区城市的低保制度创新，以"自下而上"的方式，从理论上提供政策改进的可能。

　　从各地政策创新与实践看，本章选取北京、广州和重庆作为典型代表。北京市政协委员建议对有劳动能力者降低低保。提案建议："改革现有低保金发放制度，降低劳动年龄内有劳动能力者低保标准，对有劳动能力者实行临时救助，明确规定其享受低保救助的期限。"在此基础上，提案指出"要对低保政策'搭车'的救助、补助和其他保障项目要慎重，引导这部分低保人员积极再就业"。① 广东省佛山市禅城区启动了低保与促进就业联动机制，针对有劳动能力的低保群体建立了就业、再就业的激励与约束机制。有劳动能力的低保人员应进行求职登记，再就业后其家庭人均月收入达到或超过低保标准的可继续保留一年的低保待遇。如出现不参加就职登记、拒绝接受就业培训、拒绝参加公益性岗位等情况的将被取消低保资格。② 重庆市有人大代表认为，"劳动年龄段的人员吃低保，要严格审查，尤其要杜绝那种有劳动能力人员，宁愿闲着打麻将也不上班。居民处在劳动年龄段，具备劳动能力，在申请获得了吃低保的资格后，必须参加政府的职业技能培训，增强就业能力，

---

　　① 《北京朝阳政协委员建议对有劳动能力者降低低保》，《新京报》2006 年 12 月 14 日。

　　② 《佛山禅城：有劳动能力不就业将取消低保资格》，《南方日报》2010 年 4 月 28 日。

将有限的政府财力用在最需要帮助的人身上。"对有劳动能力的中青年，确实因家庭困难需要吃低保的，可以设置一个过渡期，允许享受半年或一年的低保待遇，并在这期间通过职业培训实现再就业。[①]

可见，地方政府在执行中央政策的过程中，会根据现实状况发挥主观能动性，采取一定政策创新。在我国，政策改革也通常建立在试点的基础上，由点到面，从而达到稳定的协调发展。上述三地的做法，不约而同地对有劳动能力的低保户采取或规管或协助的方法，目的是促进就业、削减贫困。结合实证结果与地区创新，本章对低保制度的完善提出如下几点建议。

（一）规范以家庭经济状况调查为重点的资格审查制度

规范以家庭经济状况调查为重点的资格审查制度是完善低保制度的核心问题，是实现社会公正和促进制度公平的重要保证，也是预防福利依赖的第一道屏障。

我国低保制度实施以来，在国家没有形成统一的受助对象资格审查实施细则的前提下，各地结合实际情况对低保对象的收入和家庭财产状况核查进行了很多探索，包括对消费形态的控制，如有的地方禁止低保户使用空调、禁止养宠物，等等，有些虽然略显刻板僵化，有损伤受助者尊严的不良影响，但对低保对象的甄别和监督起到了一定的积极作用。只有建立一套完善的家庭经济状况调查制度，才能从根源上杜绝福利依赖与福利滥用。

目前，家庭经济状况调查难以有效实施，既有我国金融信用体系不完善的问题，也有制度本身的设计问题。我们建议，借助现有的信息网络平台，包括利用银行、证券、税务、工商、劳动、社会保障等部门的信息管理系统，依法获取申请者和受助者的家庭财产和收入状况，结合个人申报，明确各个机构和个人在低保资格审查中的权利和义务。如有需要，上述部门应积极配合民政部门进行存

---

① 《有劳动能力还吃低保——或将设半年至一年过渡期》，《重庆晨报》2009 年 5 月 21 日。

款、证券交易、用工、社会保险缴费等信息的取证。

（二）完善与促进就业相关联的动态管理机制

我国现行低保制度的一个重要原则就是动态管理，即当家庭收入低于当地最低生活保障线时，将其纳入低保群体，提供相应的低保待遇；当家庭收入变化时，相应地调整低保金额；当家庭收入高于当地最低生活保障线时，应让其退出低保。

无论定量计算还是定性分析都表明，目前的低保制度设计存在一片很大的灰色地带，即有部分劳动能力的低保人群面临着"主动失业"的困境。我们建议，政府对劳动年龄人口，特别是中青年人群，提供就业培训以及就业资讯；努力提供更多公益岗位或鼓励兴办社会企业，吸收有劳动能力的低保人群就业。同时，在促进就业层面，也应发展"激励措施"。一旦家庭平均收入超过低保标准，应继续保留短期待遇直至收入稳定；超过低保标准的"边缘户"，可以保留与低保制度相关的配套福利措施，消除其就业的后顾之忧。

（三）构建全面的社会救助体系

低保制度的基本目标是解除贫困家庭的生活困境，而现行制度却正在演变成一个综合性的社会救助体系，承载了过多的救助责任。低保制度不是"万能良药"，不能期待它解决所有的问题。解决的出路就是在这一制度之外建立相关制度，包括住房救助、教育救助、医疗救助、失业救助等。通过对不同人群及不同需要的特定救助，形成一个网状结构的救助体系。同时，要将完善低保制度与社会保险制度、社会福利服务等制度设计有效衔接。否则，这种替代思路会妨碍其他社会救助和福利制度设计，例如不利于老年人福利、儿童福利、残疾人福利等其他专项制度的全面建设。

也许，世上并不存在完美的制度，而改革亦从来不易。在我国经济社会迅速发展、国家与人民逐渐富裕的过程中，如何维持就业与救助之间、发展与福利之间的动态平衡，将是一个持续而重要的议题。

第十二章

社会救助制度的未来发展[*]

一　计划经济时期的中国社会救助制度

中国社会救助的改革与发展历程，大致可以分为三个阶段：一是计划经济时期以救灾救济为制度主体的时期；二是改革开放以来到 20 世纪 90 年代末的制度过渡和转型时期；三是 90 年代后期，城市最低生活保障制度建立到现在的制度全面建设时期。

（一）1949 年以后社会救济制度的建立

新中国成立后，《中国人民政治协商会议共同纲领》（1949）和《中华人民共和国宪法》（1954）都明确规定：国家举办社会保险、社会救济和群众卫生事业，并且逐步扩大这些设施，以保证劳动者享受这种权利。针对积贫积弱的社会现实，当时社会救助制度主要围绕自然灾害救助、农村救助、城市救助三个方面展开。

新中国成立之初，长江、淮河、汉水以及海河流域相继发生严重决口，灾情遍地。因此，1950 年 2 月 27 日成立中央救灾委员会，各灾区政府逐级设立生产救灾委员会，以民政部门为主，开展救灾工作。当时的救灾方针是"生产自救，节约度荒，群众互助，以工代赈，并辅之以必要的救济"。[①] 据统计，从 1950 年到 1976 年，国

---

　　* 本章执笔人：韩克庆。原文《中国社会救助制度的改革与发展》，《教学与研究》2015 年第 2 期。

　　① 詹火生、杨莹、张菁芬：《中国大陆社会安全制度》，台湾"国立"编译馆主编，五南图书出版公司 1993 年版，第 149 页。

家提供的灾民生活救助款项总计达到 80.84 亿元，各年的救助款项
见表 12—1 所示。

表 12—1　　　　1950—1976 年中国用于灾民生活救助的款项

年份	款额（万元）	年份	款额（万元）
1950	6776	1962	32247
1951	4368	1963	46242
1952	10611	1964	113745
1953	13044	1965	55195
1954	31900	1966	37505
1955	16851	1967	28122
1956	23133	1971	15349
1957	24128	1972	23198
1958	8687	1973	33635
1959	21310	1974	22224
1960	40152	1975	55237
1961	62818	1976	81974

资料来源：侯文若：《现代社会保障学》，红旗出版社 1993 年版，第 331 页。

　　计划经济时代的农村社会救助项目主要是"五保"供养救助和
贫困户救助。城市社会救助项目主要是临时救济和定期定量救济，
救助对象主要为无劳动能力、无生活来源、无法定赡养人和抚养人
的城镇孤老、社会困难户、60 年代精减退职职工以及国家规定的一
些特殊救济对象，每年的城镇固定救济对象在 40 万至 80 万人之
间，临时救济 200 多万人次。[1]

----

　　[1]　李学举主编：《跨世纪的中国民政事业·总卷（1994—2002）》，中国社会出版
社 2002 年版，第 34 页。

在行政管理方面，新中国成立以后的社会救助工作，除城市救助中的精减退职职工救助由劳动部分管外，其余的社会救助及优抚事业，都由内务部主管。"文化大革命"（1966—1976 年）期间，内务部被裁撤，民政工作分别交由财政部、卫生部、公安部、国务院机关政工组织管理。1978 年民政部成立后，社会救助工作交由民政部负责。

（二）计划经济时期中国社会救助制度的特点

新中国成立以后社会救助制度的总体特征有：一是普遍贫穷基础上的残补型制度。新中国成立之初，各项事业百废待兴，经济基础非常薄弱，农村社会普遍贫穷。因此，当时的主要任务是恢复生产和社会秩序，国家经济制度与政治制度建设为重中之重，社会救助制度为应急性的残补型制度。二是救灾救荒为主体制度。除了上文提到的水灾以外，1959—1961 年三年自然灾害、1976 年唐山大地震，以及其他大大小小的自然灾害所造成的灾民救济，成为社会救助的重要内容。三是救助对象有限。当时社会救助的主要目标是解决特急特困人员的生存问题，还谈不上满足生存之外的其他更高需求。在普遍贫穷的前提下，社会救助制度无法覆盖需要救助的全体困难群体。当时的救助对象主要是两种人：一种是"光荣的人"，一种是"困难的人"。其中，灾民救助是主体，救灾经费主要用于解决灾民粮食、衣着、住房和医疗困难。四是低水平起步的制度设计。新中国成立之初，内务部曾经提出"不许饿死人"的救灾口号。1958—1962 年农村自然灾害的高峰期，政府用于农村救济的费用每年少于 45000 万元，集体农业中的每一个人每年合 0.8 元左右，而粮食短缺地区的集市价格已经达到每公斤 2—4 元。集体单位内部的公益金并不能成为对饥饿的农村人民提供有效援助的另一个来源。在死亡危机达到顶点的 1960 年，公益金总额只有 37000 万元。[①] 受经济基础的影响，当时的救助制度更多是一种捉襟见肘

---

①　［美］R. 麦克法夸尔、费正清编：《剑桥中华人民共和国史：1949—1965 年》，中国社会科学出版社 1990 年版，第 403 页。

式的、拆了东墙补西墙的应急策略。五是平均主义价值理念的影响。新中国成立以后，社会救助工作成为社会主义建设的一部分，大致经过了先治乱、再治贫的过程。治乱，主要是针对国民党的散兵游勇、旧社会的娼妓改造、城市流民的收容遣送。随着社会主义计划经济体制逐步确立，社会救助作为社会主义优越性的一个部分，开始由"治乱"走向"治贫"。为了不让一个"阶级弟兄"掉队，很多在旧社会没人管的人，在新社会得到了起码的生活保障。农村人民公社体制建立后，贫困以及丧失劳动能力的农户，其生老病死都由生产队负责。[①]自此，新中国形成了国家保障体系下的城市单位救济与农村集体救济相结合的社会救助制度。

二　市场化改革以来中国社会救助制度的创新发展

（一）政治经济背景的变化

改革是一场全面的社会革命。1978 年以来，中国开始了政治、经济、文化的全面变革。从政治方面看，1976 年毛泽东逝世对绝大多数中国人来说，算是一件惊天动地的大事情。毛泽东逝世后，华国锋上台，接着粉碎"四人帮"，邓小平复出开始全面主持党政工作。至此，新中国成立后决定历史走向的重大政治变革悄然完成。应该说，从毛泽东时代到邓小平时代，是中国政治生活中一个非常巨大的转型。从经济方面看，先是农村土地改革，开始推行家庭联产承包责任制。农村土地改革的经典案例是，1978 年安徽凤阳小岗村的 18 位农民，冒着被杀头的危险，在包产到户的责任书上按下红手印，拉开了农村土地改革的序幕。随后，城市改革开放的序幕也逐渐拉开。特别是邓小平 1992 年南方谈话以后，市场经济已如滚滚大潮，在中国大地上不可逆转地向前推进。建立社会主义市场经济体制，成为 20 世纪 90 年代以来中国改革开放的最强音。

---

① 刘喜堂：《建国 60 年来我国社会救助发展历程与制度变迁》，《华中师范大学学报（人文社会科学版）》2010 年第 4 期。

（二）社会保障制度改革的总体目标

在改革开放的宏观背景下，中国社会保障制度也发生了根本性的变化——国家负责的劳动保险制度开始向社会保险和商业保险制度过渡。1993 年中共中央十四届三中全会通过的《中共中央关于建立社会主义市场经济体制若干问题的决定》第五部分，明确提出建立多层次的社会保障体系。这个多层次的社会保障体系包括社会保险、社会救济、社会福利、优抚安置和社会互助、个人储蓄积累保障。《决定》还提出，社会保障水平要与我国社会生产力发展水平以及各方面的承受能力相适应，城乡居民的社会保障办法应有区别。提倡社会互助。发展商业性保险业，作为社会保险的补充。改革的重点是完善企业养老和失业保险制度，强化社会服务功能以减轻企业负担，促进企业组织结构调整，提高企业经济效益和竞争能力。同时，建立统一的社会保障管理机构。① 值得注意的是，当时《决定》中还没有社会救助的概念，与社会救助概念有关的，是社会救济、优抚安置、社会互助。

1993 年以后，社会保障制度改革快速推进。在养老社会保险制度改革方面，进一步明确了社会统筹与个人账户相结合的缴费方式。随后，改革计划经济体制下所形成的劳保医疗、公费医疗制度，社会统筹与个人账户相结合的城镇职工基本医疗保险制度开始建立。2007 年国务院颁布《关于开展城镇居民基本医疗保险试点的指导意见》，启动非从业城镇居民医疗保险试点工作。2011 年实施的《中华人民共和国社会保险法》，在对养老保险、医疗保险、工伤保险、失业保险、生育保险整合的基础上，明确了制度内容和责任划分，标志着中国社会保险制度基本定型。② 在社会保险制度改革不断推进的同时，社会救助制度改革也面临重大突破。

---

① 劳动和社会保障部、中共中央文献研究室编：《新时期劳动和社会保障重要文献选编》，中国劳动社会保障出版社、中央文献出版社 2002 年版，第 138—139 页。

② 韩克庆：《社会结构变迁与中国社会保障制度的发展》，《教学与研究》2013 年第 6 期。

（三）社会救助制度的创新发展

随着社会主义市场经济体制的确立，改革的步伐进一步加快，尤其是城市国有企业改革进一步推进。与此同时，市场经济的加速发展导致资源在社会阶级阶层和社会人群中配置的数量、内容和方式均发生重大变化。[①] 20 世纪 90 年代以后，大批产业工人面临结构性失业。据统计，1997 年城镇登记失业人数为 570 万人左右。该年多项大范围抽样调查的结果显示，下岗人员的规模为城镇从业总人数的 7% 左右，据此推算全国下岗人员为 1028 万人。登记的失业人员和下岗无业的总人数达到约 1500 万人。[②] 另据政府部门的统计，从 1998 年至 2003 年，国有企业累计下岗职工 2818 万人。[③] 这样，由结构性失业导致的城市贫困问题逐步凸显，对变革中的社会保障制度提出了新挑战。

1993 年 6 月，上海市民政局等部门发出了《关于在本市建立城镇居民最低生活保障线的通知》，在全国率先试点城市居民最低生活保障制度，拉开了社会救助制度改革的序幕。1995 年，民政部在实地调研的基础上，邀请中央政策研究室、国务院发展研究中心、人事部、劳动部、中国社会科学院、北京大学、中国人民大学等单位的专家学者，召开座谈会，研讨可供参考的方案，并继续扩大试点城市，全国共有 12 个城市建立了最低生活保障制度。1997 年，国务院下发《关于在全国建立城市居民最低生活保障制度的通知》，明确了保障范围、保障标准、保障资金等重要政策问题，就城市居民最低生活保障工作做出全面部署。到 1998 年底，全国 668 个城市中有 584 个、1638 个有建制镇的县中的 1035 个建立了城市低保

---

① 李强：《改革开放 30 年来中国社会分层结构的变迁》，《北京社会科学》2008 年第 5 期。

② 李培林：《老工业基地的失业治理：后工业化和市场化——东北地区 9 家大型国有企业的调查》，《社会学研究》1998 年第 4 期。

③ 吴清军：《下岗失业群体的社会保障制度与实践运作》，《现代经济探讨》2005 年第 12 期。

制度，覆盖面分别达到 87% 和 63%。① 1999 年 9 月 28 日，国务院颁布《城市居民最低生活保障条例》（中华人民共和国国务院令第271 号），自 10 月 1 日起施行。《城市居民最低生活保障条例》的颁布，标志着我国社会救助制度在经济体制和社会转型中迈出了关键一步，成为中国社会保障制度改革进程中的重要纲领性文件，也是社会救助制度从幕后走向前台、从残补型走向制度型的重要标志。

（四）市场化改革以来中国社会救助制度的特点

概括起来，市场化改革以来中国社会救助制度的特点有：

第一，市场经济体制改革的配套制度。从特定意义上说，市场经济体制改革的目标，就是尽可能地转移或甩掉由企业承担的福利包袱，将企业的行政管理职能和财政支付责任交给政府。在这一目标的指引下，1993 年以后社会救助这一概念逐步取代社会救济概念，并迅速成为最早建立和发挥制度效能的社会保障项目。事实上，计划经济体制下由单位和企业承担的救助责任，更多地转变为政府责任，并率先在社会救助领域实现了政企分离的改革目标。

第二，起步晚于社会保险制度建设。早在 1984 年，四川、广东、江苏、辽宁等省份就进行了国有企业退休费用的社会统筹试点，开始了由国家保险向社会保险的转变。1986 年，国务院发布了《国营企业实行劳动合同制暂行规定》，传统意义上的工人阶级不再是捧着"铁饭碗"甚至"钢饭碗"的永不失业的就业群体。实行劳动合同制，退休养老费用实行社会统筹，同时实行大病医疗费用社会统筹。在"效率优先、兼顾公平"的理念指引下，在市场经济改革的最初阶段，社会保障制度改革的重点，更多集中于养老保险、医疗保险和失业保险方面。

第三，应对保险失灵的"救火"制度。由于社会保险制度设计通常都有一个缴费期，只有企业和职工缴费达到一定期限之后，才

---

① 李学举主编：《跨世纪的中国民政事业·总卷（1994—2002）》，中国社会出版社 2002 年版，第 35—39 页。

能享受到保险收益，比如养老社会保险有 15 年的缴费期。所以，在这个缴费期限没有快速地和市场经济改革对接的前提下，就出现了保险失灵的情况。所谓保险失灵，是指从计划经济体制向市场经济体制转型过程中，社会保险制度一时难以承担社会保障功能，并由此带来的社会保护缺失问题。在这种背景下，社会救助制度尤其是城市低保制度创新发展，起到了重要的解除城市贫困、缓解社会冲突的"救火"功能。

第四，救助内容不断丰富。城市低保制度实施以后，其他各项社会救助制度不断拓展，从最初的城市低保制度到农村低保制度，再到教育救助、医疗救助、住房救助等，制度内容不断丰富。目前，已经发展成为一个涵盖城乡、救急助困的综合制度体系。

第五，制度规范逐步提高。《城市居民最低生活保障条例》颁布实施后，国家陆续出台了扩大低保制度覆盖面、增加财政投入、加强信息管理系统建设、规范委托金融机构代发低保金、规范低保对象档案的管理、规范低保对象的认定条件等相关政策规定。2008年 8 月 15 日，国务院发布《社会救助法（征求意见稿）》，提出四个主体制度设计，包括居民最低生活保障、专项救助（含教育救助、医疗救助、住房救助等）、自然灾害救助、临时救助。后来，因种种原因未予实施。2014 年 2 月 21 日，国务院又颁布《社会救助暂行办法》，并于 5 月 1 日正式实施。可以说，社会救助制度的法律规范逐步提高。

三　中国社会救助制度的现状和问题

（一）基本制度框架

目前，最低生活保障制度已经成为中国社会救助的主体制度。《城市居民最低生活保障条例》规定的保障对象是：家庭人均收入低于当地最低生活保障线的贫困人口。包括传统的"三无对象"（无固定收入、无劳动能力、无法定赡养人或抚养人）、有收入但在持续减少、失业与下岗职工中的困难家庭、在职困难职工、部分退休人员等。农村最低生活保障制度的建立，以 2007 年 7 月 11 日国务院办公厅发出的《国务院关于在全国建立农村最低生活保障制度的通知》（国发〔2007〕19 号）为标志，目标是通过建立农村最低生活保障制度，将符合条件的农村贫困人口全部纳入保障范围，稳定、持久、有效地解决全国农村贫困人口的温饱问题。农村最低生活保障对象是家庭年人均纯收入低于当地最低生活保障标准的农村居民，主要是因病残、年老体弱、丧失劳动能力以及生存条件恶劣等原因造成生活常年困难的农村居民。目前，最低生活保障制度的覆盖人数详见表 12—2。

表 12—2 　　　　　　　　中国最低生活保障制度覆盖人数

年份	城市人数（万人）	农村人数（万人）	城乡合计（万人）
1998	184.1	—	—
1999	256.9	—	—
2000	402.6	—	—
2001	1170.7	385.3	1556.0
2002	2064.7	497.8	2562.5
2003	2246.8	1160.5	3407.3
2004	2205.0	1402.1	3607.1
2005	2234.2	1891.8	4126.0
2006	2240.1	2987.8	5227.9
2007	2272.1	4818.6	7090.7
2008	2334.8	5757.3	8092.1
2009	2345.6	4760.0	7105.6
2010	2310.5	5214.0	7524.5
2011	2276.8	5305.7	7582.5

年份	城市人数（万人）	农村人数（万人）	城乡合计（万人）
2012	2143.5	5344.5	7488.0
2013	2064.2	5388.0	7452.2

资料来源：民政部历年民政事业发展统计报告、民政事业发展统计公报、社会服务发展统计公报，2014 年 9 月 28 日，民政部网站（http：//cws. mca. gov. cn/article/tjbg/）。

随着《社会救助暂行办法》的颁布实施，中国社会救助制度确立的基本框架包括八项社会救助项目。①

1. 最低生活保障

国家对共同生活的家庭成员人均收入低于当地最低生活保障标准，且符合当地最低生活保障家庭财产状况规定的家庭，给予最低生活保障。最低生活保障标准，由省、自治区、直辖市或者设区的市级人民政府按照当地居民生活必需的费用确定、公布，并根据当地经济社会发展水平和物价变动情况适时调整。最低生活保障家庭收入状况、财产状况的认定办法，由省、自治区、直辖市或者设区的市级人民政府按照国家有关规定制定。对批准获得最低生活保障的家庭，县级人民政府民政部门按照共同生活的家庭成员人均收入低于当地最低生活保障标准的差额，按月发给最低生活保障金。对获得最低生活保障后生活仍有困难的老年人、未成年人、重度残疾人和重病患者，县级以上地方人民政府应当采取必要措施给予生活保障。

2. 特困人员供养

国家对无劳动能力、无生活来源且无法定赡养、抚养、扶养义务人，或者其法定赡养、抚养、扶养义务人无赡养、抚养、扶养能力的老年人、残疾人以及未满 16 周岁的未成年人，给予特困人员供养。特困人员供养的内容包括：①提供基本生活条件；②对生活不能自理的给予照料；③提供疾病治疗；④办理丧葬事宜。特困供养

---

① 《社会救助暂行办法》，2014 年 2 月 27 日，民政部网站（http：//www. mca. gov. cn/article/zwgk/fvfg/zdshbz/201402/20140200593613. shtml）。

人员可以在当地的供养服务机构集中供养，也可以在家分散供养。

3. 受灾人员救助

国家建立健全自然灾害救助制度，对基本生活受到自然灾害严重影响的人员，提供生活救助。自然灾害救助实行属地管理，分级负责。自然灾害发生后，县级以上人民政府或者人民政府的自然灾害救助应急综合协调机构应当根据情况紧急疏散、转移、安置受灾人员，及时为受灾人员提供必要的食品、饮用水、衣被、取暖、临时住所、医疗防疫等应急救助。

4. 医疗救助

国家建立健全医疗救助制度，保障医疗救助对象获得基本医疗卫生服务。下列人员可以申请相关医疗救助：①最低生活保障家庭成员；②特困供养人员；③县级以上人民政府规定的其他特殊困难人员。医疗救助采取下列方式：①对参加城镇居民基本医疗保险或者新型农村合作医疗的个人缴费部分，给予补贴；②对经基本医疗保险、大病保险和其他补充医疗保险支付后，个人及其家庭难以承担的基本医疗自负费用，给予补助。国家对需要急救但身份不明或者无力支付急救费用的急重危伤病患者给予疾病应急救助。急救费用由疾病应急救助基金支付。

5. 教育救助

国家对在义务教育阶段就学的最低生活保障家庭成员、特困供养人员，给予教育救助。对在高中教育（含中等职业教育）、普通高等教育阶段就学的最低生活保障家庭成员、特困供养人员，以及不能入学接受义务教育的残疾儿童，根据实际情况给予适当教育救助。教育救助根据不同教育阶段需求，采取减免相关费用、发放助学金、给予生活补助、安排勤工助学等方式实施，保障教育救助对象基本学习、生活需求。

6. 住房救助

国家对符合规定标准的住房困难的最低生活保障家庭、分散供养的特困人员，给予住房救助。住房救助通过配租公共租赁住房、发放住房租赁补贴、农村危房改造等方式实施。

7. 就业救助

国家对最低生活保障家庭中有劳动能力并处于失业状态的成员，通过贷款贴息、社会保险补贴、岗位补贴、培训补贴、费用减免、公益性岗位安置等办法，给予就业救助。最低生活保障家庭有劳动能力的成员均处于失业状态的，县级以上地方人民政府应当采取有针对性的措施，确保该家庭至少有一人就业。

8. 临时救助

国家对因火灾、交通事故等意外事件，家庭成员突发重大疾病等原因，导致基本生活暂时出现严重困难的家庭，或者因生活必需支出突然增加超出家庭承受能力、导致基本生活暂时出现严重困难的最低生活保障家庭，以及遭遇其他特殊困难的家庭，给予临时救助。国家对生活无着的流浪、乞讨人员提供临时食宿、急病救治、协助返回等救助。

此外，20 世纪 80 年代以后，国家根据人均收入标准划定国家重点扶持贫困县，提出农村扶贫开发战略。农村扶贫开发是以促进贫困地区经济发展，进而消除贫困为目的的社会救助项目，包括救济式扶贫和开发式扶贫两种方式。[①] 农村扶贫开发战略极大地改变了贫困地区的面貌，增进了贫困人口的福祉，使贫困地区的基础设施和公共服务明显改善，区域性贫困得到根本缓解。

（二）制度发展取得的成效

社会救助制度的创新发展，取得了积极的政策效果。无论是从贫困群体的角度，还是从经济社会发展的角度，都具有不可替代的重要意义。

第一，满足了贫困群体的基本需要。社会救助制度化解了贫困群体的生存危机，让一个个贫困者及其家庭有了起码的生活保障，使每个贫困家庭的成员都能从中获得基本物质条件的满足，重燃了他们生活的希望。

[①]　孙光德、董克用主编：《社会保障概论》，中国人民大学出版社 2012 年第 4 版，第 249 页。

第二，保证了市场经济体制改革的顺利进行。社会救助制度的创新发展，解除了城市下岗失业工人的生活困境和后顾之忧。同时，独立于企业之外的国民救助制度设计，让企业摆脱了计划经济体制下"单位制"的影响，从而保证了社会主义市场经济体制改革的顺利进行。

第三，维系了社会和谐。社会救助使得贫困家庭获得相应的物质帮助，使家庭生活得以维持，消除了因贫困而带来的家庭冲突和矛盾，使很多辛苦经营起来的家没有因为贫困而破散，有助于社会和谐。

第四，消除了"相对剥夺感"和社会焦虑。社会救助制度体现了政府和社会的关爱，让贫困者不至于感到被社会所伤害，或是被社会和时代所抛弃，使其从"相对剥夺感"中走出来，并增强其社会责任感，促使其以实际行动去回馈社会。

第五，促进了社会公平。经济发展并不能消除贫困。贫困问题凸显、贫富差距拉大的现实，显然与社会公平相背离，也不利于中国社会的健康、持续发展。社会救助制度的改革与发展，从一定程度上实现了国民收入的再分配，缩小了由于初次分配不公带来的贫富差距，从而在一定程度上实现了社会公平。

（三）制度发展面临的问题

中国社会救助制度发展到现在，还存在一些问题，依然没有在理论和制度层面得到解决。主要表现在：

第一，社会救助、社会保险、社会福利（服务）制度板块之间缺乏有效衔接。众所周知，我国传统意义上由民政部门统筹管理的社会救助与社会福利是两个相互交叉的概念：社会救助由社会救济演变而来，社会福利则承担着社会救助的职能。目前，社会救助制度中包含有特困人员供养，同时，社会福利也含有特困人员供养服务的内容。在制度实践中，社会福利依然是一个与社会救助并行的狭义概念，不利于制度整合，也制约了社会保障制度的顶层设计。此外，最低生活保障制度与农村扶贫开发的关系也有待进一步厘清。特别是农村低保制度与农村扶贫开发及其特困户救助政策的关系，还没有完全理顺。在《社会救助暂行办法》里，也没有把农村扶贫开发作为社会救助项目。

第二，社会救助项目之间有待进一步整合。从《社会救助暂行办法》中规定的最低生活保障、特困人员供养、受灾人员救助、医疗救助、教育救助、住房救助、就业救助、临时救助八项救助项目看，内容略显庞杂且零乱，似乎很难从中寻找出一条逻辑主线：如果单就需要满足而言，可以从衣食住行等基本需要方面入手，但缺少精神慰藉和心灵关怀的内容；如果从救助对象的角度考虑，则应该按照贫困者、失依老人、失依儿童、残疾人、风险受害者的逻辑顺序展开；如果就社会保障的研究领域来划分，住房救助和教育救助又明显带有社会福利或者公共福利的色彩。尤其是教育，在九年制义务教育等制度不断完善的前提下，更多是一种福利制度，而不是救助制度。

第三，制度效能有待进一步发挥。目前，无论是低保制度，还是医疗救助制度，抑或其他救助制度，在待遇水平、受益对象的遴选机制、激励导向的发挥，以及对经济发展的促进作用，在政治、社会目标的实现等方面，都有进一步提升的空间。同时，社会救助制度受城乡二元分割的社会结构影响，未来发展仍然高度依赖于城乡社会结构的消解，尤其是住房救助、教育救助，受城乡二元结构影响较大，在有些地区，城乡经济发展水平差距较大，制度二元化色彩浓厚。

第四，信息化建设亟待加强。目前，社会救助制度与社会保险制度、社会福利（服务）制度的信息系统共享机制不甚健全。比如，低保金领取者与退休金领取者的信息无法对接，出现重复领取的现象；就业救助与失业保险、养老保险与养老服务的有效衔接；特困人员救助与社会保险、社会福利服务如何配套协调，都还没有得到很好的解决。

第五，违法惩戒的轻重需要重新考虑。对于社会救助的制度运行来说，依法救助与违法惩戒是一对基本关系。依法救助既包括工作人员的照章办理、秉公行政，也包括救助对象的诚信无欺、遵章守法。如果违法的机会成本太低，无疑会损害法律的尊严和公正。

目前《社会救助暂行办法》的相关规定中，对违法行为的惩戒条款偏软，单单依靠对工作人员的行政处分、对救助对象的罚款和治安管理处罚远远不够。

四　中国社会救助制度的未来发展

事实上，市场化改革以来中国社会保障制度的改革与发展进程中，一个比较突出的现象是"过度市场化"与"过度国家化"并存。所谓过度市场化，就是在国家应当承担责任的地方，国家把责任尤其是财政责任过多地转嫁给了市场、企业、家庭和个人；过度国家化则是指在应该让市场发挥机能和效率的地方，国家管得太多、统得太死，没有充分发挥市场的基础性作用。[①] 同样，中国社会救助制度的未来发展，必须厘清政府—市场—社会的边界。在新的发展阶段，应着重处理好政府、市场、社会的三者关系，把政府能力、社会动力、市场活力都激发出来。

（一）未来发展面临的制度误区

从未来发展看，要防止三个制度误区，也就是社会救助制度要防止"三化"。

第一，社会救助"慈善化"。当前，在制度实践层面有一种做法，即以慈善事业取代社会救助，以至于社会救助与慈善事业定位不清。在很多时候和很多情况下，过于强调通过社会慈善事业、通过慈善组织，来取代政府的公共救助职能。尤其是在社会组织发育相对不足、慈善组织公信力相对欠缺的条件下，就会导致一些极端慈善行为的出现，甚至可以称之为"暴力"慈善行为。我们认为，在慈善文化没有得到有效建立的前提下，过分强调以慈善取代救助，不仅不利于慈善文化的培育和弘扬，更为重要的是，在国民收入分配制度尤其是一次分配还没有解决好公平问题的时候，就会造

---

① 韩克庆：《中国社会保障制度的改革与发展》，《新视野》2013 年第 4 期。

成分配结构的固化，对更多的社会群体更加不公平。政府的职能，首先应当解决好初次分配，然后是再分配，保证经济领域和社会层面的公正。对于转型期的中国来说，社会救助工作尤其不能被慈善事业所取代，更不能用慈善来代替政府的公共救助职能和财政责任。

第二，社会救助"社工化"。社会工作专业近年来有了长足发展，社会工作职业资格证书制度也开始被广泛地应用于社会服务领域。据统计，目前全国已有 289 所大学设立了社会工作本科专业（BSW），61 所高校设立了社会工作硕士专业（MSW），每年培养约1.5 万名社会工作专业本科及硕士研究生。截至 2013 年底，全国通过国家社会工作者职业水平考试人员近 12.4 万人。社会工作介入社会救助工作，对于维护贫困者的基本权益、满足其精神需求和社会需要、提高其素质和能力，具有不可替代的重要作用。[①] 但是，在社会救助领域，应当避免社会工作无所不能、无所不包的做法。社会工作是承担政府社会救助职能的有力触角，但它本身不能取代社会救助的政策制定、行政管理、财政投入这些基本职能和责任。社会工作与社会救助的理想关系，应该是一种协同伙伴关系，但应各司其职，绝不能用服务手段取代制度建设。

第三，社会救助"福利化"。社会救助制度的目标是满足贫困者的基本需求。市场化改革以来，社会救助制度特别是低保制度取得了巨大成就，制度运行良好。但是，应当防止把社会救助或者把低保制度当成一份福利来发放的做法。比如，某些地方、某些领域出现了问题，就用发放低保金来解决。[②] 把低保金当成无所不能的福利发放，不仅有悖于制度设计理念，而且扭曲了制度目标，妨碍了制度的健康发展。前文已述，可以通过社会救助项目之间的衔接，来弥补社会救助制度的不足和欠缺。也可以通过建立其他社会保障项目，比如社会保险和社会福利服务，来弥补社会救助制度的

---

① 杨荣：《社会工作介入社会救助：策略与方法》，《苏州大学学报（哲学社会科学版）》2014 年第 4 期。

② 据媒体报道，曾经有政协委员提议，建立高校贫困大学生最低生活保障制度。参见《都市时报》2008 年 1 月 21 日。

不足。但是，把低保金变成人均一份的福利津贴，这种不区分对象的社会救助必然带来地区和族群的"污名化"。那样的结果，不仅有越俎代庖之嫌，更无异于搬起石头砸自己的脚，破坏制度的良性运行。

（二）　制度发展的未来走向

第一，救助方式从物质生活救助向综合性救助过渡。现在的社会救助方式主要是现金救助。世界上有些国家的社会救助项目，还包含了食物救助乃至精神救助的内容。从物质生活救助延伸到心理层面的介入，也是社会救助制度的未来发展方向。

第二，救助对象从覆盖市场转型的新型贫困者——换句话说，主要是下岗失业工人群体，向全体贫困者过渡。城市低保制度带有很强的"选择性"构建色彩，目前已经完成了阶段性制度目标。换句话说，社会救助应对社会主义市场经济体制转型的制度目标已经初步达成，下一步应是面对更多的经济—政治—社会发展中的危机和问题，来进行全面的制度设计和构建。随着临时救助制度等项制度内容的丰富和推进，从市场化改革之初的"选择性"制度向"普遍性"救助体系过渡已经成为必然趋势。

第三，从城市社会救助体系为主体向城乡一体化的社会救助体系建设过渡。随着城市化进程的加快，目前有些地区已经实现了社会救助制度的城乡一体化。同时，有些地区特别是农村落后地区，社会救助及其他社会保障制度建设严重不足。城乡衔接、城乡协调、城乡一体化的问题依然严峻。随着户籍制度改革的推进，随着城市化进程的加快，未来社会救助制度的城乡整合目标已经非常明确。

第四，从社会救助与社会福利分离向社会福利整合社会救助制度过渡。社会福利是一个从学理上和制度建设上更为广义的概念。按照美国加州大学伯克利分校社会福利学院梅志利（James Midgley）教授的说法，当社会问题得到控制、当人们的需要得到满足、当社会机会最大化的时候，将会产生一种人类幸福的状态，这种状态就是社会福利。① 社会福利无论是作为大学的学科专业，还是政府制度构建的具体项目，在未来都会有更大的发展空间。从学理上讲，社会救助是社会福利的一个组成部分。现行的民政部归口管辖的社会福利是沿袭计划经济时期民政福利的狭义社会福利范畴，基本上属于服务救助的范畴。

第五，长远来看，从政府主导向政府—市场—社会多元主体过渡。任何制度设计都要与特定国家的社会结构形态相匹配。值得注意的是，目前中国社会救助制度建设仍然处在政府主导的阶段，仍然强调国家为主、政府负责。从国际经验看，国家责任逐步向"国家+市场"责任和"国家+市场+社会"责任过渡是社会福利改革的必然趋势。当然，这种改革的前提是市场完备、社会组织发育成熟。西方发达国家倡导的从政府包揽到民间组织的积极参与、福利多元主义等福利制度改革也正是沿着这一路径进行的。② 随着社会组织的发育和社会工作队伍的壮大，未来中国社会结构将出现分化，社会救助制度也必将向福利多元主义路径迈进。

五　结论与讨论

综上，中国社会救助制度的改革与发展，满足了贫困群体的基本生活需求，缓解了社会主义市场经济体制建立和完善进程中的社会矛盾，在很大程度上解决了贫富分化、分配不公带来的社会问题，促进了社会公平和社会团结。

事实上，中国社会救助制度的快速发展与市场化改革以来中国社会保障制度改革所选择的自由主义福利模式有关。改革开放以后，中国的市场经济改革无疑受到欧美等发达国家"示范效应"的影响，也深受新自由主义思潮的影响。在社会救助制度建设乃至在

---

① James Midgley, *Social Welfare in Global Context*, California: Sage Publications, Inc., 1997, p. 5.

② 韩克庆：《市民社会与中国社会福利体制的构建》，《天津社会科学》2008 年第 1 期。

社会保障制度建设层面，强调国家、企业和个人责任共担的社会保险制度的建立，以及类似"教育产业化"、"住房商品化"等一系列"去国家化"、"去单位制"的福利改革措施，成为中国社会保障制度改革初期的主要目标，甚至包括"社会福利社会化"等一些制度设计理念的提出，都多多少少带有新自由主义的理论色彩。有人认为，我国正在构建中的所谓社会保障体制实际上是一个国家垄断的商业保险制度，"其基本思路是，在计划体制遗留的等级制度、大锅饭的基础上，画私人资本主义社会保障体制的路线图，在最致命的地方丢掉了中国特色。这种把公共品市场化的所谓保障体系浪费了中国特色，丢掉了社会主义。"① 可以预见的是，未来中国的市场化改革仍然是经济发展的重要目标。从社会层面看，平等主义的价值观有深厚的历史和传统，计划经济时期形成的平均主义分配方式，仍然有民众基础。因此，集体主义价值观和个人主义价值观的对立与冲突将长期存在。此外，社会主义核心价值观的确立，民众对公平正义的诉求，都将对中国社会救助制度的未来发展产生重要影响。

此外，从社会救助制度的路径选择看，强调社会保险的合作主义福利模式，以及强调从"摇篮"到"坟墓"无所不包的社会民主主义福利模式，都有理论和政策诉求。着眼于未来发展，社会救助制度除了与中国经济发展水平和社会结构形态密切相关外，也不可能脱离国家发展的特定社会模式和意识形态诉求。

纵观国际社会，当今世界很多国家都被称为"福利国家"（welfare state）——无论是英国、北欧诸国，还是美国、加拿大，以及日本、新加坡，乃至转型中的俄罗斯。然而，衡量一个国家是否是"福利国家"并没有严格的标准。按照日本东京大学武川正吾（Takegawa）教授的观点，一种方法是在社会开支和 GDP 之间设定一个比重，任何国家一旦超过这个比重就是"福利国家"；另外一种方法是发现社会开支渐进变化中的一个间断点，借此发现"福利国家"建立的时点，类似于罗斯托（Rostow）所说的"起飞"

① 刘福垣：《社会保障主义宣言》，社会科学文献出版社 2006 年版，第 104 页。

（take-off）以及格申克隆（Gerschenkron）所说的"大冲刺"（great
spurt）这样的概念，用以发现工业化进程中的间断点一样。他认
为，日本成为一个"福利国家"的时间，恰好介于西欧国家（如英
国、德国、瑞典，20 世纪 50 年代）和其他东亚国家和地区（如韩
国和中国台湾地区，21 世纪第一个 10 年）一半左右的时点上（20
世纪 70 年代）。[1] 单就社会开支在 GDP 中所占的比重来说，中国
1978 年的数据为 3.55%，2009 年上升到 9.56%。[2] 而早在 60 年
代，一些欧洲国家的社会开支在 GDP 中所占的比重就远高于中国目
前的水平，例如英国为 13.9%、德国为 20.5%、瑞典为 12.8%。[3]
以这个标准来衡量，中国离"福利国家"还有一定差距。换句话
说，不管是社会救助的财政投入，还是医疗卫生的财政投入、社会
保险的财政补贴，以及用于教育、住房等其他与民生相关的制度建
设的财政支出，仍然有个持续增长的过程，社会救助制度建设依然
任重道远。

---

① Shogo Takegawa, "Between Western Europe and East Asia: Development of Social Poli-
cy in Japan"，载 Misa Izuhara（edited），*Handbook on East Asian Social Policy*，Cheltenham:
Edward Elgar Publishing Limited, 2013, p. 46。

② 王延中、龙玉其：《改革开放以来中国政府社会保障支出分析》，《财贸经济》
2011 年第 1 期。

③ 财政部社会保障司课题组：《社会保障支出水平的国际比较》，《财政研究》
2007 年第 10 期。

附录 1

城市居民最低生活保障条例

第一条　为了规范城市居民最低生活保障制度，保障城市居民基本生活，制定本条例。

第二条　持有非农业户口的城市居民，凡共同生活的家庭成员人均收入低于当地城市居民最低生活保障标准的，均有从当地人民政府获得基本生活物质帮助的权利。

前款所称收入，是指共同生活的家庭成员的全部货币收入和实物收入，包括法定赡养人、扶养人或者抚养人应当给付的赡养费、扶养费或者抚养费，不包括优抚对象按照国家规定享受的抚恤金、补助金。

第三条　城市居民最低生活保障制度遵循保障城市居民基本生活的原则，坚持国家保障与社会帮扶相结合、鼓励劳动自救的方针。

第四条　城市居民最低生活保障制度实行地方各级人民政府负责制。县级以上地方各级人民政府民政部门具体负责本行政区域内城市居民最低生活保障的管理工作；财政部门按照规定落实城市居民最低生活保障资金；统计、物价、审计、劳动保障和人事等部门分工负责，在各自的职责范围内负责城市居民最低生活保障的有关工作。

县级人民政府民政部门以及街道办事处和镇人民政府（以下统称管理审批机关）负责城市居民最低生活保障的具体管理审批工作。

居民委员会根据管理审批机关的委托，可以承担城市居民最低生活保障的日常管理、服务工作。

国务院民政部门负责全国城市居民最低生活保障的管理工作。

第五条　城市居民最低生活保障所需资金，由地方人民政府列入财政预算，纳入社会救济专项资金支出项目，专项管理，专款专用。

国家鼓励社会组织和个人为城市居民最低生活保障提供捐赠、资助；所提供的捐赠资助，全部纳入当地城市居民最低生活保障资金。

第六条　城市居民最低生活保障标准，按照当地维持城市居民基本生活所必需的衣、食、住费用，并适当考虑水电燃煤（燃气）费用以及未成年人的义务教育费用确定。

直辖市、设区的市的城市居民最低生活保障标准，由市人民政府民政部门会同财政、统计、物价等部门制定，报本级人民政府批准并公布执行；县（县级市）的城市居民最低生活保障标准，由县（县级市）人民政府民政部门会同财政、统计、物价等部门制定，报本级人民政府批准并报上一级人民政府备案后公布执行。

城市居民最低生活保障标准需要提高时，依照前两款的规定重新核定。

第七条　申请享受城市居民最低生活保障待遇，由户主向户籍所在地的街道办事处或者镇人民政府提出书面申请，并出具有关证明材料，填写《城市居民最低生活保障待遇审批表》。城市居民最低生活保障待遇，由其所在地的街道办事处或者镇人民政府初审，并将有关材料和初审意见报送县级人民政府民政部门审批。

管理审批机关为审批城市居民最低生活保障待遇的需要，可以通过入户调查、邻里访问以及信函索证等方式对申请人的家庭经济状况和实际生活水平进行调查核实。申请人及有关单位、组织或者个人应当接受调查，如实提供有关情况。

第八条　县级人民政府民政部门经审查，对符合享受城市居民最低生活保障待遇条件的家庭，应当区分下列不同情况批准其享受城市居民最低生活保障待遇：

（一）对无生活来源、无劳动能力又无法定赡养人、扶养人或者抚养人的城市居民，批准其按照当地城市居民最低生活保障标准全额享受；

（二）对尚有一定收入的城市居民，批准其按照家庭人均收入低于当地城市居民最低生活保障标准的差额享受。

县级人民政府民政部门经审查，对不符合享受城市居民最低生活保障待遇条件的，应当书面通知申请人，并说明理由。

管理审批机关应当自接到申请人提出申请之日起的 30 日内办结审批手续。

城市居民最低生活保障待遇由管理审批机关以货币形式按月发放；必要时，也可以给付实物。

第九条　对经批准享受城市居民最低生活保障待遇的城市居民，由管理审批机关采取适当形式以户为单位予以公布，接受群众监督。任何人对不符合法定条件而享受城市居民最低生活保障待遇的，都有权向管理审批机关提出意见；管理审批机关经核查，对情况属实的，应当予以纠正。

第十条　享受城市居民最低生活保障待遇的城市居民家庭人均收入情况发生变化的，应当及时通过居民委员会告知管理审批机关，办理停发、减发或者增发城市居民最低生活保障待遇的手续。

管理审批机关应当对享受城市居民最低生活保障待遇的城市居民的家庭收入情况定期进行核查。

在就业年龄内有劳动能力但尚未就业的城市居民，在享受城市居民最低生活保障待遇期间，应当参加其所在的居民委员会组织的公益性社区服务劳动。

第十一条　地方各级人民政府及其有关部门，应当对享受城市居民最低生活保障待遇的城市居民在就业、从事个体经营等方面给予必要的扶持和照顾。

第十二条　财政部门、审计部门依法监督城市居民最低生活保障资金的使用情况。

第十三条　从事城市居民最低生活保障管理审批工作的人员有下列行为之一的，给予批评教育，依法给予行政处分；构成犯罪的，依法追究刑事责任：

（一）对符合享受城市居民最低生活保障待遇条件的家庭拒不

签署同意享受城市居民最低生活保障待遇意见的，或者对不符合享受城市居民最低生活保障待遇条件的家庭故意签署同意享受城市居民最低生活保障待遇意见的；

（二）玩忽职守、徇私舞弊，或者贪污、挪用、扣压、拖欠城市居民最低生活保障款物的。

第十四条　享受城市居民最低生活保障待遇的城市居民有下列行为之一的，由县级人民政府民政部门给予批评教育或者警告，追回其冒领的城市居民最低生活保障款物；情节恶劣的，处冒领金额1倍以上3倍以下的罚款：

（一）采取虚报、隐瞒、伪造等手段，骗取享受城市居民最低生活保障待遇的；

（二）在享受城市居民最低生活保障待遇期间家庭收入情况好转，不按规定告知管理审批机关，继续享受城市居民最低生活保障待遇的。

第十五条　城市居民对县级人民政府民政部门作出的不批准享受城市居民最低生活保障待遇或者减发、停发城市居民最低生活保障款物的决定或者给予的行政处罚不服的，可以依法申请行政复议；对复议决定仍不服的，可以依法提起行政诉讼。

第十六条　省、自治区、直辖市人民政府可以根据本条例，结合本行政区域城市居民最低生活保障工作的实际情况，规定实施的办法和步骤。

第十七条　本条例自1999年10月1日起施行。

附录 2

社会救助暂行办法

第一章 总则

第一条 为了加强社会救助，保障公民的基本生活，促进社会公平，维护社会和谐稳定，根据宪法，制定本办法。

第二条 社会救助制度坚持托底线、救急难、可持续，与其他社会保障制度相衔接，社会救助水平与经济社会发展水平相适应。

社会救助工作应当遵循公开、公平、公正、及时的原则。

第三条 国务院民政部门统筹全国社会救助体系建设。国务院民政、卫生计生、教育、住房城乡建设、人力资源社会保障等部门，按照各自职责负责相应的社会救助管理工作。

县级以上地方人民政府民政、卫生计生、教育、住房城乡建设、人力资源社会保障等部门，按照各自职责负责本行政区域内相应的社会救助管理工作。

前两款所列行政部门统称社会救助管理部门。

第四条 乡镇人民政府、街道办事处负责有关社会救助的申请受理、调查审核，具体工作由社会救助经办机构或者经办人员承担。

村民委员会、居民委员会协助做好有关社会救助工作。

第五条 县级以上人民政府应当将社会救助纳入国民经济和社会发展规划，建立健全政府领导、民政部门牵头、有关部门配合、社会力量参与的社会救助工作协调机制，完善社会救助资金、物资保障机制，将政府安排的社会救助资金和社会救助工作经费纳入财政预算。

社会救助资金实行专项管理，分账核算，专款专用，任何单位或者个人不得挤占挪用。社会救助资金的支付，按照财政国库管理的有关规定执行。

第六条　县级以上人民政府应当按照国家统一规划建立社会救助管理信息系统，实现社会救助信息互联互通、资源共享。

第七条　国家鼓励、支持社会力量参与社会救助。

第八条　对在社会救助工作中做出显著成绩的单位、个人，按照国家有关规定给予表彰、奖励。

第二章　最低生活保障

第九条　国家对共同生活的家庭成员人均收入低于当地最低生活保障标准，且符合当地最低生活保障家庭财产状况规定的家庭，给予最低生活保障。

第十条　最低生活保障标准，由省、自治区、直辖市或者设区的市级人民政府按照当地居民生活必需的费用确定、公布，并根据当地经济社会发展水平和物价变动情况适时调整。

最低生活保障家庭收入状况、财产状况的认定办法，由省、自治区、直辖市或者设区的市级人民政府按照国家有关规定制定。

第十一条　申请最低生活保障，按照下列程序办理：

（一）由共同生活的家庭成员向户籍所在地的乡镇人民政府、街道办事处提出书面申请；家庭成员申请有困难的，可以委托村民委员会、居民委员会代为提出申请。

（二）乡镇人民政府、街道办事处应当通过入户调查、邻里访问、信函索证、群众评议、信息核查等方式，对申请人的家庭收入状况、财产状况进行调查核实，提出初审意见，在申请人所在村、社区公示后报县级人民政府民政部门审批。

（三）县级人民政府民政部门经审查，对符合条件的申请予以批准，并在申请人所在村、社区公布；对不符合条件的申请不予批准，并书面向申请人说明理由。

第十二条　对批准获得最低生活保障的家庭，县级人民政府民政部门按照共同生活的家庭成员人均收入低于当地最低生活保障标准的差额，按月发给最低生活保障金。

对获得最低生活保障后生活仍有困难的老年人、未成年人、重度残疾人和重病患者，县级以上地方人民政府应当采取必要措施给予生活保障。

第十三条 最低生活保障家庭的人口状况、收入状况、财产状况发生变化的，应当及时告知乡镇人民政府、街道办事处。

县级人民政府民政部门以及乡镇人民政府、街道办事处应当对获得最低生活保障家庭的人口状况、收入状况、财产状况定期核查。

最低生活保障家庭的人口状况、收入状况、财产状况发生变化的，县级人民政府民政部门应当及时决定增发、减发或者停发最低生活保障金；决定停发最低生活保障金的，应当书面说明理由。

第三章 特困人员供养

第十四条 国家对无劳动能力、无生活来源且无法定赡养、抚养、扶养义务人，或者其法定赡养、抚养、扶养义务人无赡养、抚养、扶养能力的老年人、残疾人以及未满 16 周岁的未成年人，给予特困人员供养。

第十五条 特困人员供养的内容包括：

（一）提供基本生活条件；

（二）对生活不能自理的给予照料；

（三）提供疾病治疗；

（四）办理丧葬事宜。

特困人员供养标准，由省、自治区、直辖市或者设区的市级人民政府确定、公布。

特困人员供养应当与城乡居民基本养老保险、基本医疗保障、最低生活保障、孤儿基本生活保障等制度相衔接。

第十六条 申请特困人员供养，由本人向户籍所在地的乡镇人民政府、街道办事处提出书面申请；本人申请有困难的，可以委托村民委员会、居民委员会代为提出申请。

特困人员供养的审批程序适用本办法第十一条规定。

第十七条 乡镇人民政府、街道办事处应当及时了解掌握居民的生活情况，发现符合特困供养条件的人员，应当主动为其依法办理供养。

第十八条　特困供养人员不再符合供养条件的，村民委员会、居民委员会或者供养服务机构应当告知乡镇人民政府、街道办事处，由乡镇人民政府、街道办事处审核并报县级人民政府民政部门核准后，终止供养并予以公示。

第十九条　特困供养人员可以在当地的供养服务机构集中供养，也可以在家分散供养。特困供养人员可以自行选择供养形式。

第四章　受灾人员救助

第二十条　国家建立健全自然灾害救助制度，对基本生活受到自然灾害严重影响的人员，提供生活救助。

自然灾害救助实行属地管理，分级负责。

第二十一条　设区的市级以上人民政府和自然灾害多发、易发地区的县级人民政府应当根据自然灾害特点、居民人口数量和分布等情况，设立自然灾害救助物资储备库，保障自然灾害发生后救助物资的紧急供应。

第二十二条　自然灾害发生后，县级以上人民政府或者人民政府的自然灾害救助应急综合协调机构应当根据情况紧急疏散、转移、安置受灾人员，及时为受灾人员提供必要的食品、饮用水、衣被、取暖、临时住所、医疗防疫等应急救助。

第二十三条　灾情稳定后，受灾地区县级以上人民政府应当评估、核定并发布自然灾害损失情况。

第二十四条　受灾地区人民政府应当在确保安全的前提下，对住房损毁严重的受灾人员进行过渡性安置。

第二十五条　自然灾害危险消除后，受灾地区人民政府民政等部门应当及时核实本行政区域内居民住房恢复重建补助对象，并给予资金、物资等救助。

第二十六条　自然灾害发生后，受灾地区人民政府应当为因当年冬寒或者次年春荒遇到生活困难的受灾人员提供基本生活救助。

第五章　医疗救助

第二十七条　国家建立健全医疗救助制度，保障医疗救助对象获得基本医疗卫生服务。

第二十八条　下列人员可以申请相关医疗救助：

（一）最低生活保障家庭成员；

（二）特困供养人员；

（三）县级以上人民政府规定的其他特殊困难人员。

第二十九条　医疗救助采取下列方式：

（一）对救助对象参加城镇居民基本医疗保险或者新型农村合作医疗的个人缴费部分，给予补贴；

（二）对救助对象经基本医疗保险、大病保险和其他补充医疗保险支付后，个人及其家庭难以承担的符合规定的基本医疗自负费用，给予补助。

医疗救助标准，由县级以上人民政府按照经济社会发展水平和医疗救助资金情况确定、公布。

第三十条　申请医疗救助的，应当向乡镇人民政府、街道办事处提出，经审核、公示后，由县级人民政府民政部门审批。最低生活保障家庭成员和特困供养人员的医疗救助，由县级人民政府民政部门直接办理。

第三十一条　县级以上人民政府应当建立健全医疗救助与基本医疗保险、大病保险相衔接的医疗费用结算机制，为医疗救助对象提供便捷服务。

第三十二条　国家建立疾病应急救助制度，对需要急救但身份不明或者无力支付急救费用的急重危伤病患者给予救助。符合规定的急救费用由疾病应急救助基金支付。

疾病应急救助制度应当与其他医疗保障制度相衔接。

第六章　教育救助

第三十三条　国家对在义务教育阶段就学的最低生活保障家庭成员、特困供养人员，给予教育救助。

对在高中教育（含中等职业教育）、普通高等教育阶段就学的最低生活保障家庭成员、特困供养人员，以及不能入学接受义务教育的残疾儿童，根据实际情况给予适当教育救助。

第三十四条　教育救助根据不同教育阶段需求，采取减免相关费用、发放助学金、给予生活补助、安排勤工助学等方式实施，保障教育救助对象基本学习、生活需求。

第三十五条　教育救助标准，由省、自治区、直辖市人民政府根据经济社会发展水平和教育救助对象的基本学习、生活需求确定、公布。

第三十六条　申请教育救助，应当按照国家有关规定向就读学校提出，按规定程序审核、确认后，由学校按照国家有关规定实施。

第七章　住房救助

第三十七条　国家对符合规定标准的住房困难的最低生活保障家庭、分散供养的特困人员，给予住房救助。

第三十八条　住房救助通过配租公共租赁住房、发放住房租赁补贴、农村危房改造等方式实施。

第三十九条　住房困难标准和救助标准，由县级以上地方人民政府根据本行政区域经济社会发展水平、住房价格水平等因素确定、公布。

第四十条　城镇家庭申请住房救助的，应当经由乡镇人民政府、街道办事处或者直接向县级人民政府住房保障部门提出，经县级人民政府民政部门审核家庭收入、财产状况和县级人民政府住房保障部门审核家庭住房状况并公示后，对符合申请条件的申请人，由县级人民政府住房保障部门优先给予保障。

农村家庭申请住房救助的，按照县级以上人民政府有关规定执行。

第四十一条　各级人民政府按照国家规定通过财政投入、用地供应等措施为实施住房救助提供保障。

第八章　就业救助

第四十二条　国家对最低生活保障家庭中有劳动能力并处于失业状态的成员，通过贷款贴息、社会保险补贴、岗位补贴、培训补贴、费用减免、公益性岗位安置等办法，给予就业救助。

第四十三条　最低生活保障家庭有劳动能力的成员均处于失业状态的，县级以上地方人民政府应当采取有针对性的措施，确保该家庭至少有一人就业。

第四十四条　申请就业救助的，应当向住所地街道、社区公共就业服务机构提出，公共就业服务机构核实后予以登记，并免费提供就业岗位信息、职业介绍、职业指导等就业服务。

第四十五条　最低生活保障家庭中有劳动能力但未就业的成员，应当接受人力资源社会保障等有关部门介绍的工作；无正当理由，连续 3 次拒绝接受介绍的与其健康状况、劳动能力等相适应的工作的，县级人民政府民政部门应当决定减发或者停发其本人的最低生活保障金。

第四十六条　吸纳就业救助对象的用人单位，按照国家有关规定享受社会保险补贴、税收优惠、小额担保贷款等就业扶持政策。

第九章　临时救助

第四十七条　国家对因火灾、交通事故等意外事件，家庭成员突发重大疾病等原因，导致基本生活暂时出现严重困难的家庭，或者因生活必需支出突然增加超出家庭承受能力，导致基本生活暂时出现严重困难的最低生活保障家庭，以及遭遇其他特殊困难的家庭，给予临时救助。

第四十八条　申请临时救助的，应当向乡镇人民政府、街道办事处提出，经审核、公示后，由县级人民政府民政部门审批；救助金额较小的，县级人民政府民政部门可以委托乡镇人民政府、街道办事处审批。情况紧急的，可以按照规定简化审批手续。

第四十九条　临时救助的具体事项、标准，由县级以上地方人民政府确定、公布。

第五十条　国家对生活无着的流浪、乞讨人员提供临时食宿、急病救治、协助返回等救助。

第五十一条　公安机关和其他有关行政机关的工作人员在执行公务时发现流浪、乞讨人员的，应当告知其向救助管理机构求助。对其中的残疾人、未成年人、老年人和行动不便的其他人员，应当引导、护送到救助管理机构；对突发急病人员，应当立即通知急救机构进行救治。

第十章　社会力量参与

第五十二条　国家鼓励单位和个人等社会力量通过捐赠、设立帮扶项目、创办服务机构、提供志愿服务等方式，参与社会救助。

第五十三条　社会力量参与社会救助，按照国家有关规定享受财政补贴、税收优惠、费用减免等政策。

第五十四条　县级以上地方人民政府可以将社会救助中的具体服务事项通过委托、承包、采购等方式，向社会力量购买服务。

第五十五条　县级以上地方人民政府应当发挥社会工作服务机构和社会工作者作用，为社会救助对象提供社会融入、能力提升、心理疏导等专业服务。

第五十六条　社会救助管理部门及相关机构应当建立社会力量参与社会救助的机制和渠道，提供社会救助项目、需求信息，为社会力量参与社会救助创造条件、提供便利。

第十一章　监督管理

第五十七条　县级以上人民政府及其社会救助管理部门应当加强对社会救助工作的监督检查，完善相关监督管理制度。

第五十八条　申请或者已获得社会救助的家庭，应当按照规定如实申报家庭收入状况、财产状况。

县级以上人民政府民政部门根据申请或者已获得社会救助家庭的请求、委托，可以通过户籍管理、税务、社会保险、不动产登记、工商登记、住房公积金管理、车船管理等单位和银行、保险、证券等金融机构，代为查询、核对其家庭收入状况、财产状况；有关单位和金融机构应当予以配合。

县级以上人民政府民政部门应当建立申请和已获得社会救助家庭经济状况信息核对平台，为审核认定社会救助对象提供依据。

第五十九条 县级以上人民政府社会救助管理部门和乡镇人民政府、街道办事处在履行社会救助职责过程中，可以查阅、记录、复制与社会救助事项有关的资料，询问与社会救助事项有关的单位、个人，要求其对相关情况作出说明，提供相关证明材料。有关单位、个人应当如实提供。

第六十条 申请社会救助，应当按照本办法的规定提出；申请人难以确定社会救助管理部门的，可以先向社会救助经办机构或者县级人民政府民政部门求助。社会救助经办机构或者县级人民政府民政部门接到求助后，应当及时办理或者转交其他社会救助管理部门办理。

乡镇人民政府、街道办事处应当建立统一受理社会救助申请的窗口，及时受理、转办申请事项。

第六十一条 履行社会救助职责的工作人员对在社会救助工作中知悉的公民个人信息，除按照规定应当公示的信息外，应当予以保密。

第六十二条 县级以上人民政府及其社会救助管理部门应当通过报刊、广播、电视、互联网等媒体，宣传社会救助法律、法规和政策。

县级人民政府及其社会救助管理部门应当通过公共查阅室、资料索取点、信息公告栏等便于公众知晓的途径，及时公开社会救助资金、物资的管理和使用等情况，接受社会监督。

第六十三条 履行社会救助职责的工作人员行使职权，应当接受社会监督。

任何单位、个人有权对履行社会救助职责的工作人员在社会救助工作中的违法行为进行举报、投诉。受理举报、投诉的机关应当及时核实、处理。

第六十四条 县级以上人民政府财政部门、审计机关依法对社会救助资金、物资的筹集、分配、管理和使用实施监督。

第六十五条　申请或者已获得社会救助的家庭或者人员，对社会救助管理部门作出的具体行政行为不服的，可以依法申请行政复议或者提起行政诉讼。

第十二章　法律责任

第六十六条　违反本办法规定，有下列情形之一的，由上级行政机关或者监察机关责令改正；对直接负责的主管人员和其他直接责任人员依法给予处分：

（一）对符合申请条件的救助申请不予受理的；

（二）对符合救助条件的救助申请不予批准的；

（三）对不符合救助条件的救助申请予以批准的；

（四）泄露在工作中知悉的公民个人信息，造成后果的；

（五）丢失、篡改接受社会救助款物、服务记录等数据的；

（六）不按照规定发放社会救助资金、物资或者提供相关服务的；

（七）在履行社会救助职责过程中有其他滥用职权、玩忽职守、徇私舞弊行为的。

第六十七条　违反本办法规定，截留、挤占、挪用、私分社会救助资金、物资的，由有关部门责令追回；有违法所得的，没收违法所得；对直接负责的主管人员和其他直接责任人员依法给予处分。

第六十八条　采取虚报、隐瞒、伪造等手段，骗取社会救助资金、物资或者服务的，由有关部门决定停止社会救助，责令退回非法获取的救助资金、物资，可以处非法获取的救助款额或者物资价值1倍以上3倍以下的罚款；构成违反治安管理行为的，依法给予治安管理处罚。

第六十九条　违反本办法规定，构成犯罪的，依法追究刑事责任。

第十三章　附则

第七十条　本办法自2014年5月1日起施行。

附录 3

调查问卷

问卷编号：

保密：根据《统计法》第三章第十四条，本资料"属于私人、家庭的单项调查资料，非经本人同意，不得泄露"。

城市居民最低生活保障状况调查问卷①

调查地点：＿＿＿＿省＿＿＿＿＿市（县）＿＿＿＿＿＿＿

街道＿＿＿＿＿＿＿社区＿＿＿＿门牌号

被访者姓名：＿＿＿＿＿＿电话号码：（＿＿＿＿＿＿）

访谈员姓名：＿＿＿＿＿＿审核员姓名：＿＿＿＿＿＿

城市编号：＿＿＿＿＿＿＿街道编号：＿＿＿＿＿＿

民政部最低生活保障司
中国人民大学劳动人事学院

---

① 感谢北京师范大学社会发展与公共政策学院徐月宾教授对问卷设计提供的鼎力支持。

致调查对象的一封信

尊敬的居民朋友：您好！

　　为了准确评价当前我国城市低保制度的实施情况，我们在全国六个城市开展了此次问卷调查。城市低保是一项关系到广大低收入群众切身利益的大事，也是一项需要在实践中不断完善的制度。您的回答对于政府完善城市低保制度将会起到非常重要的作用。

　　我们派去的调查员都是受过培训的大学生，您可以让他们给您看他们的学生证。希望您能支持和配合他们的工作，耽误您半个小时的时间以了解您的一些生活情况和想法。如果方便，希望您能留下联系电话，这样我们就可以通过电话了解调查员对您调查的情况。

　　为了感谢您的支持，我们将送给您一点小礼物，作为调查的纪念。这次问卷调查不会对您当前享受城市低保待遇的情况有任何影响，我们也会按照统计法的规定对您的回答严格保密。请您放心。

民政部最低生活保障司

中国人民大学劳动人事学院

2007 年 7 月

第一部分：家庭基本情况

A. 家庭成员基本情况调查表（请将每一选项下面的相关编号填在对应成员的方格内）

A1. 家庭成员编号	A2. 家庭成员	A3. 性别	A4. 年龄	A5. 文化程度	A6. 户口性质	A7. 婚姻状况	A8. 健康状况	A9. 劳动能力	A10. 目前状况
	1. 夫/妻 2. 父/母 3. 儿/女 4. 岳父母/公婆 5. 祖父母 6. 孙子女 7. 兄弟姐妹 8. 女婿/儿媳 9. 其他亲戚 10. 非亲属	1. 男 2. 女	周岁	1. 小学及以下 2. 初中 3. 高中及职高 4. 中专中技 5. 大专 6. 本科 7. 本科以上	1. 本地城市 2. 本地农村 3. 外地城市 4. 外地农村	1. 未婚 2. 已婚 3. 离婚 4. 丧偶 5. 分居	1. 健康 2. 一般 3. 体弱 4. 慢性病 5. 严重疾病 6. 其他	1. 健全 2. 部分丧失 3. 完全丧失	1. 正式工作 2. 灵活就业 3. 登记失业 4. 未登记失业 5. 个体私营 6. 离退休 7. 三无人员 8. 其他老年人 9. 在校学生 10. 学龄前 11. 其他（请说明）
1	被访者								
2									
3									
4									
5									
6									
7									
8									

B. 住房情况（除 B1 外，请将每一选项下面的相关编号填在对应成员的方格内）

B1. 住房面积	B2. 房屋性质	B3. 房屋类型	B4. 新旧程度
单位：平方米 请填建筑面积	1. 祖传私房 2. 自购商品房 3. 自购房改房 4. 自建住房 5. 租房或借房 6. 廉租房 7. 其他（请说明）	1. 平房 2. 筒子楼 3. 老式单元楼房 4. 新式塔楼或板楼 5. 其他（请说明）	1. 新房 2. 一般 3. 旧房 4. 危房

第二部分：家庭接受最低生活保障情况

C1. 您家最早从什么时候开始领取最低生活保障金？
_____年_____月

C2. 您知道现在本市的低保标准吗？
①知道，是_____元　　②不知道　　　　　　　　[　　]

C3. 目前您家每月领取的低保金金额是
_____元

C4. 您家享受低保的时间有没有间断？
①有　　②没有　　③不清楚　　　　　　　　　[　　]

C5. 如有间断，请回答：（上一题答①的请回答，答②和答③的不用回答）

第一次	第二次	第三次
从__年__月到__年__月	从__年__月到__年__月	从__年__月到__年__月
间断原因： ①收入超过标准 ②违反有关规定 ③原因不明　　　[　　]	间断原因： ①收入超过标准 ②违反有关规定 ③原因不明　　　[　　]	间断原因： ①收入超过标准 ②违反有关规定 ③原因不明　　　[　　]

C6. 领取低保金期间金额有无调整？

①有　　②没有　　③不清楚　　　　　　　　　　　[　　]

C7. 如有调整，请回答：（上一题答①的请回答，答②和答③的不用回答）

第一次	第二次	第三次
＿＿年＿＿月	＿＿年＿＿月	＿＿年＿＿月
①调低了②调高了 [　]	①调低了②调高了 [　]	①调低了②调高了 [　]
调低的原因： ①家中有人就业或再就业 ②家中有人开始领养老金 ③有家庭成员去世 ④家中有其他进项 ⑤其他原因　　　 [　]	调低的原因： ①家中有人就业或再就业 ②家中有人开始领养老金 ③有家庭成员去世 ④家中有其他进项 ⑤其他原因　　　 [　]	调低的原因： ①家中有人就业或再就业 ②家中有人开始领养老金 ③有家庭成员去世 ④家中有其他进项 ⑤其他原因　　　 [　]
调高的原因： ①政策性调整 ②家中有人病残丧失劳动能力 ③家中有人上高中或大学 ④家庭收入因特殊原因减少 ⑤其他原因　　　 [　]	调高的原因： ①政策性调整 ②家中有人病残丧失劳动能力 ③家中有人上高中或大学 ④家庭收入因特殊原因减少 ⑤其他原因　　　 [　]	调高的原因： ①政策性调整 ②家中有人病残丧失劳动能力 ③家中有人上高中或大学 ④家庭收入因特殊原因减少 ⑤其他原因　　　 [　]

C8. 您目前的户口所在地与您的居住地是否一致？

①一致　　　　　②不一致，但在同一个街道

③不一致，但在同一个区　　④不一致，但在同一个城市

⑤我户口在其他城市/乡村

⑥其他情况（请注明＿＿＿＿＿＿）　　　　　　　[　　]

C9. 您能够按时足额领到低保金吗？

①能按时足额　　②足额但不准时

③准时但不足额　　④既不准时也不足额　　　　　[　　]

C10. 您家的低保金是通过什么方式领取的？

①直接到银行或取款机上取　　　②到街道办事处领取

③到社区居委会领取

④其他方式（请注明＿＿＿＿＿＿）　　　　　　　[　　]

C11. 您觉得目前领取的低保金能够满足最基本的生活需要吗?
①完全能够　　②勉强度日　　③仅能糊口
④不能满足　　⑤差得太远　　⑥不清楚　　　　　　[　]

C12. 如果低保金不能满足需要,您想什么办法填补窟窿?(可多选)
①找份工作　　　　　　②靠父母或者子女贴补
③靠其他亲友接济　　　④做个小买卖
⑤减少日常开支　　　　⑥借债度日　　　⑦打零工
⑧想其他办法(请注明_____)　　　　　　[　]

C13. 您觉得核定的低保补助数额符合您家的实际情况吗?
①符合　　　②不符合,我应当得到更高的补助金额
③不符合,我应当得到低些的补助金额
④不清楚　　　　　　　　　　　　　　　　　　[　]

C14. 您觉得你们家的生活比三年前是有所起色还是更不好?
①大有起色　　②有点起色　　③差不多
④水平降低　　⑤差得很多　　⑥不清楚　　　　　[　]

C15. 您是通过什么渠道知道申请低保的资格和程序的?
①居委会上门宣传　　　　②街道等政府给说的
③电视、报纸等媒体　　　④亲戚朋友
⑤其他低保户　　　　　　⑥其他　　　　　　　　[　]

C16. 您从提交申请到领取低保金,大概花费了多长时间?
①不到一个月　　②一个月左右　　③大概 40 天
④大概 50 天　　⑤超过两个月　　　　　　　　　[　]

C17. 您对低保资格的审批过程是否满意?
①非常满意　　②满意　　③一般
④不太满意　　⑤很不满意　　　　　　　　　　　[　]

C18. 当您家的收入发生变化时,您向街道或居委会报告吗?
①报告过　　②没有报告　　③不知道要报告　　　[　]

C19. 最近三个月,下列机构曾经派人到您家核实家庭收入吗?(可多选)
①没有任何机构　　　②社区居委会　　③街道办事处或乡镇

④县（区）民政局　　⑤市民政局

⑥其他机构（请注明_____）　　　　　　　[　　]

C20. 您觉得政府给的低保金对你们家来说起到了什么作用？

①全靠这点救命钱过日子

②有这点钱补贴家用，日子好过多了

③有点稳定的进项也好，但生活主要靠自己挣钱

④起不了什么作用，但不拿又难受

⑤起不了什么作用，主要是想要其他优惠政策

⑥没想过　　　　　　　　　　　　　　　　　　[　　]

C21. 您是否愿意您领取低保的情况在社区张榜公布？

①愿意　　　②不愿意　　　③无所谓　　　　[　　]

C22. 您认为现在有没有不该享受低保的人享受了低保？

①很普遍　　②有一些　　③极少数　　④基本没有

⑤根本没有·⑥不知道　　　　　　　　　　　[　　]

C23. 您认为现在有没有该享受低保的人没有享受到低保？

①很普遍　　②有一些　　③极少数　　④基本没有

⑤根本没有　　⑥不知道　　　　　　　　　　[　　]

C24. 您对您接触过的低保工作人员的总体看法是：

①认真负责　　②非常辛苦　　③热心助人

④态度不好　　⑤优亲厚友　　⑥不清楚　　　[　　]

C25. 你对低保制度的总体评价是：

①非常满意　　②满意但需要完善　　③一般

④不满意，很多地方都需要改进　　⑤非常不满意[　　]

C26. 您参加过社区组织的社区公益劳动吗？

①参加过　　②没有参加　　　　　　　　　　[　　]

C27. 您没有参加社区公益劳动的原因？（上一题答①的请跳过此题）

①我身体不好，不用参加　　②没有人组织

③没什么意思，浪费时间　　④我在外边打零工，没有时间

⑤我有工作要做，可以不参加　⑥怕遇见熟人难堪

⑦其他（请说明_____）　　　　　　　　[　　]

C28. 在怎样的情况下您会主动提出不要低保？

①家庭人均收入超过低保标准

②家庭人均收入超过低保标准且稳定

③虽然收入略低于低保标准但过得去

④有了固定的工作和稳定的收入

⑤不会主动提出不要

⑥其他情况（请注明_____）　　　　　　　[　]

C29. 您认为造成您家生活困难的主要原因是什么？（从以下列出的原因中挑选三项并排序）

①没有工作　　　　　　②工作不稳定，无固定收入

③工资太低，入不敷出　④家里有病人/残疾人

⑤家中被赡养人口多　　⑥孩子上学费用高

⑦亲友无力接济　　　　⑧企业长期拖欠工资

⑨养老保险金太少　　　⑩其他（请注明_____）

第一位_____

第二位_____

第三位_____

C30. 下列与就业有关的事项，您或您的家人（仅选1人）参加过哪些？（可多选）

①登记失业　　　　　　②接受过免费的就业培训

③接受过免费的职业介绍　④接受过公益岗位

⑤没有劳动能力　　　　　　　　　　　　　[　]

C31. 在享受低保待遇后您的工作经历（连续工作10天以上的）

编号	单位名称	时间	工作性质	工资
1		__年__月到__年__月	①正规就业②非正规就业 [　]	__元/月
2		__年__月到__年__月	①正规就业②非正规就业 [　]	__元/月
3		__年__月到__年__月	①正规就业②非正规就业 [　]	__元/月
4		__年__月到__年__月	①正规就业②非正规就业 [　]	__元/月

续表

编号	单位名称	时间	工作性质	工资
5		__年__月到__年__月	①正规就业②非正规就业〔　〕	__元/月
6		__年__月到__年__月	①正规就业②非正规就业〔　〕	__元/月

C32. 如果有劳动能力，您愿意积极找活干吗？

①愿意　　②不愿意　　③如果比拿低保挣得多，我就去

④无所谓，看情况再说　　　　　　　　　　　　　〔　〕

C33. 您认为影响您就业的主要原因是什么？（上一题答②的请回答，答其他的不用回答）

①工作不稳定　　　　②工资低，不如拿低保划算

③上班太累　　　　　④工作不理想

⑤上班要花交通费、餐费，成本高

⑥不好说　　　　　　　　　　　　　　　　　　〔　〕

C34. 您希望政府采取哪些政策，会使您或您的家人更愿意就业？

①因就业增加了收入，政府不使我家马上退保，而是再保留2—3 个月待遇

②因就业增加的收入，扣除一部分不计入家庭收入

③因就业增加了收入，政府不让我拿低保金，但让我享受其他优惠政策

④其他（请说明＿＿＿＿＿＿）　　　　　　　　〔　〕

第三部分：家庭收入和支出情况

D. 过去一个月中的家庭收入情况（有，填写实际数字；无，填写 0）

	项　　目	金额（元）
D1	正式工作工资收入（指与工作单位建立正式劳动关系）	
D2	灵活就业报酬收入（指临时性、季节性、弹性工作，未建立正式劳动关系）	

续表

	项　目	金额（元）
D3	个体经营性收入	
D4	出租房屋	
D5	退休金	
D6	失业救济金	
D7	低保金	
D8	医疗救助（包括医院直接减免和看病后报销的数额）	
D9	医疗保险（包括医院直接减免和看病后报销的数额）	
D10	教育救助（包括减免和现金资助的托幼、学杂费等）	
D11	其他社会救助（包括各种抚恤金、残疾人生活补助、独生子女补助等）	
D12	成年子女、其他亲属或朋友等资助（包括赠予的礼物和现金）	
D13	向亲戚或朋友借款	
D14	向银行借贷	
D15	变卖资产收入	
D16	社会捐助（包括政府部门、非政府组织和社区等捐助的实物或现金）	
D17	其他收入（1）（说明）	
D18	其他收入（2）（说明）	
D19	房租减免或补贴（每月减免或补贴数额）	
D20	供暖费减免或补助（全年减免或补助数额）	
D21	水电煤气费用减免（每月减免数额）	
D22	其他减免（1）（说明）	
D23	其他减免（2）（说明）	

E. 过去一个月中的家庭支出情况（有，填写实际数字；无，填写0）

	项　目	金额（元）
E1	米、面、杂粮（包括粮食制品和半成品）	
E2	蔬菜	
E3	水果	
E4	肉、禽类和水产品（包括熟食、制品和半成品）	
E5	蛋、奶、奶粉	
E6	食用油、盐、调料	
E7	糖果、糕点	
E8	烟酒、茶叶、饮料	
E9	在外餐饮	
E10	房租、水、电、煤气	
E11	洗澡、理发、护理、美容	
E12	日常消耗品（包括洗涤用品、护理及化妆用品、卫生用品）	
E13	床上用品	
E14	其他家庭用品（包括饮食用具、厨房工具和其他小型家用工具等）	
E15	家用电器、家具、房屋装饰用品	
E16	儿童交通工具	
E17	成人交通工具	
E18	儿童服装、鞋帽	
E19	成人服装、鞋帽	
E20	儿童玩具	
E21	儿童体育用品	
E22	子女教育费（包括学杂费、生活费、学习用具、家教、课外学习等）	
E23	成人教育、培训	
E24	孩子零用钱	

续表

	项　　目	金额（元）
E25	儿童医药费用（包括看医生和自购药品）	
E26	成人医药费用（包括看医生和自购药品）	
E27	本市或外地旅游	
E28	交通费用	
E29	公园、电影、剧院	
E30	报纸、杂志、书籍	
E31	通信（座机、手机费）	
E32	有线电视、网络资费	
E33	住房、家用电器及交通工具维修	
E34	其他支出（1）（说明）	
E35	其他支出（2）（说明）	
E36	其他支出（3）（说明）	
E37	截至调查日的银行存款额	
E38	截至调查日的现金结余（不包括银行存款）	
E39	截至调查日的借债总额	

第四部分 心理状态、生活满意度和家庭关系

F. 调查前一周，您有没有下列感受（直接圈选对应的数字）

问题编号	您在过去的一周里：	很少或没有 （小于1天）	少有 （1—2天）	常有 （3—4天）	几乎一直有 （6—7天）
F1	我因一些小事而烦恼	0	1	2	3
F2	我不大想吃东西，我的胃口不好	0	1	2	3
F3	即使家属和朋友帮助我，我仍然无法摆脱心中的苦闷	0	1	2	3
F4	我觉得我比不上别人	0	1	2	3

续表

问题编号	您在过去的一周里：	很少或没有 （小于 1 天）	少有 （1—2 天）	常有 （3—4 天）	几乎一直有 （6—7 天）
F5	我在做事时无法集中自己的注意力	0	1	2	3
F6	我感到情绪低沉	0	1	2	3
F7	我感到做任何事都很费力	0	1	2	3
F8	我觉得我的前途没有希望	0	1	2	3
F9	我觉得我的生活是失败的	0	1	2	3
F10	我感到害怕	0	1	2	3
F11	我的睡眠情况不好	0	1	2	3
F12	我感到高兴不起来	0	1	2	3
F13	我比平时说话要少	0	1	2	3
F14	我感到孤单	0	1	2	3
F15	我觉得人们对我不太友好	0	1	2	3
F16	我觉得生活没有意思	0	1	2	3
F17	我曾哭泣	0	1	2	3
F18	我感到忧愁	0	1	2	3
F19	我觉得人们不喜欢我	0	1	2	3
F20	我觉得无法继续我的日常工作	0	1	2	3

G. 生活满意度

问题编号	您对下列状况满意吗？	很不满意	不太满意	一般	满意	非常满意
G1	收入状况	1	2	3	4	5
G2	身体状况	1	2	3	4	5

续表

问题编号	您对下列状况满意吗？	很不满意	不太满意	一般	满意	非常满意
G3	居住状况	1	2	3	4	5
G4	文化生活	1	2	3	4	5
G5	工作	1	2	3	4	5
G6	您与您爱人的关系	1	2	3	4	5
G7	您与您的孩子的关系	1	2	3	4	5
G8	您爱人与孩子的关系	1	2	3	4	5
G9	孩子之间的关系	1	2	3	4	5
G10	与您父母的关系	1	2	3	4	5
G11	与您爱人父母的关系	1	2	3	4	5
G12	总体来说，您对您的生活满意吗？	1	2	3	4	5

参考文献

一　著作类

1. 都阳：《中国贫困地区劳动供给研究》，华文出版社 2001 年版。

2. 多吉才让：《中国最低生活保障制度研究与实践》，人民出版社 2001 年版。

3. 国际劳工局：《2000 年世界劳动报告》，中国劳动社会保障出版社 2001 年版。

4. 韩克庆：《转型期中国社会福利研究》，中国人民大学出版社 2011 年版。

5. 韩克庆主编：《中国城市低保访谈录》，山东人民出版社 2012 年版。

6. 洪大用：《转型时期中国社会救助》，辽宁教育出版社 2004 年版。

7. 劳动和社会保障部、中共中央文献研究室编：《新时期劳动和社会保障重要文献选编》，中国劳动社会保障出版社、中央文献出版社 2002 年版。

8. 李学举主编：《跨世纪的中国民政事业·总卷（1994—2002）》，中国社会出版社 2002 年版。

9. 梁宏：《社会分层视野下大城市老年人口生存状态——以广州市为例》，中山大学出版社 2010 年版。

10. 廖益光：《社会救助概论》，北京大学出版社 2009 年版。

11. 刘福垣：《社会保障主义宣言》，社会科学文献出版社 2006 年版。

12．卢海元：《城市贫穷群体社会保障政策与措施研究——城市贫穷群体社会保障研究综述》，中国劳动社会保障出版社 2006 年版。

13．彭华民：《社会福利与需要满足》，社会科学文献出版社 2008 年版。

14．R．麦克法夸尔、费正清编：《剑桥中华人民共和国史：1949—1965 年》，中国社会科学出版社 1990 年版。

15．孙光德、董克用主编：《社会保障概论（第四版）》，中国人民大学出版社 2012 年版。

16．唐钧、沙琳、任振兴：《中国城市贫困与反贫困报告》，华夏出版社 2003 年版。

17．卫生部统计信息中心：《中国卫生服务调查研究：第三次国家卫生服务调查分析报告》，中国协和医科大学出版社 2004 年版。

18．约翰·罗尔斯：《正义论》，何怀宏等译，中国社会科学出版社 1988 年版。

19．詹火生、杨莹、张菁芬：《中国大陆社会安全制度》，台湾"国立"编译馆主编，五南图书出版公司 1993 年版。

20．中华人民共和国国家统计局编：《中国统计年鉴（2013）》，中国统计出版社 2013 年版。

21．Alcock，P. Erskine，A. and May，M.，*The Blackwell Dictionary of Social Policy*，Oxford：Blackwell Publishers，2002.

22．Behrendt C.，*At the Margins of the Welfare State：Social Assistance and the Alleviation of Poverty in Germany*，Sweden and the United Kingdom：Ashgate Publishing Limited，2002.

23．Deacon，A. and Bradshaw，J.，*Reserved For The Poor*，London：Basil Blackwell and Martin Robertson，1983.

24．Department of Social Security（DSS），*New Ambitions for Our Country：A New Contract for Welfare*，London：The Stationery Office，1998.

25．Friedman，M. and Cohen W.，*Social Security：Universal or Selective?* Washington：American Enterprise Inst.，1972.

26. Greene, W. H., *Econometric Analysis* (5th edition) , Upper Saddle River, NJ: Prentice Hall, 2003.

27. Hill, M., *Social Policy in the Modern World* : *A Comparative Text*, Oxford: Blackwell Publishing, 2006.

28. Izuhara, M. (ed.) , *Handbook on East Asian Social Policy*, Cheltenham: Edward Elgar Publishing Limited, 2013.

29. Lareau, A., *Home Advantage: Social Class and Parental Intervention in Elementary Education*, Lanham: Rowman & Littlefield Publishers, 2000.

30. Long, J. S. and Freese, J., *Regression Models for Categorical Dependent Variables Using Stata*, College Station, TX: Stata Press, 2006.

31. Meyer, B. & Duncan, G. (eds.) , *The Incentives of Government Programs and the Well-Being of Families*, Joint Center for Poverty Research, Chicago, 2001.

32. Midgley, J., *Social Welfare in Global Context*, California: Sage Publications, 1997.

33. Moynihan, D., *The Politics of a Guaranteed Income: The Nixon Administration and the Family Assistance Plan*, New York: Random House, 1973.

34. Rowntree, B. S., *Poverty: A Study of Town Life*, London: Macmillian, 1991.

35. Sandefur, G. D. and Tienda, M. (eds.) , *Divided Opportunities: Minorities, Poverty, and Social Policy*, New York: Plenum, 1988.

36. Saraceno, C., *Social Assistance Dynamics in Europe: National and Local Poverty Regimes*, Bristol, UK: Policy Press, 2002.

37. Soper, K., *On Human Needs*, Brighton: Harvester Press, 1981.

38. Streeten, P., *First Things First: Meeting Basic Human Needs in the Developing Countries*, New York: Oxford University Press, 1981.

39. Timms, N. & D . Watson (eds.) , *Social Welfare: Why and How?* , London: Routledge & Kegan Paul, 1980.

40. Wooldridge, J. M., *Econometric Analysis of Cross Section and Panel Data*, *Massachusetts*, England：Institute of Technology Press, 2002.

41. Yeatman A., *Mutual Obligation*：*What Kind of Contract is This?*, Sydney：National Social Policy Conference, 1999.

二　论文类

1. 艾德华：《发放最低生活保障金的博弈分析》,《辽宁广播电视大学学报》2003 年第 3 期。

2. 白维军：《城市医疗救助制度实施中的问题分析与政策建议》,《中国民政》2007 年第 6 期。

3. 北京行政学院课题组：《北京城市贫困人口与现行最低生活保障制度研究》,《北京行政学院学报》2001 年第 2 期。

4. 财政部社会保障司课题组：《社会保障支出水平的国际比较》,《财政研究》2007 年第 10 期。

5. 曹海涛：《城市居民最低生活保障制度问题及前瞻》,《经济研究导刊》2010 年第 23 期。

6. 曹艳春：《城市"低保"对象就业决策分析》,《经济论坛》2005 年第 24 期。

7. 陈灿煌：《城市中低收入群体住房保障制度效果分析及建议——基于"三市场住房过滤模型"的研究》,《价格理论与实践》2009 年第 12 期。

8. 陈亚东：《推进低保与就业联动的对策建议》,《社会保障研究》2008 年第 3 期。

9. 程胜利：《中国城市低保家庭的资产状况及其社会政策意涵》,《山东大学学报（哲学社会科学版）》2005 年第 1 期。

10. 邹文星：《日本生活保护法第 4 条对修改中国〈城市居民最低生活保障条例〉的启示——对加藤案件和中鸠案件的探讨》,《环球法律评论》2005 年第 5 期。

11. 戴弘：《当前我市低保工作中存在的问题与对策》,《江东论坛》2007 年第 3 期。

12. 方黎明、张秀兰：《城镇低保户医疗服务利用和医疗保障制度设计对就医行为的影响——基于兰州、西宁和白银城镇家庭调查数据的分析》，《财经研究》2011 年第 6 期。

13．付华鹏、刘扬、郭静波等：《城市贫困人群生命质量及其主要影响因素》，《中国公共卫生》2004 年第 3 期。

14．江树革、比约恩·古斯塔夫森：《国外社会救助的经验和中国社会救助的未来发展》，《经济社会体制比较》2007 年第 4 期。

15．高红霞、夏芳珍：《城市贫困人口医疗保障问题研究》，《中国卫生事业管理》2004 年第 6 期。

16．葛道顺：《建立并完善最低生活保障制度的治理机制——大连市社区公共服务社的经验及启示》，《中国党政干部论坛》2004 年第 7 期。

17．顾海、李佳佳：《江苏省城镇居民医疗保险受益公平性研究——基于收入差异视角》，《学海》2009 年第 6 期。

18．顾昕、高梦滔、张欢：《医疗救助体系与公立医疗机构的社会公益性》，《社会学研究》2006 年第 3 期。

19．关信平：《现阶段中国城市的贫困问题及反贫困政策》，《江苏社会科学》2003 年第 2 期。

20．郭涛：《论美国大学教育救助制度与镜鉴》，《郑州大学学报（哲学社会科学版）》2010 年第 4 期。

21．郭婷婷：《城市贫困人口卫生服务状况及医疗保障研究》，硕士学位论文，山西医科大学，2006 年。

22．郭瑜、韩克庆：《基本生活需要满足：一项城市低保制度的实证研究》，《社会学评论》2014 年第 6 期。

23．郭于华、常爱书：《生命周期与社会保障——一项对下岗失业工人生命历程的社会学探索》，《中国社会科学》2005 年第 5 期。

24．韩克庆、郭瑜：《"福利依赖"是否存在？——中国城市低保制度的一个实证研究》，《社会学研究》2012 年第 2 期。

25．韩克庆：《市民社会与中国社会福利体制的构建》，《天津社会科学》2008 年第 1 期。

26．韩克庆：《社会安全网：中国的社会分层与社会福利建设》，《社会科学研究》2008 年第 5 期。

27. 韩克庆、刘喜堂：《城市低保制度的研究现状、问题与对策》，《社会科学》2008 年第 11 期。

28. 韩克庆：《中国社会保障制度的改革与发展》，《新视野》2013 年第 4 期。

29. 韩克庆：《社会结构变迁与中国社会保障制度的发展》，《教学与研究》2013 年第 6 期。

30. 韩克庆：《中国社会救助制度的改革与发展》，《教学与研究》2015 年第 2 期。

31. 韩雷亚、张振忠：《对贫困人口实施医疗救助》，《中国卫生经济》1999 年第 11 期。

32. 何灵、郭士征：《廉租住房保障退出机制：现状、问题与对策——以上海市为例》，《华东经济管理》2010 年第 2 期。

33. 洪大用、刘仲翔：《我国城市居民最低生活保障制度的实践与反思》，《社会科学研究》2002 年第 2 期。

34. 洪大用：《中国城市居民最低生活保障标准的相关分析》，《北京行政学院学报》2003 年第 3 期。

35. 洪大用：《如何规范城市居民最低生活保障标准的测算》，《学海》2003 年第 2 期。

36. 洪大用：《完善居民最低生活保障制度的关键问题》，《社会福利》2003 年第 6 期。

37. 洪大用：《中国城市居民最低生活保障标准的相关分析》，《北京行政学院学报》2003 年第 3 期。

38. 洪大用：《试论中国城市低保制度实践的延伸效果及其演进方向》，《社会》2005 年第 3 期。

39. 洪大用：《当道义变成制度之后——试论城市低保制度实践的延伸效果及其演进方向》，《经济社会体制比较》2005 年第 3 期。

40. 胡旭昌：《我国义务教育阶段教育救助制度的历史回顾与瞻望》，《文教资料》2010 年第 16 期。

41. 华迎放：《城市贫困群体的就业保障》，《经济研究参考》2004 年第 11 期。

42. 黄晨熹：《标准构建、就业动机和欺瞒预防——发达国家社会救助的经验及其对上海的意义》，《华东理工大学学报（社会科学版）》2004 年第 2 期。

43．黄晨熹：《城市低保对象求职行为的影响因素及相关制度安排研究——以上海为例》，《社会学研究》2007 年第 1 期。

44．黄晨熹、王大奔、邱世昌、蔡敏：《让就业有利可图——完善上海城市最低生活保障制度研究》，《市场与人口分析》2005 年第 3 期。

45．纪国和、王传明：《关于我国贫困生教育救助问题的思考》，《教育科学研究》2008 年第 6 期。

46．贾维周：《我国城市医疗救助制度的现况与对策研究》，《人口与经济》2008 年第 1 期。

47．蒋积伟：《当前城市低保家庭的医疗困境——以部分城市为例》，《哈尔滨工业大学学报（社会科学版）》2007 年第 2 期。

48．景天魁：《最低生活保障制度——特点和意义》，《中国社会科学院研究生院学报》2004 年第 4 期。

49．李成：《最低生活保障工作中的信息不对称问题》，《中国民政》2002 年第 3 期。

50．李春燕：《武汉市低保管理中存在的问题与改进对策分析——以武昌区为例》，《长江论坛》2006 年第 1 期。

51．李东卫：《对我国住房保障制度建设的思考》，《改革与开放》2010 年第 1 期。

52．李华萍、张华坤、姜秀举等：《南昌市低保人群心理健康及相关因素研究》，《中国健康心理学杂志》2005 年第 3 期。

53．李培林：《老工业基地的失业治理：后工业化和市场化——东北地区 9 家大型国有企业的调查》，《社会学研究》1998 年第 4 期。

54．李强：《改革开放 30 年来中国社会分层结构的变迁》，《北京社会科学》2008 年第 5 期。

55．李巧玲：《中国城市最低生活保障的立法问题探讨》，《社科纵横》2005 年第 6 期。

56. 李松花：《黑龙江省城市弱势群体与最低生活保障》，《黑龙江社会科学》2005年第1期。

57. 李小菊、秦江梅、唐景霞、毛璐：《新疆城市贫困人口卫生服务需求与医疗救助现状分析》，《中国卫生事业管理》2011年第1期。

58. 李学斌、王原：《城市居民最低生活保障制度实施中存在的问题》，《社会福利》2003年第11期。

59. 李亚东：《教育救助：从机会平等到结果平等——以发达国家对教育公平的促进为例》，《文教资料》2010年第8期。

60. 李迎生、韩央迪、肖一帆、张宁：《超越统合救助模型：城市低保制度改革中的分类救助问题研究》，《学海》2007年第2期。

61. 梁新颖：《城市低保：尚待完善——辽宁城市居民最低生活保障制度的缺陷及防范》，《党政干部学刊》2005年第9期。

62. 林辰乐、吕翔涛：《影响城市低保受助者就业的政策因素分析——就业的双项逻辑回归模型及访谈实证研究》，《中国软科学》2012年第8期。

63. 林莉红、李傲、孔繁华：《从宪定权利到现实权利——我国城市居民最低生活保障制度调查》，《法学评论》2001年第1期。

64. 林志伟：《我国城市居民最低生活保障标准实证研究》，《人口与经济》2006年第6期。

65. 刘海涛、乌正赉：《城市低保人群健康状况及其影响因素研究》，《中国全科医学》2006年第7期。

66. 刘华锋：《经济调查在完善最低生活保障制度中的作用》，《社会》2003年第11期。

67. 刘同昌：《对青岛市城乡最低生活保障线下贫困人口的考察》，《中共青岛市委党校青岛行政学院学报》2003年第4期。

68. 刘文继：《城市低保工作应当注意的几个问题》，《社会福利》2003年第7期。

69. 刘喜堂：《当前我国城市低保存在的突出问题及政策建议》，《社会保障研究》2009年第4期。

70. 刘喜堂：《建国 60 年来我国社会救助发展历程与制度变迁》，《华中师范大学学报（人文社会科学版）》2010 年第 4 期。

71. 刘喜堂等：《关于城市低保标准的几个问题——中国城市低保标准国际研讨会综述》，《中国民政》2006 年第 9 期。

72. 芦国庆：《太原市城市低保人群医疗保险现状研究及对策建议》，《中共太原市委党校学报》2006 年第 S1 期。

73. 毛明华、吕莹璐：《城市居民最低生活保障对象的社会救助研究——以常州市为例》，《城市问题》2005 年第 4 期。

74. 苗春霞、覃昭晖、卓朗、谷玉明、张训保：《城市低保措施满意率的影响因素分析》，《人口与经济》2007 年第 5 期。

75. 苗春霞、覃昭晖、谷玉明等：《城市低保与非低保对象心理状况分析》，《现代预防医学》2007 年第 22 期。

76. 莫连光、郭慧芳：《关于我国廉租房建设的思考》，《改革与战略》2006 年第 8 期。

77. 潘锦棠：《经济转轨中的中国女性就业与社会保障》，《管理世界》2002 年第 7 期。

78. 彭华民：《论需要为本的中国社会福利转型的目标定位》，《南开学报（哲学社会科学版）》2010 年第 4 期。

79. 彭希哲、胡湛：《公共政策视角下的中国人口老龄化》，《中国社会科学》2011 年第 3 期。

80. 乔世东：《革新城市低保运作模式的必要性及思路——专业社会工作的介入》，《山东大学学报（哲学社会科学版）》2009 年第 4 期。

81. 覃昭晖、张训保、姚元虎等：《城市低保人群心理卫生状况及干预效果评价》，《现代预防医学》2011 年第 6 期。

82. 邱莉莉：《制约城市低保救助体系发展的若干瓶颈及对策建议》，《统计研究》2005 年第 12 期。

83. 饶克勤、陈育德：《当前卫生服务供需基本状况和值得注意的问题》，《中国卫生经济》1999 年第 6 期。

84. 邵云娜：《对低保对象的社会心理学分析》，《中国民政》2009 年第 2 期。

85. "十五"第六期县干班课题组：《城市居民最低生活保障问题研究》，《中共合肥市委党校学报》2004 年第 4 期。

86. 宋士云：《新中国城镇住房保障制度改革的历史考察》，《中共党史研究》2009 年第 10 期。

87. 孙玉波：《住房保障政策如何解决城市低收入家庭住房困难》，新华网（http：//news. xinhuanet. com/newscenter/2007 - 08/26/content_ 6605870. htm）。

88. 孙月鹤：《从教育救助到全纳教育——试论教育公平的制度安排》，《中国校外教育》2009 年第 3 期。

89. 唐钧：《最后的安全网——中国城市居民最低生活保障制度的框架》，《中国社会科学》1998 年第 1 期。

90. 唐钧：《城市"低保"存在的问题与对策》，《中国民政》2000 年第 4 期。

91. 唐钧：《当前中国城市贫困的形成与现状》，《中国党政干部论坛》2002 年第 3 期。

92. 唐钧：《完善最低生活保障制度的政策建议》，《中国经贸导刊》2002 年第 11 期。

93. 唐钧：《城市扶贫与可持续生计》，《江苏社会科学》2003 年第 2 期。

94. 唐钧：《"可持续生计"与就业》，《中国劳动》2004 年第 2 期。

95. 唐钧：《城市低保制度——可持续生计与资产建设》，《商洛师范专科学校学报》2005 年第 1 期。

96. 唐钧：《改善低收入群体收入的社会政策》，《中国劳动》2006 年第 9 期。

97. 唐旭君、姚玲珍：《城镇廉租住房退出机制的重新构建——以上海为例》，《经济与管理研究》2014 年第 3 期。

98. 尹志刚：《市最低生活保障家庭收入和财产调查的状况、问题及对策》，《北京行政学院学报》2007 年第 5 期。

99. 王德文：《教育在中国经济增长和社会转型中的作用分析》，《中国人口科学》2003 年第 1 期。

100．王慧：《高考招生与高中教育分离》，《教育旬刊》2011年第7期。

101．王解静：《中国城市居民最低生活保障水平分析》，《南京人口管理干部学院学报》2007年第3期。

102．王宁、黄亮：《昆明城市居民最低生活保障制度实施现状探析》，《昆明师范高等专科学校学报》2007年第1期。

103．王延中、龙玉其：《改革开放以来中国政府社会保障支出分析》，《财贸经济》2011年第1期。

104．王有捐：《对城市居民最低生活保障政策执行情况的评价》，《统计研究》2006年第10期。

105．王征、唐钧、张时飞：《要重视城市居民的"基本生活需要"——中国七城市的调查》，《中国党政干部论坛》2005年第7期。

106．汪承武：《当前城市低保工作中存在的问题与对策》，《中国民政》2006年第11期。

107．汪泓、张波生：《上海市城镇居民最低生活保障线的研究》，《东华大学学报（自然科学版）》2001年第6期。

108．魏众：《健康对非农就业及其工资决定的影响》，《经济研究》2004年第2期。

109．闻雪琴、邹佳帅：《对最低生活保障制度中"隐性收入"问题的思考》，《山东省工会管理干部学院学报》2005年第2期。

110．吴江、王欣：《北京市失业保险金支出与公共就业服务联动机制研究》，《北京社会科学》2011年第6期。

111．吴玲、施国庆：《我国最低生活保障制度的伦理缺陷》，《南京师大学报（社会科学版）》2005年第2期。

112．吴清军：《下岗失业群体的社会保障制度与实践运作》，《现代经济探讨》2005年第12期。

113．夏建中：《健全廉租房制度的关键：强化政府公共服务职责》，《教学与研究》2008年第1期。

114．夏少琼：《当前城市低保工作中存在的问题与对策分析》，《唯实》2004年第5期。

115．肖云、孙晓锦、杜毅：《农村最低生活保障制度实施中的社会排斥研究》，《劳动保障世界》2009 年第 7 期。

116．许可、龚向光、应晓华、胡善联、叶露：《对城市贫困人口医疗救助的理论探讨》，《中国卫生经济》1999 年第 1 期。

117．许新三：《城市低保户群体脱贫前景和扶贫思路》，《浙江社会科学》2002 年第 5 期。

118．徐成文、朱德开：《经济法视野下的住房保障制度建设》，《特区经济》2010 年第 1 期。

119．徐勤：《城市特困老人——急需社会保护的群体》，《人口研究》1999 年第 5 期。

120．徐月宾、张秀兰：《我国城乡最低生活保障制度若干问题探讨》，《东岳论丛》2009 年第 2 期。

121．杨风雷：《对低收入家庭儿童学前教育救助问题的思考》，《教育导刊（下半月）》2011 年第 9 期。

122．杨荣：《社会工作介入社会救助：策略与方法》，《苏州大学学报（哲学社会科学版）》2014 年第 4 期。

123．杨山鸽：《试论北京市低保资格审核的规范化》，《北京社会科学》2011 年第 3 期。

124．杨衍银：《社会主义市场经济的"安全网"——民政部杨衍银副部长谈城市居民最低生活保障工作》，《经济社会体制比较》2002 年第 6 期。

125．尹海洁、赵莉、关士续：《医疗与教育：城市贫困家庭最沉重的经济负担——来自哈尔滨市 256 户贫困家庭的调查》，《中国民政》2003 年第 11 期。

126．张春梅：《对完善包头市城市居民最低生活保障制度的系统思考》，《阴山学刊》2004 年第 6 期。

127．张聪颖：《朝阳市贫困群体医疗救助研究》，《辽宁行政学院学报》2008 年第 9 期。

128．张东升：《对城市低保工作中存在问题的思考》，《西北农林科技大学学报（社会科学版）》2006 年第 5 期。

129. 张抗私：《劳动力市场性别歧视行为分析》，《财经问题研究》2004 年第 4 期。

130. 张明园、任福明、樊杉等：《正常人群中抑郁症状的调查和 CES-D 的应用》，《中华神经精神科杂志》1997 年第 20 期。

131. 张全红、张建华：《社会进步与城市居民最低生活保障制度的完善》，《经济论坛》2006 年第 2 期。

132. 张小芳：《教育救助问题探究——基于对教育困境者的救助现状分析》，《现代教育论丛》2008 年第 11 期。

133. 张秀兰、徐月宾、王韦华：《中国农村贫困状况与最低生活保障制度的建立》，《上海行政学院学报》2007 年第 3 期。

134. 张旭光：《城市最低生活保障制度在基层实施现状的调查报告——以北京市门头沟区河滩西街居委会为个案研究》，《首都师范大学学报（社会科学版）》2009 年增刊。

135. 中国城市居民最低生活保障政策研究课题组：《中国城市低保政策评析——以辽宁省的个案研究为例》，《东岳论丛》2005 年第 5 期。

136. 中国残联教育就业部：《国外残疾人就业立法情况概述》，《中国残疾人》2007 年第 4 期。

137. 钟景迅、曾荣光：《从分配正义到关系正义——西方教育公平探讨的新视角》，《清华大学教育研究》2009 年第 5 期。

138. 周昌祥：《城市"低保"问题研究》，《贵州大学学报（社会科学版）》2003 年第 3 期。

139. 周华、张海玲：《完善武汉市最低生活保障制度的几点建议》，《科技资讯》2006 年第 18 期。

140. 祝建华、刘云：《社会福利研究中的社会排斥理论》，《社会福利》2008 年第 7 期。

141. 朱亚鹏：《中国住房保障政策分析——社会政策视角》，《公共行政评论》2008 年第 4 期。

142. 朱智、赵德海：《对进一步完善我国城市居民最低生活保障制度的思考》，《商业经济》2005 年第 11 期。

143. 邹海贵：《社会正义视域中的高校贫困生教育救助探析》，《高教探索》2009 年第 4 期。

144. Ayala, L. and Rodríguez, M., "What Determines Exit from Social Assistance in Spain?", *International Journal of Social Welfare*, Vol. 16, 2007.

145. Beaulieu, N., Duclos, J. Y., Fortin, B. and Rouleau M., "Intergenerational Reliance on Social Assistance: Evidence from Canada", *Journal of Population Economics*, Vol. 18, 2005.

146. Besley, T., "Means Testing versus Universal Provision in Poverty Alleviation Programmes", *Economica*, Vol. 57, 1990.

147. Besley, T. and Coate, S., "Workfare versus Welfare: Incentive Arguments for Work Requirements in Poverty-Alleviation Programs", *The American Economic Review*, Vol. 82, 1992.

148. Blundell, R. Fry, V. and Walker, I., "Modeling the Take-up of Means-Tested Benefits: The Case of Housing Benefits in the United Kingdom", *The Economic Journal*, Vol. 98, 1998.

149. Bradshaw, J. and Finch, N., "Overlaps in Dimensions of Poverty", Journal of Social Policy, Vol. 32, 2003.

150. Bradshaw, J. R., "The Concept of Social Need", *New Society*, Vol. 30, 1972.

151. Calman, K. C., "Equity, Poverty and Health for All", *British Medical Journal*, Vol. 314, 1997.

152. Conrad, A. H., "Productivity, Prices, and Income", *The Review of Economics and Statistics*, Vol. 40, 1958.

153. Cooke, M., "A Welfare Trap? The Duration and Dynamics of Social Assistance Use among Lone Mothers in Canada", *Canadian Review of Sociology*, Vol. 46, 2009.

154. Dodson, L. and Schmalzbauer, L., "Poor Mothers and Habits of Hiding: Participatory Methods in Poverty Research", *Journal of Marriage and Family*, Vol. 67, 2005.

155. Feldstein, M. S., "Should Social Security Benefits Be Means

Tested?", *The Journal of Political Economy*, Vol. 95, 1987.

156. Finkelstein, L. M. Burke, M. J. and Raju, M. S., "Age Discrimination in Simulated Employment Contexts: An Integrative Analysis", *Journal of Applied Psychology*, Vol. 80, 1995.

157. Fraser, N. and Gordon L., "A Genealogy of Dependency: Tracing a Keyword of the U. S. Welfare State", *Signs*, Vol. 19, 1994.

158. Gao, Q. Yoo, J. Yang, S. M. and Zhai, F., "Welfare Residualism: A Comparative Study of the Basic Livelihood Security Systems in China and South Korea", *International Journal of Social Welfare*, Vol. 20, 2011.

159. Goodin R. E. and Grand, J., "Creeping Universalism in the Welfare State: Evidence from Australia", *Journal of Public Policy*, Vol. 6, 1986.

160. Gough, L. Bradshaw, J. Ditch, J. Eardley T. and Whiteford P., "Social Assistance in OECD Countries", *Journal of European Social Policy*, Vol. 7, 1997.

161. Government Digital Service, "Income Support" (https: // www. gov. uk/income-support).

162. Hasenfeld, Y. and Rafferty, J. A., "The Determinants of Public Attitudes Toward the Welfare State", *Social Forces*, Vol. 67, 1989.

163. Kenworthy, L., "Do Social-Welfare Policies Reduce Poverty? A Cross-National Assessment", *Social Forces*, Vol. 77, 1999.

164. Lyons, J. E. Randhawa, B. S. and Paulson, N. A., "The Development of Vocational Education in Canada", *Canadian Journal of Education*, Vol. 16, 1991.

165. Maslow, A. H. , "A Theory of Human Motivation", *Psychological Review*, Vol. 50, 1943.

166. McCluskey, M. T., "Rethinking Equality and Difference: Disability Discrimination in Public Transportation", *The Yale Law Journal*, Vol. 97, 1988.

167. McElvey, R. and Zavoina, W., "A Statistical Model for the

Analysis of Ordinal Level Dependent Variables", *The Journal of Mathematical Sociology*, Vol. 4, 1975.

168. McIntyre, D. Thiede, M. Dahlgren, G. and Whitehead, M., "What Are the Economic Consequences for Households of Illness and of Paying for Health Care in Low- and Middle-Income Country Contexts?", *Social Science & Medicine*, Vol. 62, 2006.

169. Moberly, H. D., "Health Care for Low Income Persons: An Analysis of Demand", *Journal of Economic and Finance*, Vol. 15, 2001.

170. Moore, J., "Welfare and Dependency", Speech to Conservative Constituency Parties Association, September, 1987.

171. Moser, C. O., "The Asset Vulnerability Framework: Reassessing Urban Poverty Reduction Strategies", *World Development*, Vol. 26, 1998.

172. Renwick, T. and Bergmann, B., "A Budget-Based Definition of Poverty: With an Application to Single-Parent Families", *The Journal of Human Resources*, Vol. 28, 1993.

173. Ringen, S., "Direct and Indirect Measures of Poverty", *Journal of Social Policy*, Vol. 17, 1988.

174. Schofield, D., "Public Hospital Expenditure: How Is It Divided between Lower, Middle and Upper Income Groups?", *Australian Economic Review*, Vol. 33, 2000.

175. Surender, R., Noble, M., Wright G. & Ntshongwana P., "Social Assistance and Dependency in South Africa: An Analysis of Attitudes to Paid Work and Social Grants", *Journal of Social Policy*, Vol. 39, 2010.

176. TVNZ 2011, "National Welfare Reform Plan Sparks Criticism" (http://tvnz. co. nz/Aug, 15).

177. Ybarra, M., "Should I Stay or Should I Go? Why Applicants Leave the Extended Welfare Application Process", *Journal of Sociology & Social Welfare*, Vol. 38, 2011.

178. Zippay, A., "Dynamics of Income Packaging: A 10-Year Longitudinal Study", *Social Work*, Vol. 47, 2002.

三 政策报告类

1. 北京市民政局:《北京市低保制度调查评估研究报告》, 2004 年 6 月。

2. 香港雇员再培训局:《2009-2010 年度年报》, 2011 年, 香港雇员再培训局门户网站 (http://www. erb. org/)。

3. 中华人民共和国国家统计局:《2010-2013 年国民经济和社会发展统计公报》, 2014 年, 统计局门户网站 (http://www. stats. gov. cn/)。

4. 中华人民共和国国务院办公厅:《国务院关于开展城镇居民基本医疗保险试点的指导意见》, 2007 年, 中央政府门户网站 (www. gov. cn)。

5. 中华人民共和国民政部:《2007 年 4 季度全国县以上低保情况》, 2007 年, 民政部门户网站 (http://www. mca. gov. cn/)。

6. 中华人民共和国民政部:《民政部财政部关于进一步提高城乡低保补助水平妥善安排当前困难群众基本生活的通知》, 2008 年, 民政部门户网站 (http://www. mca. gov. cn/)。

7. 中华人民共和国民政部:《2010 年社会服务发展统计报告》, 2011 年, 民政部门户网站 (http://www. mca. gov. cn/)。

8. 中华人民共和国民政部:《2010 年民政事业发展统计报告》, 2011 年, 民政部门户网站 (http://www. mca. gov. cn/)。

9. 中华人民共和国民政部:《关于进一步规范城乡居民最低生活保障标准制定和调整工作的指导意见》, 2011 年, 民政部门户网站 (http://www. mca. gov. cn/)。

10. 中华人民共和国民政部:《国务院关于进一步加强和改进最低生活保障工作的意见》, 2012 年, 民政部门户网站 (http://www. mca. gov. cn/)。

11. 中华人民共和国民政部:《城市低保标准 (县级)》, 2012 年, 民政部门户网站 (http://www. mca. gov. cn/)。

12. 中华人民共和国民政部:《社会救助暂行办法》, 2014 年, 民政部门户网站（http://www.mca.gov.cn/）。

13. 中华人民共和国卫生部:《2009 年中国卫生统计提要》, 2009 年, 卫生部门户网站（http://www.moh.gov.cn/）。